SICH
Luzia Braun und Ursula März # SEHEN *Gespräche über das Gesicht*

Luzia Braun und Ursula März

SICH
SEHEN

*Gespräche
über das Gesicht*

Galiani Berlin

»Und überhaupt ist eine halbe Stunde, in der man sich einfach
mal selbst anstarrt und versucht, das eigene Gesicht zu verstehen,
keine schlecht genutzte Zeit.« *Sophie Passmann*

»Im Spiegel: der Feind« *Peter Handke*

INHALT

VORWORT

■ Die Bauklötzchen auf dem Boden sind dieselben wie immer, aber am Ende des Raums gibt es ein unbekanntes Ding. Der Junge geht darauf zu. Er fasst sich an die Haare. In dem Ding fasst sich auch einer an die Haare. Der Junge rennt weg und kommt mit einem Besen zurück. Wütend schlägt er auf das Ding ein. Er rennt weg, kehrt wieder, rennt erneut davon, und langsam weicht die Wut dem Glück einer Entdeckung. Der Junge schneidet Grimassen, springt hoch, dreht sich im Kreis. Er reißt den Mund auf, streicht sich die langen blonden Haare hinters Ohr, und alles, was er macht, macht der neue Spielgefährte sofort nach. Schließlich drückt der Junge einen Kuss auf den Mund des anderen.

SVYATO, die faszinierende Filmsequenz, die der russische Dokumentarfilmer Victor Kossakowsky 2005 von der ersten Begegnung seines zweijährigen Sohns mit einem Spiegel drehte, dauert 33 Minuten. Diese 33 Minuten zeigen ein Ereignis, das für die Entwicklung des Ichs von grundlegender Bedeutung ist. Der Psychoanalytiker Jacques Lacan nannte es den Eintritt ins Spiegelstadium. Das Kind steht vor dem Spiegel, und zum ersten Mal vollzieht sich in seinem Gehirn eine ungeheuerliche Erkenntnis: Das bin ja ich! Zum ersten Mal begreift es seinen Körper als einheitliche Gestalt, und zum ersten Mal erkennt es sein Gesicht. Es ist ein Moment des grenzenlosen Jubels.

Es weiß noch nicht, dass ihm die Unschuld des Moments auf die eine oder andere Weise abhandenkommen wird. Dass es schon bald die Erfahrung machen wird, ein Gesicht zu haben, das kommentiert, das niedlich, fröhlich, hübsch genannt wird – oder auch nicht. Ein Gesicht, das mit dem seiner Geschwister verglichen, nach Ähnlichkeiten mit den Gesichtern von Mama, Papa, Oma, Opa untersucht und bewertet wird: »Du schaust aber mal wieder finster«, »Wenn du so lachst, mag ich dich am liebsten«, »Ohne die große Nase könntest du richtig hübsch aussehen«. Und erst recht weiß das Kind nicht, welche Bedeutung das Gesicht für seinen Kontakt mit der Umwelt, ja vielleicht für sein Leben haben wird und wie es sich im Laufe der Jahre verändern wird.

Kein anderer Teil des Körpers ist mit der Vorderseite des menschlichen Kopfes vergleichbar. Füße und Beine tragen, der Rücken stützt uns, Arme und Hände lassen uns greifen, die Gelenke sorgen für Beweglichkeit, die Organe halten unseren Organismus auf Trab. Aber erst das Gesicht macht uns zum kommunizierenden Wesen. Es ist mehr als biologische Natur, es ist die Bühne der Seele.

Auf dieser Bühne wird gelacht, geweint, gewütet und gegrollt. Auf dieser Bühne stellen sich Kummer, Trauer, Freude, Nachdenklichkeit, Bitterkeit, Glück und Zorn dar. Auf dieser Bühne geben wir das gesamte Spektrum unserer Emotionen und Stimmungen preis oder versuchen, diese mit mimischer Maskerade zu verleugnen.

Das Gesicht macht uns, auch ohne Worte, zum sprechenden Menschen. Mit ihm wenden wir uns der Welt zu, mit ihm nehmen wir Verbindung zu unseren Mitmenschen auf. Ein Anheben der Augenbrauen, ein Verziehen der Mundwinkel, ein Kräuseln der Stirn, mehr ist dazu nicht nötig. Das Alphabet der Mimik ist eine einzigartige Sprache. Oder, wie Georg Christoph Lichtenberg in seinen Sudelbüchern schrieb: »Die unterhaltendste Fläche auf der Erde für uns ist die vom menschlichen Gesicht.«

So philosophisch verlief unser Gespräch nicht, als wir, zwei Kulturjournalistinnen Mitte sechzig, am Restauranttisch für ein kurzes Mittagessen zwischen Arbeitsvormittag und Arbeitsnachmittag zusammensaßen. Wir kannten uns von beruflichen Begegnungen und hatten uns angefreundet. Die Vorspeise und der neueste Branchenklatsch lagen bereits hinter uns, wir redeten über Projekte, die uns gerade beschäftigten, und plötzlich fiel der Satz »Eigentlich mag ich es nicht mehr, mich auf dem Bildschirm zu sehen«. Gemeint war: mein Gesicht dem unerbittlichen Blick moderner Kameras auszusetzen. Unsere Berufe brachten es mit sich, immer mal wieder auf Podien zu sitzen oder in TV-Studios zu stehen. Sie brachten es mit sich, dass wir mit unserem Bild fremdelten und nicht verstanden, woher der gefühlte Unterschied zwischen den beiden Personen kam: derjenigen, die wir zu sein glaubten, und der, die wir auf dem Bildschirm sahen. Dass uns die Öffentlichkeit beim Altern zuschauen konnte, machte die Sache nicht besser, da waren wir uns bei der Hauptspeise einig.

Als mindestens so unbehaglich empfanden wir jedoch den Zwiespalt, den wir uns eingestanden. Wir waren emanzipierte, mit dem Feminismus sozialisierte Frauen. Wir verdienten unser Geld nicht mit unserem Aussehen, sondern mit unserem Grips. Wir konnten die Kritik an der kapitalistischen Schönheitsindustrie, am Terror standardisierter Körpernormen und nicht zuletzt am Jugendlichkeitsfetisch der Medien rauf- und runterbeten. Und nun benahmen wir uns wie Models, die fürchten, ihre beste Zeit sei vorbei, weil die Spuren im Gesicht ihr Alter verraten? War es nicht an uns, an unserer Generation, gegen das Gesetz aufzubegehren, demzufolge ältere Männer durch Falten und Geheimratsecken an Interessantheit gewinnen, ältere Frauen hingegen einfach nur ermüdet aussehen? Ja, wir gehörten dieser Generation an. Einerseits. Andererseits konnten wir persönlich gut darauf verzichten, unsere weibliche Eitelkeit einer Revolte zu opfern. Je häufiger wir auf das Thema zurückkamen, desto vielschichtiger wurden seine Aspekte, desto mehr Widersprüche traten hervor.

Nie zuvor in der Geschichte der Menschheit war uns das eigene Gesicht so nah, so intim vertraut wie in der Gegenwart. Wir sehen es auf Fotografien und Filmaufnahmen, in den omnipräsenten Spiegeln, an denen unser Alltag vorbeiführt. Wir sehen es nicht nur ständig, sondern bis in kleinste Details. Wir kennen und prüfen es so genau, wie unsere Großeltern ihr Gesicht nie kannten und prüften. Wir leben in der Ära des Selfie-Booms, sie hingegen wurden bei Hochzeiten oder Familienfesten fotografiert, und meist schauten sie dabei stoisch in die Kamera, um einen guten, das heißt: seriösen Eindruck zu hinterlassen. Sie wären kaum auf die Idee gekommen, sich mit Freundinnen über den frustrierenden Anblick der neuesten Lippenfältchen auszutauschen oder darüber zu räsonieren, ob Botox vielleicht doch infrage käme.

Lebten sie mit ihrem Gesicht nicht unbefangener und unneurotischer als wir, ihre Nachfahren spätmoderner, westlicher Gegenwartsgesellschaften? Nicht obwohl, sondern weil sie mit seinem Abbild nicht pausenlos konfrontiert waren? Wie, so fragten wir uns, ist es um das Verhältnis des heutigen Menschen zum Gesicht eigentlich bestellt? Was bedeutet in der Epoche des Individualismus, des Narzissmus und der Selbstoptimierung: sich sehen?

Auf alle Fälle bedeutet es ein Paradox. Denn je näher uns das eigene Gesicht mitsamt jedem Pickel, jedem Krähenfuß und jeder Falte kommt, desto mehr scheint es sich zu entfremden, indem es sich in eine Werkstatt unaufhörlicher Verbesserung verwandelt, die

Arbeit verlangt. Arbeit, die als Leistung des Egos verstanden wird. Das menschliche Gesicht hat, zugespitzt gesagt, den Charakter eines Objekts angenommen, einer Materialfläche, die mal mehr, mal weniger Mängel aufweist.

Die rapide steigende Zahl schönheitschirurgischer Eingriffe, zunehmend auch bei Männern, und die Selbstverständlichkeit, mit der sie vorgenommen werden, sprechen für sich. Jeder weiß, was mit der Frage »Hast du was machen lassen?« gemeint ist. Und nicht selten ist damit gemeint, sich ein Gesicht machen zu lassen, das mit dem Original nur noch wenig zu tun hat. Dabei sind die Kriterien, nach denen Gesichter bewertet werden, Moden und kulturellen Entwicklungen unterworfen. Gesichter spiegeln ihre Zeit, das von Greta Garbo eine andere als das von Julia Roberts, Yves Montands eine andere als George Clooneys. Wie das Gesicht mit der Welt spricht, so wird es umgekehrt von ihr geprägt.

Das Idealgesicht der Gegenwart hat etwas Standardisiertes. Es ist oval und ausgeglichen proportioniert. Ein Gesicht wie aus einem Computerprogramm, eher durchschnittlich als exzentrisch, eher hübsch als ausdrucksstark, eher glatt als ungewöhnlich. So scheint sich die Schönheit des Gesichts, der doch all der kosmetische und chirurgische Aufwand dient, zunehmend in Beliebigkeit zu verflüchtigen.

Gegen das Verschwinden des einzigartigen Gesichts, gegen seine digitale und operative Anonymisierung hat die italienische Autorin und Aktivistin Lorella Zanardo gemeinsam mit dem Autor und Regisseur Cesare Cantú eine Kampagne gestartet und dazu ein kämpferisches Gesichtsmanifest verfasst, das »Volto Manifesto«. Als »der Ort, an dem die menschliche Existenz Gestalt annimmt, der Ort, an dem wir zu Individuen werden« sei das Gesicht bedroht, heißt es darin. Um es vor dem Aussterben zu schützen, hat Lorella

Zanardo bei der UNESCO einen Antrag gestellt, das Gesicht als »kulturelles Erbe der Menschheit« in die Liste des immateriellen Weltkulturerbes aufzunehmen, ähnlich dem Jodeln oder regionalen Minderheitensprachen. In dem Verlust des individuellen Gesichts erkennt sie nicht nur einen ästhetischen Niedergang, sondern mindestens so sehr die Verkümmerung der Kommunikation und somit auch ein politisches Problem.

Natürlich war auch den Menschen früherer Jahrhunderte bewusst, ob ihr Gesicht als schön oder weniger schön galt, sie erfuhren es durch die Reaktionen ihrer Umwelt. Und doch war das Verhältnis zu ihrem Gesicht noch von einem anderen Bewusstsein geprägt, von dem Glauben, der, der es erschaffen habe, sei die überirdische Instanz, deren Blick es vorbehaltlos annehme und liebe: der Blick Gottes. Dieser Blick ist uns im Verlauf der Säkularisierung abhandengekommen, seine Autorität ist übergegangen auf die zahllosen Blicke der anderen. Sie sind die irdische Instanz, die kontrolliert, was wir aus dem Werk der Schöpfung gemacht, ob wir es ausreichend gepflegt, gesund ernährt, vor Sonnenlicht, Nikotin und anderen Feinden bewahrt haben. Mit ihren Augen sehen wir uns im Spiegel. Ab vierzig, sagt eine landläufige Maxime, ist man für sein Gesicht verantwortlich. Da waren wir, zwei Frauen Mitte sechzig, im besten Alter der Gesichtsverantwortung nun also angelangt – mit Überlegungen, offenen Fragen und der Idee, sie an andere weiterzugeben.

So ist, nach zahlreichen gemeinsamen Mittagessen, dieses Buch entstanden. Es enthält Gespräche mit Menschen über ihr Gesicht, die oft zu Gesprächen über ihr Leben wurden. Getroffen haben wir unterschiedliche Menschen, prominente und nichtprominente, aus vielerlei Professionen und Milieus, mit verschiedenen Lebensaltern und Biografien. Was wir uns von ihnen erhofften, waren lebensgeschichtliche oder berufliche Erfahrungen mit ihrem eigenen oder dem menschlichen Gesicht im Allgemeinen, wissenschaftliche oder auch philosophische Erkenntnisse.

Die Mehrzahl der Gespräche haben wir zu zweit geführt, einige jedoch allein. So ist dieses Buch eine Sammlung von Dialogen, bei denen uns Leserinnen und Leser über die Schulter schauen können und vielleicht in den Gesichtern der anderen etwas über ihr eigenes erfahren. ∎

PETER SLOTERDIJK

Irgendjemand musste
es ja geben, der so aussieht

■ Selbstironie zählt nicht unbedingt zu den Eigenschaften bedeutender Philosophen. Auf Peter Sloterdijk trifft das nicht zu, gern macht er sich über die mit dem Alter zunehmenden Fliehkräfte und eine gewisse Fusseligkeit seiner schwer zu bändigenden Haare lustig. Professor Sloterdijk, 1947 in Karlsruhe geboren, zählt zu den Prominenzen, die jeder, der sie einmal gesehen hat, als Piktogramm erkennen würde. Die eigenwillige Frisur, die auf die Nasenspitze gerückte schmale Brille und der Schnauzbart genügen.

Darüber hinaus zeichnet ihn die Originalität seines enorm produktiven publizistischen Schaffens aus. »Kritik der zynischen Vernunft«, ein über 1000 Seiten starkes Werk, schlug 1983 in die philosophischen Denkschulen der alten Bundesrepublik ein wie eine Bombe und wurde ein Bestseller, der den Verfasser international bekannt machte. Es folgten Studien, deren weiter Themenkreis regelmäßig für Überraschungen sorgte. Und es folgten skandalumwitterte Debatten, die Sloterdijk nicht ohne erkennbare Lust an Provokation und Konfrontation auslöste. Eine der jüngeren ging aus seinem Vorschlag hervor, das staatliche Steuerrecht zu revolutionieren und durch das Konzept der freiwilligen Abgabe zu ersetzen.

Aber über Steuern wollen wir nicht mit ihm sprechen, sondern über die kulturellen Veränderungen durch den Einzug des Spiegels ins alltägliche Leben, ein Thema, mit dem er sich in seinen Schriften und Vorträgen mehrfach befasst hat. Zu unserem Erstaunen beantwortet der viel gefragte und viel beschäftigte Philosoph unsere per Mail gestellte Bitte, mit uns über das Thema Gesicht zu sprechen, noch am gleichen Tag zustimmend. Das Thema sei, lässt er über seine Ehefrau ausrichten, in der Tat ungewöhnlich, aber interessant.

Es ist Sommer 2020, Corona-Zeit, die Pläne vieler scheitern an Reisebeschränkungen. Auch das Ehepaar Sloterdijk wäre unter anderen Umständen an einem anderen Ort und würde seine täglichen Fahrradtouren nicht im Berliner Westen, sondern auf Sardinien oder am Zweitwohnsitz in Südfrankreich durchführen.

So aber begrüßen uns beide im Entree der großzügigen, am grünen Rand von Westberlin gelegenen Wohnung. Die offen ineinander übergehenden, im modernen Landhausstil eingerichteten Räume verströmen so wenig repräsentative Steifheit wie die Gastgeber selbst. Peter Sloterdijk kommt uns barfuß und im legeren Baumwollhemd entgegen.

Auf dem großen Holztisch im Wintergarten stehen Gläser und eine Karaffe mit Wasser bereit. Unser Blick fällt auf eine Fotografie, die neben Sloterdijk an der Wand hängt. Sie zeigt ihn als jungen Mann. Die Haare sind länger und voller, das Gesicht ist etwas schmaler und weicher. Der melancholisch-verträumte Blick erinnert an einen Musiker oder einen Poeten. Er wird auf das Porträt und die Irritation, die der Vergleich des heutigen mit dem vergangenen Ich auslöst, selbst zu sprechen kommen. Aber zuvor stellen wir einen Handspiegel vor ihm auf und bitten ihn zu beschreiben, was er darin sieht. Mit dieser kleinen Aktion wollen wir alle Gespräche beginnen lassen. ■

Können Sie bitte beschreiben, was Sie im Spiegel sehen?

Dazu brauche ich keinen Spiegel.

Sie haben ihn ja auch gleich weggeschoben.

Diese Frage habe ich bereits in meinen Notizbüchern vor acht Jahren beantwortet. Beim Blick in den Spiegel kommt mir nur ein Satz in den Sinn: »Irgendjemand musste es ja geben, der so aussieht.« Das ist neutral, ein bisschen nach beiden Seiten hin auslegbar. Auf jeden Fall ist es nicht primäre Selbstgefälligkeit. Ich habe ja damals die Unterscheidung gemacht zwischen Selbstauffälligkeit und Selbstgefälligkeit. Also, dass man sich selber auffällt und an sich selber irgendwie Anstoß nimmt und fragt, muss das wirklich sein, dass ich so aussehe, wie ich nun einmal bin. Das geht – glaube ich – dem primären Narzissmus sogar noch voraus. Also man fühlt sich mit sich selber eher belastet als von sich entzückt. Ich kenne ein paar Leute, die von sich entzückt sind, aber die sind in meinen Augen meistens nicht so ernst zu nehmen.

Diese Empfindung kennen viele, man schaut in den Spiegel und denkt, na ja, wurde eben so ausgewürfelt, hätte auch die Hübschere rechts sein können, aber ebenso der Schlimmere links. In Ihrem Satz schwingt so etwas wie schicksalhaftes Einverständnis mit: Einer musste halt so aussehen wie ich. Oder ist es eher ein Hadern?

Ich glaube, es ist mehr Einverständnis, ja: Es ist Einverständnis. Denn man kann es sich gar nicht leisten, von sich selber so stark abweichen zu wollen. Ich denke, es ist eine elementare Lebensklugheit, sich an dem alten Satz von Gottfried Benn zu orientieren: »Rechne mit deinen Beständen.« Nicht mit den

Programmen, sondern mit den Beständen. Zu den Programmen würde ja das Schöner-Werden gehören. Schöner wohnen geht, aber Schöner Werden ist schwierig.

Mögen Sie denn, was Sie im Spiegel sehen, wenn Sie hineinschauen?

Na ja, manchmal ja, manchmal nein. Da kommen verschiedene Dinge zusammen. Ich bin ja relativ früh fotografiert worden, ich meine jetzt nicht die Babyfotos. Nachdem ich eine öffentliche Person geworden war, hatte ich das Glück, von Isolde Ohlbaum porträtiert zu werden. Sie ist eine der heimlichen Königinnen des Porträts hierzulande, sofern man das Glück hat, Schriftsteller zu sein.

Sie sehen auf dem Foto sehr gut aus.

Hm ja, das ist aber eigentlich sehr peinlich, weil sie da einen hübschen jungen Mann erfunden hat, der ich nie war. Also zumindest nicht in dieser Form. Es gibt noch den späteren, mehr so ein gefallener Engel, der irgendwann begriffen hat, es ist zu spät für die Rückkehr in den Herkunftshimmel.

Sie sagen, diesen jungen Mann gab es gar nicht. Heißt das, Sie fremdeln mit sich auf diesem Foto?

Ja ja ja.

Also »Ich ist ein anderer«?

Ja, das ist ein anderer und der deckt sich auf jeden Fall nicht mit dem Selbstgefühl, also mit dem Bild, das ich von mir selber habe, von mir selber hatte.

Nämlich?

Dass ich eigentlich schiele, disharmonischer aussehen müsste. Irgendwie zerrissener. Na ja, man könnte mit ein bisschen Fantasie so eine leichte Melancholie vermuten. Und man kann sich vorstellen, dass großherzige weibliche Wesen diesen jungen Mann retten wollen.

Ein rührendes Bild! Worin unterscheidet sich denn ein Foto vom Spiegelbild?

Nun beide haben eine lichttechnische Grundlage. Die Fotografie ist so etwas wie ein Sekundenspiegel, man schneidet aus dem Lichtstrom eine Sekunde, eine Hundertstelsekunde heraus. Während das Spiegelbild kontinuierlich bleibt. Das geht ja mit dem bewegten Körper mit.

Hans Belting greift in seiner »Geschichte des Gesichts« den Gedanken auf, dass die Fotografie immer einen Moment festhält, der vergangen ist. Und deswegen sei das Foto ein Zeugnis unserer Sterblichkeit, der Spiegel hingegen suggeriert Gegenwart: Schau! So siehst du j e t z t aus.

Also ich erinnere mich gut daran, dass ich vor ein paar Jahren hochmelancholische Empfindungen hatte, für die ich nicht einmal Fotos sehen musste. Es genügte, dass ich Leute auf der Straße gesehen habe. Die Vorstellung, dass die in ein paar Jahren nicht mehr da sind, war so heftig, dass ich mich am liebsten vergraben hätte, um nicht so viel Sterblichkeit um mich herum haben zu müssen. Das hat dann Gott sei Dank aufgehört, so kann man ja nicht leben.

Manche haben den Tick, zum Spiegel zu rennen, wenn sie sich irgendwie unruhig fühlen, und zu schauen, ob alles noch in Ordnung ist. Sozusagen die Nase noch in der Mitte sitzt.

Immerhin sehen sie dann, dass sie in der Zwischenzeit nicht Picasso in die Hände gefallen sind. Der mit ihren Gesichtsteilen macht, was er will.

Glauben Sie, diese Art von Selbstvergewisserung ist auch die Grundlage unserer heutigen Selfie-Gesellschaft?

Beim Selfie wird die Spiegelfunktion ausgeweitet, d. h., diese egotechnischen Medien sind nicht mehr an die eigenen vier Wände gebunden, seitdem es diese Kameras gibt. Man kann den Spiegel, den Garderobenspiegel, mit auf die Straße nehmen. Das ist eine Erfahrung, die viele Leute begeistert, weil sie damit auch den Hintergrund mitnehmen können. Da wird das Verhältnis von Apartment und Außenwelt umgedreht. Wo immer ich bin, kann ich sozusagen meinen eigenen Raum erzeugen.

Und das kann jeder und jede, ganz demokratisch. Wie war das kulturhistorisch beim Spiegel?

Lange war der Spiegel ein aristokratisches Instrument. Erst im 19. Jahrhundert wurde der Spiegel als ein neues egotechnisches System eingeführt, und wahrscheinlich gehört die Demokratisierung des Spiegels zu den mediengeschichtlich verborgenen großen Ereignissen des 19. Jahrhunderts. In meinen Augen ist der Spiegel dazu da, die Schwächung der religiösen Kontrolle zu ersetzen durch Selbsterfahrung. Früher hieß es und wurde auch glaubhaft gemacht: Gott sieht alles. Das heißt, der Mensch, der sich beobachtet fühlt, verhält sich besser. Die systematische Frage, die zu beantworten ist, heißt deshalb: Wie sorgen wir dafür, dass die Menschen bescheiden werden? Und die einfache Antwort lautet: Wir zeigen ihnen sie selbst. Denn der Größenwahn, der als »diabolische« Gegengröße zu dem »Gott sieht alles« in Betracht zu ziehen wäre, arbeitet bilderlos, aber mit Fantasien.

Fantasien über das Ich selbst?

Für die meisten Menschen ist die Begegnung mit dem realen eigenen Bild egomaniedämpfend.

In dem Buch *Les Miserables* von Victor Hugo gibt es eine Stelle, in der er erzählt, dass der junge Held seiner Geschichte als Student in Paris bei einem älteren Soldaten eine Wohnung nimmt. Dieser Soldat hat eine Tochter. Die verliebt sich in den Untermieter und schleicht in dessen Abwesenheit in sein Zimmer. In seiner Wäsche in seinem Schrank findet sie einen Spiegel. Sie hatte noch nie zuvor einen gehabt. Sie blickt also in den Spiegel und entdeckt, dass sie hässlich ist. Das ist eine abgründige Szene. Ich glaube, das ist eine der Urszenen des 19. Jahrhunderts. Sie hat nichts mit dem zu tun, was Jacques Lacan später in seinem Theorem von dem Spiegelstadion ausgebreitet hat. Denn es zeigt: Der Spiegel ist erst dabei, die Gesellschaft der einfachen Leute zu erreichen, man musste noch Umwege gehen, um an ihn heranzukommen. Und es zeigt: Die Betrachterin ist auf seine Botschaft nicht gefasst. Was ein sehr profunder Befund ist, denn es bedeutet: Das Auge ist nicht zur Selbstanschauung gemacht. Und das wohl aus gutem Grund, denn die Menschen brauchen die Information, wie sie aussehen, zunächst nicht. Je einfacher sie leben, desto unwichtiger ist diese Information.

Und was ist mit denen, die sich auf der schönen Seite glauben?

Da fängt die Sache an, kompliziert zu werden. Denn wo das schöne Selbst, das schöne Gesicht auf den Besitzer zurückwirkt, fangen die eigentlichen Narzissmusprobleme an. Dass man sein eigenes Bild lieben kann, ist eigentlich eine ziemlich starke Unterstellung. Ich glaube, dass der Narzissmusmythos in der Regel falsch interpretiert wird, weil der junge Mann bei Ovid das Spiegelbild tatsächlich für jemand anderen gehalten hat, nicht für sich selbst. Er hat ja nicht verstanden, dass er es selber ist. Sonst hätte er es nicht umarmen und sich mit ihm vereinen wollen, wodurch er ja sein Leben verliert. Er muss ja bona fide geglaubt haben, dass er ein anderer ist und aus Sehnsucht nach diesem anderen entflammt zugrunde geht. Insofern ist der Narzissmus, wie wir ihn modern interpretieren, auf einem Missverständnis aufgebaut. Ein Narzisst weiß nicht, wie er aussieht, weiß es bis zuletzt nicht.

Heute können wir unserem Spiegelbild überhaupt nicht mehr entkommen. Wir sehen uns überall. Und dauernd: in der Schaufensterscheibe, in Überwachungskameras, in Videokonferenzen und wo sonst noch.

Ich mag das eigentlich nicht so gerne. Ich mag lieber meinen Schatten. Wenn ich mit meiner Frau Rad fahre im Abendlicht, sage ich zu ihr: Guck mal, Liebste, da fahren unsere Schatten, das ist dann sehr schön.

Der Schatten ist ja auch viel gnädiger, zeigt nur unsere Umrisse, da ist der Spiegel fordernder, der konfrontiert uns mit unserem Gesicht. Doch die Frage an Sie als Philosoph ist: Was sehe ich eigentlich, wenn ich mich sehe?

Man sieht die körperhafte Seite der eigenen Erscheinung und wird zunächst mal von sich selber entfremdet. Das ist ganz deutlich so. Ich glaube, es gibt keine ursprüngliche Erregung der Identifikation mit dem Bild. Das wird sekundär erlernt. So wie früher Personen, die porträtiert wurden, befremdet vor dem Resultat standen, wenn sie es zum ersten Mal gesehen haben. Ich glaube nicht, dass einer von den Porträtierten je das Gefühl hatte, das sei ganz er selber. Auch wenn die Maler behauptet haben, sie hätten da Wesensschau betrieben. Die Menschen waren nie mit den Bildern in der Ahnengalerie identisch. Das waren alles Zweckkonstrukte. Die Menschen werden aus diesem ursprünglichen Nichtwissen über ihr eigenes physisches Sein herausgelockt und lernen dann erst, zu sich selber Stellung zu beziehen. Ich glaube, die Grundformel lautet: Ich sehe so aus, wie ich behandelt werde.

Von wem? Von den andern? Von der Gesellschaft?

Wie ich von den andern behandelt werde. Es gibt diese Standarderzählung schöner Frauen, die sich früher hässlich gefunden haben, weil sie von ihrer Umgebung nicht ernst genommen wurden. Also eigentlich geht die moralische, interaktive Dimension der ästhetischen voraus. Wenn ich gut behandelt werde, dann bekomme ich natürlich auch ein ästhetisch vorteilhaftes Selbstgefühl und eine Selbstvermutung. Aber manche Frauen finden sich bis zuletzt nicht schön. So wie Marilyn

Monroe, die dieses ferngesteuerte Gefühl nie verloren hat und deswegen sich ihre Vorzüge beweisen lassen musste durch die Sympathie von Männern. Die waren vielleicht nicht ganz beliebig, aber es reichte, dass sie nur ein bisschen bedeutend waren, dann ließ sie sich mit ihnen ein. Sie gehörte zu den wenigen weiblichen Personen, die mehr als zehn Fehlgeburten oder Abtreibungen zustande gebracht haben, was eigentlich eine unglaubliche Tragödie ist. Da kann man auch wieder nur mit Schopenhauer antworten: Es ist zwar schön, sie anzusehen, aber schlimm, sie zu sein.

Es gibt, nicht erschrecken, eine Frage, die wir ritualisiert allen Gesprächspartnern stellen: Haben Sie was machen lassen?

Ich? Nein, ich selber nicht, nein. Aber ich kenne jemanden, der hat was machen lassen.

Und was würden Sie als Grund dafür vermuten?

Sie wollte einfach mehr Weiblichkeit zeigen. Also ich habe nie was machen lassen, jedoch immer stark das Gefühl gehabt, für den eigenen Zustand von Fitness verantwortlich zu sein. Insofern habe ich nichts machen lassen, aber was gemacht.

Nehmen wir mal an, Gott ist gerade dabei, das Gesicht des späteren Peter Sloterdijk zu formen, und Sie haben die Chance, noch kurz vor Schluss in das Werk einzugreifen.

Wann bekommt man schon so ein Angebot?

Welche Änderungswünsche hätten Sie?

Ah, das Gesicht, beim Gesicht würde ich gar nicht so sehr ansetzen. Ich würde mir einen neuen Unterkiefer wünschen.

Der gehört doch zum Gesicht.

Ja schon, aber von der Innenseite her. Denn ich habe im Unterkiefer überwiegend Implantate, das empfinde ich zunehmend als störend. Also das ist die zweite Schöpfung gewesen, die vom Zahnarzt ausging. Jetzt würde ich mir beim Originalhersteller einen haltbareren Unterkiefer wünschen, der eine ganze Nebenstrecke lang aus Originalteilen bestehen könnte. Denn das ist auf die Dauer sehr unangenehm. Da bilden sich ständig Spannungen oder irgendwelche Ladungen, was weiß ich. Ansonsten, glaube ich, kann ich zufrieden sein. Aber es ist ja auch so, wenn man sich schöner wünscht, ist die Konsequenz in der Regel, dass man sich ein erweitertes Liebesleben mit wünscht oder nicht? Weil man ja an seiner Attraktivität ansetzt und sagt: Also, wenn ich noch schöner wäre, dann hätte ich wahrscheinlich noch schönere Frauen. Oder Frauen, die schön und berühmt sind, von denen man ja die Finger lassen sollte, aus Gründen allgemeiner Lebensklugheit, nicht wahr?

Worin besteht die Lebensklugheit?

Man sollte dieses schopenhauerische Paradoxon im Auge behalten: Je schöner ein Mensch anzusehen ist, desto schwieriger wird es, in seiner Haut zu stecken. Als Vorsichtsmaßnahme, als hypothetischer Satz könnte das eine Rolle spielen, weil man ständig Eroberungsversuche abwehren muss. Man hat keinen ruhigen Tag mehr.

Man weiß weniger, was man kann.

Weil man verwöhnt wird. Und ständig Wünsche der anderen als deine eigenen Wünsche in dich hineinprojiziert werden. Es war, glaube ich, Nietzsche, der irgendwann mal geschrieben hat: Es ist besser, in die Klauen eines Löwen zu fallen als in die Träume eines brünstigen Weibes. So kann man heute nicht mehr reden, aber es drückt doch immerhin die Idee aus, dass Männer auch Plastiken sind in den Händen oder Träumen weiblicher Subjekte. Also, die Sache mit dem Sexobjekt ist ja bipolar zu denken. Der Mann ist auch ein Sexualobjekt, auch dann, wenn er kastriert wird durch den Traum der Frau.

Unsere Erfahrung ist, dass der Narzissmus schöner Männer schwerer zu befriedigen ist als der schöner Frauen. Bei einem Mann muss unentwegt geliefert werden. »Du siehst nicht nur gut aus, du bist auch supersensibel und kannst so viel, und schlau bist du sowieso.«

Man muss den ganzen Tag über loben!

Der männliche Narzissmus kann sehr gierig sein.

Wenn Männer dann im Narzissmus zweiter Stufe angekommen sind, gilt der schöne Satz: Ich bin lange nicht so eingebildet, wie es mir zukäme.

Sie haben mal gesagt: In unserer Zeit, in der jeder der »Designer seiner Selbstform« sei, verschwinde »das schöne hinter dem richtigen Gesicht«. Das Ideal sei der Durchschnitt des Hübschen, nicht das ausgeprägte Gesicht. Also Helene Fischer statt Joan Crawford. Gleichzeitig legt jeder viel Wert auf sein Gesicht. Wie lässt sich das vereinbaren?

Nun, auch die Mode hat diesen Zug ins Mittlere sehr verstärkt. Man hat die Eleganz angehoben, das war dieser Coco-Chanel-Effekt. Eleganz für alle. Das bedeutet aber auch, dass man die typischen Statusvorteile nicht mehr notwendigerweise durch Kleidung markiert. Die Millionäre laufen mit Turnschuhen durch die Stadt, die Kopfbedeckung, einst ein wesentliches Element der Selbstdarstellung, ist bei Männern fast ganz, bei Frauen auch weitgehend verschwunden.

Zwischen Körper und Kopfbedeckung liegt das Gesicht.

Tja, jetzt muss das Gesicht selber den Hut spielen, muss die Botschaft, die der Hut hatte, übernehmen.

Oder die Brille. Die ist ja auch ein egotechnisches Attribut geworden von hoher Bedeutsamkeit.

Die Brille ist ein ganz wesentliches Attribut in der Ausstattung des modernen Individuums. Man muss ja nur mal die Gegenprobe machen: Kann man sich Jesus mit einer Brille vorstellen? Schrecklich, oder? Das würde einem das Christentum verderben. Ein Kruzifix mit Brille wäre mit einem Schlag hinfällig, da könnte man denken, der hat sich mit dem Lesen der Heiligen Schriften die Augen verdorben.

Er ist nicht perfekt, er sieht nicht gut.
Wie wichtig ist denn die Brille in Ihrem Fall für das Bild des öffentlichen Denkers?

Die ist mittlerweile, wie soll ich sagen, ein inzwischen angewachsener Manierismus. Die gehört jetzt einfach dazu.

Die Brille als der geistige Faktor im Gesicht?

Eye-wear sagen die Amerikaner. Das ist eigentlich ein ganz witziger Begriff, weil er den Menschen von vornherein als Kunden diverser Warendimensionen beschreibt. Er braucht erst mal footwear und eyewear und software und hardware, ist nach allen Seiten von solchen Ergänzungen umstellt.

Zurück zu Ihren Erfahrungen mit Ihrem Gesicht. Können Sie sich an den Moment erinnern, als Sie zum ersten Mal verstanden haben: Das ist mein Gesicht?

Nein, kann ich nicht, aber ich kann mich an einen Moment erinnern, in dem ich zum ersten Mal verstanden habe, dass ich ich bin. Und das war pure Panik. Ich weiß noch, da war ich vielleicht 10 oder 11, da ging ich schon ins Gymnasium und bin mit der Straßenbahn an einer Haltestelle umgestiegen. Es war am Münchner Stachus, als der noch anders gegliedert war als jetzt. Da gab es so einen kioskartigen Flachbau, den es heute nicht mehr gibt. Ich weiß, ich stand da und war wie vom Blitzschlag getroffen von der Empfindung: Aus mir komm ich lebend nicht mehr heraus. Das war sehr unangenehm.

Haben Sie sich dabei gesehen?

Nein, ich habe mich nicht gesehen, aber mich als Ort oder als Stelle in der Welt ganz stark empfunden. Das war so, als hätte man mit einem Laserstrahl ein Loch im Sein ausgeschnitten, und ich bin auf der Innenseite, ganz verrückt.

Können Sie in Ihrem Gesicht die Gesichter Ihrer Eltern erkennen?

Nein. Ich kann das Gesicht meiner Mutter ziemlich gut erkennen im Gesicht einer Nichte, die ihr fast rührend gleicht.

Und sehen Sie sich im Gesicht Ihrer Tochter?

Mmmhhh, ich selber sehe es nicht , aber andere behaupten, sie sehen es. Ich werde auch darauf angesprochen, schau doch mal, diese Ähnlichkeit …

Was löst sie in Ihnen aus? Dass etwas von Ihnen weiterlebt?

Ja, das schon. Aber das läuft bei mir nicht über die Physiognomie. Nicht über das Empfinden: Hier werden visuelle Kronjuwelen weitergereicht. Es ist mehr das Gefühl, das für mich sehr wertvoll ist, dass die Kette des Lebens nicht ausgerechnet bei mir abreißt. Also dieser Gedanke ist mir schon sehr willkommen, muss ich sagen. Das würde auch zu vielem, was ich denke und schreibe, passen, weil ich ja doch nicht nur für Plötzlichkeit und ästhetische Ausnahmezustände plädiere, sondern ein Kontinuitätsmensch geworden bin. Und jemand, der in der Kategorie der Longue durée denken möchte, muss selber seine Stellung im Generationenprozess klären. Es gibt ja eine ganze Anzahl von Menschen, die sind damit einverstanden, selber die Letzten ihrer Herkunftsreihe zu sein.

Sehen Sie in Ihrem Gesicht den Niederschlag Ihrer Arbeit? Denken, Lesen, Schreiben?

Ja, schon ein bisschen. Was man früher Vergeistigung genannt hat, ist keine bloße Projektion. Also, man sieht die Tätigkeit in Gesichtern, wie man auch Anstrengung und Anstrengungsfolgen in Gesichtern sieht. Und man sieht vor allem, ob nach der Anstrengung Erholungen erfolgt sind oder nicht.

Ohne Ihnen zu nahe treten zu wollen, aber Sie hätten auch einen guten, reifen Bauern abgegeben.

Vielleicht ja, kann gut sein. Ich habe auch Hände, die für handgreiflichere Berufe geeignet gewesen wären. Das stimmt schon. Früher, als ich dünn war, war ich mehr ein Intellektueller. Ich habe jetzt einige Kilos zu viel. Als junger Mensch war ich untergewichtig und habe da in Sachen Vergeistigung noch mehr zu bieten gehabt. Es gibt einen Kunsthistoriker, der mir einreden wollte, ich hätte sehr ähnliche Gene wie Rembrandt. Das lass ich dann erst mal auf sich beruhen, ist ja keine Beleidigung.

Der Schriftsteller und Schauspieler Robert Seethaler hat mal gesagt, er habe aufgehört zu spielen, weil er sich auf der Bühne dafür schämte, von so vielen Menschen angeschaut zu werden. Kennen Sie diese Art von »Gesichtsscham«?

Ja, die kenne ich schon. Ich habe zum Beispiel eine schwer erklärbare Aversion, von der rechten Seite angeschaut zu werden. Wenn ich jemanden treffe, würde ich den immer lieber links platzieren, also asymmetrisch. Ich fühle mich von der rechten Seite mehr gefährdet.

Sie waren in den 70er-Jahren im indischen Poona, haben dort im Ashram von Bhagwan gelebt. Hat sich diese Erfahrung in Ihr Gesicht eingeschrieben?

Das glaube ich schon. Also, meine ursprüngliche Prägung kam aus der Frankfurter Schule, als eifriger Adorno-Leser habe ich die Verbindung von Kritik und Verstimmtheit als natürliches Klima empfunden. Dagegen war der bloße Aufenthalt in Indien schon ein großer Einspruch. Da war alles auf Aufheiterung und

Aufhellung gestimmt, und ich traf zum ersten Mal eine Mehrheit von Menschen, die nicht alles furchtbar gefunden haben. War mir neu. Und plötzlich passten die entsprechenden Zitate nicht mehr. Wie Brecht etwa: »Der Lachende hat die schlechte Nachricht nur noch nicht vernommen.« Also diese aus dem Weltkrieg in die Zeit danach übertragene Stimmung, dass der schlimmste Zeitpunkt der Weltgeschichte jetzt ist, ausgerechnet jetzt. Das haben wir mindestens in Deutschland bis in die Siebzigerjahre weitergetragen. Und angesichts dessen war das in Indien schon ein Bruch, weil es in eine akritische Stimmung geführt hat, und die war hell.

Sahen Sie damals auch heller aus?

Jaja, ich glaube schon, es gibt noch Fotos aus der Zeit, da müsste man das auch sehen.

Wie würden Sie das aus der Erinnerung beschreiben?

Ich war damals so etwas wie ein Anfänger in Optimismus, ein Optimist auf dem zweiten Bildungsweg, sagen wir mal so. Bis dahin war ich fest überzeugt, dass Intelligenz ohne Traurigkeit inexistent ist. Entweder apokalyptisch oder schopenhauerisch, das heißt, jeder Optimismus ist ruchlos. Das hat er ja gelehrt. Und ich brauchte keine Zusatzargumente. Obwohl ich viele Dinge erlebt habe, die gar nicht dazu passten. Ich war in München in einer Wohngemeinschaftsszene, da ging es eigentlich ganz munter zu, und wir haben auch viel gelacht usw. Das hat aber für die intellektuelle Ausstattung keine große Auswirkung gehabt.

Sind Sie mal im Drogenrausch Ihrem Gesicht begegnet?

Nein. Ich war überhaupt jemand, der nie eine besondere Neugier auf Drogenerfahrung entwickelt hat. Ich dachte, meine normale Nervosität reicht aus für dieses Leben.

Und im Traum? Haben Sie Ihr Gesicht schon mal im Traum gesehen?

Alle möglichen Körperteile, aber das Gesicht nicht. Dieser Ausschnitt passt, glaube ich, nicht in die Traumregie.

Haben Sie eine Vermutung, warum nicht?

Wenn man Träume wie eine Studie betrachtet, ist wahrscheinlich keine Kamera auf das Gesicht gestellt. Auf alle möglichen anderen Objekte schon.

Letzte Frage: Im Moment zeigen wir uns ja nur noch mit Maske. Glauben Sie, dass die Corona-Maske unser Verhältnis zum Gesicht verändert?

Kann sein, weil wir ja jetzt lernen, die Menschen von der Augenpartie her zu entschlüsseln, und ich finde das eigentlich eine sehr schöne Erfahrung. Ich stelle fest, dass das eh bei den meisten der schönste Teil ist. Es gibt da noch Leute, die haben sehr schöne Münder, aber notfalls kann man auf die verzichten beziehungsweise sie in die zweite Reihe stellen, aber wenn die Augen für jemanden sprechen, das ist schon mal eine Ansage. Ich sehe auch unglaublich viele schöne Frauen, die dadurch schön werden, dass man von ihnen nur einen Ausschnitt zu sehen bekommt. Da wird diese alte Metapher vom Seelenfenster wieder aktiv und beweist zugleich, dass nichts so sehr zur Bewahrheitung strebt wie das Klischee.

JOHANNES
GROSCHUPF *Es dauert lange,*
bis sich die Haut wieder schließt

■ Der Blick ins Gesicht des anderen kann etwas Voyeuristisches haben. Verrät die graue Haut einen ungesunden Lebensstil? Lassen die herabhängenden Mundwinkel auf eine verbitterte Seele schließen, die vernarbten Poren auf eine von Akne geplagte, vielleicht unglückliche Jugend?

Bei keinem anderen Gesprächspartner, keiner anderen Gesprächspartnerin haben wir uns so fest vorgenommen, diesen detektivischen Reflex zu unterdrücken, wie bei Johannes Groschupf – einem Mann, der mit einem Gesicht lebt, das nicht sein natürliches ist. Im März 1994 unternahm Johannes Groschupf, damals Reisereporter und knapp dreißig, einen Hubschrauberflug über die Sahara. Mit ihm sind Touristen und Kollegen unterwegs. Kurz nach dem Start bricht ein Rotorblatt entzwei, der Hubschrauber stürzt ab und fängt sofort Feuer. Binnen Sekunden breitet sich im Inneren der Maschine ein Flammenmeer aus. Im letzten Moment gelingt es Johannes Groschupf, durch die Pilotenkanzel nach draußen zu kriechen und wegzurennen, bevor der Benzintank des Helikopters explodiert. Er ist der einzige Überlebende, die anderen vierzehn Passagiere sterben. Seine Haut ist im Gesicht und am Kopf zu 75 Prozent verbrannt.

Über ein Jahr liegt er in einer Unfallklinik in Stuttgart, dem Tod näher als dem Leben, erleidet höllische Schmerzen bei jedem Verbandswechsel, nach jeder Operation und Hauttransplantation. Als er schließlich nach Berlin zurückkehrt, ist sein Leben nicht mehr das, das es vor der Katastrophe war, und er nicht mehr derselbe Mann; äußerlich und innerlich. Zehn Jahre danach erschien der Roman *Zu weit draußen*, in dem er den Albtraum verarbeitete.

Das Buch war der Anlass eines Fernsehbeitrags, den Luzia 2006 für die ZDF-Kultursendung ASPEKTE produzierte. Die Dreharbeiten fanden in einer Kreuzberger Billardkneipe statt, da Groschupf ein passionierter Billardspieler ist. Die Kamera wurde bereits aufgebaut, aber der Protagonist erschien nicht. War er nur verspätet? Oder hatte er im letzten Moment entschieden, sich nicht vor eine Fernsehkamera zu stellen? Mit jeder Minute, die das Team wartete, wuchsen die Zweifel an der ganzen Idee des Drehs. Vielleicht war es doch eine Zumutung, einen Mann zu präsentieren, dessen Gesicht derart versehrt worden war. Sowohl für ihn als auch für die Fernsehzuschauer.

Er selbst vertrieb Zweifel, als er das Billardlokal betrat. Ein auffallend großer sportlicher Mann, lässig in Jeans und Lederjacke gekleidet. Er lächelte, streckte die Hand zur Begrüßung aus und entkrampfte die Situation binnen Sekunden mit seiner schlichten und ungezwungenen Offenheit. Es war ihm bewusst, dass sein Gesicht auffiel. Und auch, dass das Gelingen des Kontakts davon abhing, den anderen die Scham über ihre Blicke zu nehmen.

Genauso verhält er sich jetzt, wiederum vierzehn Jahre später, als er im November 2020 die Treppe zu Luzias Wohnung heraufkommt und als Erstes fragt, ob er die Schuhe ausziehen soll. Er sei durch einige Schlammpfützen gestapft. Natürlich kann er die Schuhe anbehalten. Wir reden ein wenig über seine Karriere als Krimiautor, beglückwünschen ihn zu einem Literaturpreis, den er kürzlich erhielt, und unsere Befürchtungen, ihm mit voyeuristischer Neugier oder deren erkennbar angestrengter Vermeidung entgegenzutreten, lösen sich in Luft auf. Besser gesagt: Johannes Groschupf löst sie auf. Noch bevor er Platz genommen hat, kommt er auf die Narben in seinem Gesicht zu sprechen. Ja, sagt er, sie seien mittlerweile fast verheilt. Wir stellen ihm unseren kleinen Handspiegel hin. ■

Können Sie bitte beschreiben, was Sie im Spiegel sehen?

Ich sehe zuerst meine Augen, also einen fragenden, aber sehr intensiven und irgendwie jungenhaften Blick. Das ist etwas, was mir sehr vertraut ist, wo ich sagen kann: Das ist Johannes. Ich sehe die Augenbrauen, dann sehe ich einen zurückweichenden Haaransatz, Haare sind nicht mehr viel übrig. Mit einem gewissen Zögern sehe ich meinen Mund, der deutlich zeigt, dass es eine Verletzung gegeben hat. Dann wandere ich zurück zu den Augen, die mich dann wieder in die Gegenwart zurückholen. Meine Ohren, die auch versehrt sind, machen mir nicht viel aus in Bezug auf Schönheit, da bin ich total uneitel. Das geht mir beim Mund anders. Doch dann höre ich meine Stimme, während ich das erzähle, und fühle wieder einen Kontakt zu mir. Wenn sich durch das Gesicht hindurch die Stimme zeigt, bin ich wieder sehr stark ich.

Heißt das, wenn Sie Ihr Gesicht betrachten, schwanken Sie zwischen etwas Fremdem.

Ja ...

Und suchen dann das Vertraute. Kann man das so sagen?

Ja, es gibt tatsächlich Passagen im Gesicht, die mir fremder sind oder gar nicht vertraut.

Was ist das Fremde? Das, was Sie in Ihrem Gesicht weniger mögen, der Mund?

Ja, er ist halt nicht so geschwungen wie andere Münder. Ich habe immer das Gefühl, ihm fehlt die normale Fülle. Oft ist mir das egal, ich habe auch nicht den Drang, ihn zu korrigieren, aber manchmal, wenn ich ihn bewusst anschaue, ist er mir ein bisschen peinlich.

Als wir uns vor 15 Jahren trafen, sahen Sie viel versehrter aus. Jetzt haben Sie fast keine Narben mehr. Ist das eine Frage der Zeit oder haben Sie sich noch mal operieren lassen?

Nein, das ist wirklich die Zeit, ich habe nichts mehr machen lassen, obwohl mir das Leute hin und wieder vorgeschlagen haben. Wie gesagt, bei den Ohren könnte man was machen, die Konturen der Lippen könnte man so nachziehen, dass das einfach besser aussieht, aber ich will das nicht, scheue diesen Weg der Reparatur, fürchte, dass man dann die Reparaturen sieht. Das würde mir auch nicht mehr Vertrauen einflößen. So, wie es ist, bin ich mir ja nicht unsympathisch. Also, das ist schon etwas, womit ich auch ganz gerne lebe. Vor 15 Jahren war das noch mehr in der Schwebe, manchmal ging es mir gut, dann hatte ich wieder Zeiten, in denen ich in den Spiegel sah und alles richtig blöd fand. Aber mittlerweile denke ich, das Gesicht zeugt eben auch von diesem Unfall, von dieser starken Berührung mit Feuer, und erzählt so seine Geschichte.

Eine dramatische Geschichte. Als der Unfall passierte, waren Sie unterwegs in Algerien. Der Helikopter, in dem Sie mit anderen Reisenden saßen, stürzte ab. Sie waren der Einzige, der überlebt hat.

Beim Aufprall wurde ich in eine Ecke geworfen, um mich herum nur Leute, die brannten wie Fackeln. Alle außer mir hatten sich ein paar Tage zuvor diese Stoffturbane gekauft. Jeder hatte so ein Ding auf dem Kopf. Und diese Turbane brannten lichterloh, alle waren in völliger Panik. Ich sah sie, war dabei aber irgendwie distanziert. Mir war klar, dass das, was die versuchten, nämlich an den Seiten rauszukommen, unmöglich war. Die kratzten an den Scheiben, aber das ging nicht, es ging nicht. Dann sah ich die Tür zur Pilotenkanzel halb offen stehen und da wusste ich, das war der Ausweg. Also in gewisser Weise war ich cooler oder so … die anderen standen komplett in Flammen, ihre Körper waren schon vom Feuer angegriffen, während bei mir nur die Klamotten Feuer gefangen hatten.

Sie hatten also noch einen Rest Rationalität.

Jaja genau, ich hatte eine Distanz dazu, glaube ich.

Sie wurden dann mit einem Not-Hubschrauber in das Lazarett der Oase gebracht, hatten wahnsinnige Schmerzen. »Ihre Haut war«, wie Sie schreiben, »geschält vom Feuer«, bis Ihnen ein Arzt dann endlich die ersehnte Spritze gab.

Ich wachte erst zwei bis drei Wochen nach dem Unfall in einer Unfallklinik in Stuttgart wieder auf. Schon während dieses Komas, in das ich versetzt worden war, hatte ich immer Träume vom Absturz. Ich wusste also, woran ich war. Ich wusste, dass ich zu großen Teilen verbrannt war. Das war ja auch das Erste, was die Ärzte zu mir sagten: Sie können glücklich sein, dass Sie noch leben bei diesen heftigen Verbrennungen, es waren 70 bis 75 Prozent der Hautoberfläche. Also da war ich schon auch stolz und natürlich total erleichtert und hatte ein ganz starkes Glücksgefühl, was mich getragen hat durch diese sonst sehr schmerzhafte Zeit. Aber ich hatte gleichzeitig die drängende Frage: Wie ist es denn jetzt? Wie geht es weiter? Also, ich meine, ich lag da in so einem Intensivbett und sah meine Hände, meine Beine, alles war, wenn es nicht verbunden war, irgendwie, na egal.

Hatten Sie da schon Ihr Gesicht gesehen?

Im Gesicht hatte ich eine Intubation und alle möglichen Verbände. Alles war wund, ich fühlte, dass es Schorf gab, und mir lief der Eiter die Schläfen runter, das war echt eklig. Eine ganz lange Zeit gaben mir die Ärzte und Schwestern keinen Spiegel, sodass ich an den Blicken oder Mienen der Leute, die zu mir kamen, abzulesen versuchte, wie ich aussehe.

Und wie waren die Blicke und Mienen?

Schrecklich, die waren entsetzt. Je nachdem wie gut sie sich im Griff hatten. Einmal kam meine Jugendfreundin mich besuchen, die kam rein, sah mich an und ging heulend wieder raus. Das war dann so was, dass ich dachte: oh je. Dann habe ich irgendwann eine Krankenschwester nach einem Spiegel gefragt. Die Szene habe ich auch beschrieben, dass sie erst mal nicht wiederkam, dann musste ich nochmals fragen. Schließlich brachte sie ihn mir, setzte sich zu mir und blieb die ganze Zeit bei mir sitzen. Damals sah das Gesicht halt wirklich sehr versehrt aus. Es gab Verbrennungen verschiedener Grade, ersten und zweiten Grades, glaube ich. Hier, mitten in der Wange, musste ein Stück transplantiert werden, die Schläfen waren — wie gesagt — total verschorft, und bis zum Kopfansatz waren die Haare wegrasiert aus medizinischen Gründen und die Augenbrauen auch. Also es blickte mich so ein nackter Schädel an. Und das Einzige, was ich als meine erkannte, waren die Augen. Doch erst mal musste ich überleben, und ob das klappen würde, war damals alles andere als sicher.

Als Sie im Krankenhaus lagen und unbedingt einen Spiegel wollten, um sich zu sehen, was ging diesem Wunsch an Fantasien voraus? Dachten Sie: Ja, es gibt ein Glücksgefühl, ich habe ein zweites Leben geschenkt bekommen, aber ich will es nicht um jeden Preis? Oder haben Sie sich ausgemalt: Wenn ich jetzt etwas sehe, was so grauenvoll ist, dass es nichts mehr mit mir zu tun hat, dann will ich nicht mehr. Oder dachten Sie: Egal was ich sehe, ich nehme dieses Geschenk an, dann gehe ich entstellt durchs Leben. Wissen Sie, was ich meine? Was haben Sie von dem Blick in den Spiegel abhängig gemacht?

Weder noch. Es war wirklich nicht so, dass ich gesagt habe, ich nehme alles an und sei es noch so schrecklich. Ich hatte mich ja schon abends im Fenster des Krankenhauses gesehen oder im Fernseher über dem Bett, zwar nur als Silhouette, aber ich wusste, ich bin es, der da liegt. Und dann gab es auch Besucher, die sagten: Also so schlimm siehst du gar nicht aus. Jedenfalls hatte ich nicht so einen Deal mit mir, dass ich mir sagte, egal wie's ist oder wenn es ganz furchtbar ist, will ich nicht mehr leben, das habe ich wirklich nicht gedacht. Es gab allerdings eine Zeit, in der ich dachte, ich könnte diese Schmerzen — ich hatte damals wirklich irrsinnig starke Schmerzen — nicht länger ertragen. Das war so ein Punkt, wo ich dachte ... ihr könnt mich alle mal. Es war eher so eine innere Abwägung, wie und was sich vielleicht noch verbessern ließe, die Augenbrauen wachsen nach; die Haare wachsen nach, das wird schon alles, sagten die Ärzte, das wird schon alles. In den ersten Wochen und Monaten und eigentlich auch in den ersten Jahren ging ich davon aus, dass die Leute so eine Art Schreck bekommen, wenn sie mich sehen. Die eigentliche Verhandlung mit mir selbst war, wie wichtig für mich die Reaktionen der Leute waren. Also inwieweit ich denen die Hoheit gebe, über mein Gesicht zu entscheiden.

Wann haben Ihre Kinder Sie zum ersten Mal gesehen?

Nach einem Dreivierteljahr habe ich meine Kinder wiedergesehen, das war noch im Krankenhaus Stuttgart. Vorher hatte ich Bedenken, dass sie über mein Aussehen allzu erschreckt wären.

Und wie haben Ihre Kinder reagiert?
Johannes Groschupf antwortet nicht.

In Ihrem Buch schreiben Sie, dass Sie auf der Reise in Algerien und auch danach immer ein Foto Ihrer Kinder bei sich trugen.

Es gab tatsächlich ein Foto meiner Kinder, das ich dabeihatte, auch im Krankenhaus auf dem Nachttisch. Ich habe gelegentlich ihre Stimmen am Telefon gehabt. Entscheidend aber war das Erlebnis nach dem Absturz, als ich aus dem Körper heraustrat und ihre Gesichter vor Augen hatte; da wusste ich, dass ich sie nicht wiedersehen würde, wenn ich weiter fortginge. Später im Krankenhaus gab es das starke Motiv, dass sie nicht ohne Vater aufwachsen sollten.

Sie haben viele Transplantationen hinter sich gebracht. Wo kam die gesunde Haut her?

Zum Teil kam die von meinen Waden und vom Hintern, aber das betraf meinen Körper, nicht mein Gesicht. Das ist zwar auch mit Feuer, mit dieser Feuerwolke, in Berührung gekommen, aber das Feuer ist nicht so stark eingedrungen. Die Haut ist wieder nachgewachsen. Erst bei Verbrennungen zweiten und dritten Grades kann die Haut die Öffnungen nicht mehr selber schließen. Da wird dann Haut aufgelegt, und die kommt von den Beinen oder vom Hintern oder vom Schwein. Schweinehaut ist der menschlichen Haut sehr ähnlich. Die wird dann aufgelegt, und darunter bildet sich die neue Haut, aber ich habe nicht das Gefühl, dass ich Schweinehaut an irgendeiner Stelle hätte. Es wurde auch nachgezüchtete Haut aus Amerika transplantiert, die habe ich an den Beinen. Es hat sehr lange gedauert, bis die Haut geschlossen war, gerade diese nachgezüchtete Haut aus Amerika platzte immer wieder auf, aber auch die Schweinehaut, und selbst meine eigene Haut wurde dann aufgelegt. Oft wuchs das nicht richtig an, wurde wieder abgestoßen, vereiterte. Ich hörte dann immer die Ärzte meckern beim Verbandswechsel. Wenn sich Haut mit ablöste, war die ganze Mühe umsonst.

Mussten Sie eine Gesichtsmaske tragen?

Ich habe im Krankenhaus eine Kompressionsmaske getragen, als die Wunden verheilt waren und die Narben unter Druck glatt bleiben und nicht »aufschießen« sollten. Das Prinzip ist wie bei Kompressionsstrümpfen. Sie waren aus Kunststoff, damals noch einfarbig, Löcher nur für Mund, Nase und Augen. Die

Ärzte sagten, ich müsste das auch in Berlin in den ersten Monaten tragen, auch auf der Straße, was mich entsetzt hat, weil man damit die Leute wirklich erschreckt, wie in einem Horrorfilm. Ich habe sie außerhalb der Klinik nicht getragen, das hätte mir echt den Rest gegeben.

Sie hatten im Krankenhaus schrecklich viel Zeit. Nachts, wenn Sie nicht schlafen konnten, ließen Sie an der Zimmerdecke die Billardkugeln laufen.

Oh ja, ich habe mir vorgestellt, wirklich Billard, Karambolage zu spielen. Als ich dann aus dem Krankenhaus rauskam, war ich tatsächlich besser. Als hätten Kopf und Körper wirklich trainiert.

In unserem aspekte-Beitrag damals zeigten wir Fotos von Ihnen im Krankenhausbett in Stuttgart, auf denen Sie unbeschreiblich aussahen, wie zusammengeflickt, wund und blutig ...

Hmm.

Schauen Sie sich diese Fotos manchmal an?

Nein. Als mein Buch rauskam und die Fotos im Fernsehen gezeigt wurden, um den zurückgelegten Weg zu illustrieren, bin ich selber zutiefst erschrocken. Ich meine, wir sehen ja oft im Fernsehen irgendwelche Leute, die verletzt sind, in irgendwelchen Lagern, durch Verkehrsunfälle oder in Kriegsgebieten. Man erschaudert, ist aber froh, dass man das nicht selber ist. Auf den Fotos bin ich es nun mal selber, und das setzt mich in Beziehung zu einem existenziellen Schrecken. Es gibt Feuer und wenn man davon zu viel abbekommt, wird man beschädigt, kann auf vielerlei Art beschädigt werden, aber man kann eben auch damit weiterleben.

Es gibt in Ihrem Buch eine Szene, die an Mary Shelleys Frankenstein erinnert, dessen Geschöpf sich mit Schrecken im See sieht und »sich erkannte«. Bei Ihnen heißt es: »Ich sah mich und erschrak, wusste aber, dass ich es bin.« Wie ist diese Dialektik zwischen Erschrecken und Erkennen?

Na ja, der Schrecken ist das Bewusstsein darüber, dass man weiß: Von jetzt an muss ich damit leben.

Und hat sich dieses Bewusstsein im Laufe der Zeit verändert?

Da gab es die Tage im Krankenhaus, als ich zum ersten Mal aufgestanden bin und im Krankenhaus rumgelaufen bin. Das Krankenhaus ist eine eigene Welt, aber schon da habe ich sehr unterschiedliche Reaktionen gesehen. Die einen schauen dich entgeistert an, Kinder liefen erschrocken zu ihren Müttern, die sich schützend vor sie stellten, bis ich verschwunden war. Und dann gibt es die andern, denen es völlig egal ist, wie du aussiehst. Einmal ging ich vom Krankenhaus aus in den Supermarkt. Da war ein kleiner Junge, der guckte mich mit großen Augen an und rannte zu seiner Mutter und sagte: »Guck mal der da, guck mal, wie groß der ist.« Also nicht mein Gesicht war das Furchtbare, sondern meine Größe. Da dachte ich: auch okay, jeder hat seine eigene Wichtigkeit. Und so hat meine Empfindlichkeit langsam abgenommen. Und in Berlin ist es ohnehin so, dass sich der Berliner nicht verblüffen lässt. Als ich nach über einem Jahr Krankenhaus zurück nach Berlin fuhr, stieg ich am Bahnhof Zoo aus. Ich ging durch diese Menschenmenge und: nichts. Jeder achtet nur auf sich. Berliner haben irgendwie schon alles gesehen. Mittlerweile gucke ich ja selber kaum hin, nicht mal, wenn einer im ganzen Gesicht tätowiert ist ... also in Berlin fällt man nur schwer auf.

Können Sie sich an Ihr Gesicht vor dem Unfall erinnern? Ich meine an Ihr Gesicht, nicht an Fotos von Ihrem Gesicht – oder kann man das gar nicht trennen?

Das ist tatsächlich schwierig, ich glaube, ich sehe eher Fotos vor mir. Also ich hatte davor ein sehr anderes Gesicht. Jaja, ich sah schon gut aus, das muss ich zugeben. Und das fehlt mir seitdem ein bisschen.

Sie hatten ein schönes Männergesicht?

Ja.

Und auch das dazugehörige Bewusstsein, dass Sie ein gut aussehender Mann sind?

Ich war nicht gerade ein Adonis, aber ich wusste schon, dass ich ganz gut aussehe, ja. Ich sah immer ein bisschen fertig aus, hatte oft Augenschatten.

Die kann man sich in der Jugend noch leisten, da wirkt das Fertig-Aussehen noch interessant.

Also was ich zum Beispiel gar nicht mehr habe, ist dieses Stirnrunzeln, das hatte ich früher, und ich hatte einen hübschen Mund, das war schon alles ganz hübsch.

Weil Sie gerade vom Stirnrunzeln sprechen: Hat sich durch die ver-
brannte Haut Ihre Mimik verändert? Spüren Sie das auch von innen?
Oder vermuten Sie das nur von außen?

Ich glaube, die Mimik hat sich wirklich verändert. Schon im Krankenhaus machten die mit mir Krankengymnastik mit großem Nachdruck, obwohl es mir sehr weh getan hat. Immer diese Mimik! Die hat mich genervt. Doch die haben gesagt, das muss sein, weil Mimik für das Gesicht und für den Kontakt mit Menschen unglaublich wichtig ist. Ich hatte auch später immer wieder mal das Gefühl, dass mein Gesicht nicht so ausdrucksstark ist wie ein normales Gesicht, also dass manche Leute mir eine Art starre Mimik zuschreiben. Na ja, ich bin eh ein Norddeutscher und nicht so ein theatralischer Mensch ... Ob ich das von innen spüre? Ich weiß nicht, es fühlt sich schon anders an als vorher, aber ich bin jetzt auch 30 Jahre älter.

Haben Sie den Eindruck, Ihr Gesicht altert? Es zeigt kaum Spuren
des Alters.

Falten habe ich keine, das stimmt. Das ist schon ein bisschen ungewöhnlich und vielleicht ist es ein Vorteil, dass dieses Faltige, Schrumplige bei mir fehlt. Trotzdem habe ich das Gefühl zu altern.

Sie sagten vorhin, Sie hätten theoretisch in Ihrem Gesicht noch
etwas verbessern können, möchten das aber gar nicht mehr. Wenn
wir davon ausgehen, dass das Gesicht unsere Persönlichkeit wider-
spiegelt, wie ist das dann bei Ihnen? Ihr Gesicht hat sich verändert,

ist nicht mehr der damalige Spiegel des damaligen Charakters. Kann es sein, Sie wollen jetzt nichts mehr verändern, weil Sie sagen, das bin jetzt ich, das ist jetzt meine Identität?

Ja. Ich würde sogar sagen, dass sich mein Charakter verändert hat gegenüber dem früheren Johannes. Ich war vorher eher ein mürrischer, unzufriedener Typ, auch ein bisschen zickig. Durch den Unfall habe ich mich verändert und – das klingt vielleicht merkwürdig – es ist für mich eine Erfahrung, die ich nicht missen will, weil sie zu meiner Reifung oder persönlichen Tiefe beigetragen hat. Und es ist eine Erfahrung eines Abgrundes, die mir sehr viel über mich selber und über das menschliche Leben gezeigt hat. Wenn ich also mein Gesicht »reparieren« lassen würde, wäre das für mich wie ein Versuch, alles ungeschehen zu machen.

Alles zu tilgen?

Ja zu tilgen und das soll nicht getilgt werden. Ich meine okay, ich würde gerne hübsch aussehen wie George Clooney, aber ich bin nicht George Clooney, also was soll's.

Hatten Sie diese Einstellung von Anfang an?

Nein, das war ein langes Hin und Her, ein Zaudern und Kämpfen. Ich musste mich selber mit meinem Gesicht anfreunden. Es gab Phasen, da habe ich mich morgens im Spiegel begrüßt und gesagt: Ich mag dich so, wie du bist. Und ich habe lange ganz unbeholfene Versuche gemacht, mich mithilfe des Spiegels zu zeichnen. Ich habe einfach dieses Gesicht angesehen, Augen, Nase, Mund und es dann mit Bleistift gezeichnet. Dadurch fällt das ständige Bewerten weg. Beim Zeichnen ist das mehr ein Studieren als ein Bewerten. Und das hat mir geholfen, für mich selber Ruhe zu finden, und das wiederum hat mir geholfen, anderen Leuten gegenüber selbstbewusster aufzutreten, sodass die nicht ständig das Gefühl hatten, ich hadere sehr damit. Ich glaube, das Geheimnis liegt in der Ausstrahlung; wenn man mit sich selber im Klaren oder im Reinen ist, können auch die anderen Leute unbefangener auf einen zukommen. Wenn man hingegen verschraubt und verknotet ist, wirkt man wie ein rohes Ei, auf das die andern hilflos reagieren.

Das Thema Gesicht fesselt Sie bis heute. Sie haben sogar Jugendliche dazu befragt.

Ich mache Schreibwerkstätten mit Jugendlichen, und ein Thema war »Gesicht, Selfie, Selbstporträt«. Die sind so 15, 16 Jahre alt. Ich erinnere mich gut, wie sehr mir selbst damals der Übergang zum Erwachsenwerden zu schaffen gemacht hat und wie stark die Frage mich beschäftigte: Wie sehe ich aus, wer bin ich und wie sehen die anderen mich? Genau das ist ja die große Selfie-Frage beziehungsweise die Frage: Wie kann ich die anderen dazu bringen, mich so zu sehen, wie ich mich am liebsten sehe? In einer Übung habe ich sie sich fünf Minuten lang gegenseitig betrachten lassen, was geradezu unerträglich lang war. Das war natürlich mit viel Kichern verbunden, aber alle haben begeistert mitgemacht. Da merkte ich wieder, wie stark die Auseinandersetzung mit dem eigenen Gesicht oder dem der anderen ist, egal in welchem Lebensalter. Ich wollte, als ich 16 war, markant aussehen, ein bisschen wie ein Verbrecher. Jetzt sehe ich ein bisschen so aus und es ist mir auch wieder nicht recht. Jedenfalls fanden die Jugendlichen das ein spannendes Thema.

Sie haben zweimal etwas geschafft, was eigentlich kein Mensch schafft: Sie sind aus einem brennenden Helikopter rausgekommen und Sie haben Ihre Verbrennungen von 75 Prozent überlebt.

Das Zweite verdankt sich der ärztlichen Kunst, die medizinische Entwicklung kann mittlerweile noch viel mehr.

Haben Sie mal gedacht, dass Sie etwas Heroisches vollbracht haben?

Nein, ich habe kein heldenhaftes Gefühl. Ich habe mich im Krankenhaus eher gefragt, warum ich überlebt habe und die anderen nicht. Wenn ich damals noch fünf Leute gerettet hätte, dann wäre das heldenhaft gewesen, aber so …

Haben Sie sich je schuldig gefühlt, überlebt zu haben?

Oh ja, das habe ich. Als die Mutter von einem Kollegen, der bei dem Absturz gestorben ist, mich im Krankenhaus besucht hat, habe ich immer gedacht: Wie viel lieber würde sie doch ihren Sohn sehen.

Sie haben später auch Menschen, die Verbrennungen erlitten haben, beraten.

Ja, ich war mal in so einem Verein, Cicatrix, aber das war eher virtuell. Ich kannte in der ersten Zeit nach dem Krankenhaus einige Leute mit Brandverletzungen und fand das auch ganz gut, mich mit denen auszutauschen, habe es dann aber bald wieder gelassen. Ich wollte mich nicht auf die Identität eines Brandverletzten festnageln lassen. Einmal hatte ein Kind einen Grill-Unfall und die Eltern waren total verzweifelt. Da habe ich dann gesagt, ich rede mal mit dem Kind, und schon als ich mit ihm am Tisch saß, sahen die, wie ein Brandverletzter nach ein

paar Jahren aussieht, und da fiel denen ein Stein vom Herzen. Die Vorstellung, wie es später mal sein wird, die hatte ich auch. Die kann einen enorm belasten und lähmen. Je mehr man nach vorne schaut, desto mehr merkt man, was möglich ist, und es geht Schritt für Schritt weiter.

Wir tragen im Moment alle Masken. Hat das Verstecken des Gesichtes für Sie etwas Befreiendes?

Dass ich damit meine Brandverletzungen verbergen kann, geht mir wenig durch den Kopf, es sei denn sie werden explizit zum Thema gemacht.

Interessant, dass das gar kein Thema mehr für Sie ist.

Ja, das hätte ich mir früher auch nicht vorstellen können, aber ich rücke das sehr in den Hintergrund und manchmal kommt es wieder vor.

Ist man innerlich noch derselbe, wenn man es äußerlich nicht mehr ist?

Nun man verändert sich ja auch innerlich. Es gibt einen inneren Einschnitt, eine innere Wandlung, die auch eine Sache der Akzeptanz dieses Ereignisses ist. Ich wurde der, der den Brand erlebt hat und körperlich davon gezeichnet ist. Der möchte ich auch sein, und das können meinetwegen die Leute ruhig sehen. Denn ich gehe davon aus, dass sie mehr sehen als nur dieses Ereignis.

CLEMENDINA NGINA HÜGLE

In meiner Familie wurde schwarz nie als gut empfunden

■ Zu den einfachen Gegebenheiten des menschlichen Gesichts zählt: Es kann farblich verschiedene Pigmentierungen haben, von sehr hell bis sehr dunkel.

Nur, einfach ist hier gar nichts, denn die Farbenlehre der Haut stellt ein Politikum dar. Sie ist der Ausgangspunkt der langen grausamen Geschichte des Rassismus, sie ist der ideologische Hintergrund des »Glaube an Überlegenheit« der sogenannten Weißen gegenüber den sogenannten Schwarzen und des »davon abgeleiteten Rechts auf Dominanz«. So beschrieb die afroamerikanische Philosophin Audre Lorde den harten Kern des Rassismus. Sie wurde 1934 in Harlem, New York City, geboren und sie erkämpfte sich die einzige Chance, die sich einer unterprivilegierten dunkelhäutigen Frau bot, den Aufstieg über die Bildungslaufbahn.

Rassismus kann Menschen diskriminieren, unterdrücken, töten. Aber er kann nicht verhindern, dass sie denken. Und Audre Lorde war eine rückhaltlose, radikale Denkerin. »Wir waren nicht zum Überleben bestimmt. Nicht als Menschen«, schrieb sie in den 1970er-Jahren.

Man möchte sich den furchtbaren Satz durch seine Vergangenheitsform erträglicher machen, man möchte einwenden, er bezöge sich auf frühere Jahrhunderte, nicht auf die Gegenwart. Aber auch das ist nicht so einfach. Der 25. Mai 2020 liegt keineswegs lange zurück. An diesem Tag wurde der Afroamerikaner George Perry Floyd in Minneapolis auf offener Straße von einem weißen Polizisten ermordet, der ihm neun Minuten und 29 Sekunden lang mit vollem Körpergewicht die Luft abdrückte. Es war eine Lynchszene, die sich genauso vor zwei Jahrhunderten hätte zutragen können.

Aber in die Arbeit an unserem Buch fiel noch ein anderes Datum, der 20. Januar 2021. Weltweit verfolgten Millionen vor dem Fernseher, wie die zweiundzwanzigjährige, Lyrikerin Amanda Gorman im Rahmen der Amtseinführung des neu gewählten US-Präsidenten Joe Biden vor dem Kapitol in Washington auf ein Podium stieg, sich ans Mikrofon stellte und ihr Poem »The Hill We Climb« vortrug. Es war mehr als eine Gedichtrezitation, es war ein Statement des Stolzes und der lustvollen Souveränität im Namen aller dunkelhäutigen Frauen. Kein Kommentar beschrieb die Wirkung ihres Auftritts genauer als ein Satz, den Audre Lorde vor einem halben Jahrhundert formulierte: »Die Sichtbarkeit jedoch, durch die wir so angreifbar werden, ist gleichzeitig unsere größte Stärke.«

Er könnte auch auf die 31-jährige Psychologin Dina Hügle zutreffen. Eine Frau, die in der mehrheitlich hellhäutigen deutschen Gesellschaft schon durch die dunkle Farbe ihres Gesichts auffällt. Ihr Werdegang ist das beste Beispiel für den Eigensinn, die Ausdauer und die Widerstandskräfte, die ein Aufstieg über die Bildungslaufbahn erfordern. So schwierig ihre Kindheit war, so deutlich hatte sie immer vor Augen, dass gute Schulnoten ihr wichtigstes Zukunftskapital sind. Aus diesem Kapital hat sie wahrhaft viel gemacht. Dina Hügle ist heute Psychologin und arbeitet als Therapeutin, daneben unterrichtet sie an einer Privatuniversität und ist als psychiatrische Gerichtsgutachterin tätig. Natürlich war sie eine auffallende

Erscheinung, wenn sie hin und wieder ihren Mann, einen Kollegen von Luzia, in der ZDF-Redaktion besuchte. Aber sie war es keineswegs nur durch ihre Hautfarbe, sondern mindestens genauso durch ihre Strahlkraft und ihre selbstbewusste Lebendigkeit.

Sie war sofort bereit, mit uns zu sprechen, und lud uns an einem Sommervormittag 2021 zu sich ein. Dina Hügle lebt mit ihrer Familie in einem grünen Wohnviertel am westlichen Rand Berlins. Frische Croissants und eine Schüssel mit Kirschen stehen auf dem Tisch, für Ungestörtheit ist ebenfalls gesorgt. Der Ehemann und die kleine Tochter unternehmen einen Ausflug. Einige unserer Gesprächspartner wollen, bevor wir das Aufnahmegerät einschalten, noch einmal genauer wissen, welche Erwartungen wir an sie haben, wie tief unsere Fragen in ihre persönliche Sphäre eindringen. Dina Hügle nicht. Sie sei, sagt sie lachend, offen für jede Frage und jedes Thema. Wir beginnen mit unserem Handspiegel. ■

Könnten Sie beschreiben, was Sie im Spiegel sehen?

Im Moment sehe ich, dass ich vor fünfzehn Monaten ein Kind auf die Welt gebracht habe, irgendwie ist mein Gesicht noch ein bisschen verändert. Und sonst? Ich würde sagen, ich sehe eine Frau, die es nicht leicht hatte im Leben und es trotzdem hingekriegt hat. Gut, ich sehe auch die ersten Falten.

Na ja, mit einunddreißig.

Es sind auch Lachfalten. Das ist mein Glück, die dunkle Hautfarbe kaschiert.

Sie sagen, aus dem Spiegel sieht Sie eine Frau an, die es hingekriegt hat, woran machen Sie das fest?

An den Augen, ich habe heute eine entspanntere Augenmuskulatur, das ist wirklich so. Ich komme aus einem nicht ganz einfachen Elternhaus, um es mal vorsichtig zu sagen. Ich musste immer kämpfen, und ich sehe auf früheren Fotos, dass ich in der Augenpartie extrem angespannt war, das ist heute nicht mehr da. Wenn ich mich anschaue, bin ich selbst überrascht, dass ich nicht diese typischen Furchen auf der Stirn und zwischen den Augenbrauen habe …

Die sogenannten Zornesfalten.

Genau, sondern eher Lachfalten, obwohl ich jahrelang echt nichts zu lachen hatte.

Wollen Sie uns von Ihrer Lebensgeschichte ein wenig erzählen?

Gern, aber das dauert etwas, es war ein ziemliches Hin und Her. Also, geboren wurde ich in Nairobi. Meine Mutter ist Kenianerin, sie bekam mich schon sehr früh, mit sechzehn Jahren. Ich muss dazu sagen, dass sie mich vom ersten Moment an ablehnte. Meinen leiblichen Vater kenne ich nicht.

Ist er auch Kenianer?

Das weiß ich nicht, auf diese Frage habe ich nie eine Antwort bekommen.

Wissen Sie, welche Hautfarbe er hat?

Wahrscheinlich auch dunkel. Ich habe einen Gentest machen lassen und es spricht einiges dafür, dass er aus Äthiopien stammt, wo die Menschen etwas heller sind als in Kenia. Das würde erklären, weshalb ich auch nicht so richtig tiefdunkel bin.

Wenn wir da einmal nachfragen dürfen, hell und dunkel sind ja relative Begriffe, wie würden Sie Ihre Hautfarbe selbst definieren?

Na ja, nicht wirklich schwarz, aber schon richtig dunkel.

So zwischen Michelle Obama und Oprah Winfrey?

Wow, gleich zwei Ikonen! Aber ja, was die Farbe betrifft, stimmt der Vergleich vielleicht. Wie gesagt, von meinem leiblichen Vater weiß ich nichts, auf alle Fälle hat meine Mutter bald nach meiner Geburt meinen Stiefvater kennengelernt, einen Deutschen. Ich war ein Jahr alt, als ich zum ersten Mal in Deutschland war. Eingeschult wurde ich aber noch in Mombasa, nicht in eine reguläre Schule, sondern in einen Kindergarten, so ähnlich wie die deutsche Vorschule. Im Grunde wurde ich in dieser Zeit fast nur von Kindermädchen großgezogen. Meine Mutter war eigentlich nie präsent, und als ich sechs war, ist sie mit mir dann endgültig hierhergezogen, in den Berliner Stadtteil Spandau, weil mein Stiefvater da wohnte. In der Zeit kam dann auch meine kleine Schwester auf die Welt.

Sie ist die Tochter des Deutschen?

Ja, genau, und sie ist deshalb auch heller als ich, also vergleichsweise. In Spandau kam ich in die deutsche Grundschule, bis wir nach Falkensee umgezogen sind, und da war ich bis zu meinem fünfzehnten Lebensjahr.

Und hatten schon eine kleine Odyssee hinter sich.

Könnte man so sagen. Aber die Ortswechsel waren gar nicht das eigentliche Problem, sondern die gesamte Familiensituation. Der Stiefvater war starker Alkoholiker und meine Mutter, würde ich zurückblickend sagen, muss eine psychische Störung gehabt haben, sonst hätte sie sich nicht so verhalten. Jedenfalls war ich als Kind diejenige, die verantwortlich dafür war, den Familienalltag irgendwie zusammenzuhalten. Ich musste dafür sorgen, dass mein Stiefvater zur Arbeit kommt, dass meine Mutter mich und meine Schwester so gut wie möglich in Ruhe lässt. Und wenn wir von meinem Gesicht sprechen: Ich habe keins für mein Kindsein. Wirklich, ich habe keine Erinnerung an mein Kindergesicht. Es gibt nur das Gesicht der sorgenden, verantwortlichen, für alle da seienden Dina, das einer Erwachsenen.

Gibt es Fotos aus dieser Zeit?

Ich besitze keine. Mich gibt es nicht als Kind. Ob es irgendwo Fotos gibt, weiß ich nicht.

Erkennen Sie in Ihrem Gesicht das Ihrer Mutter?

Das wäre für mich ganz schrecklich. Ich habe mal gehört, ich sähe ihr ähnlich, als sie jung war, und das war für mich ganz schrecklich. Da habe ich sogar überlegt, was ich machen kann, dass dieses Gesicht sich ändert. Schon beim Gedanken daran, ihr zu ähneln, kriege ich Herzrasen.

Weil die Person so schrecklich ist?

Ja, absolut. Ich möchte auf keinen Fall mit ihr identifiziert werden. Klar, ich habe einen Genpool von ihr, also irgendwo wird natürlich irgendwas von ihr sein, aber ich würde mich freuen, wenn es so wenig wie möglich ist. Meine Mutter ist dickleibig, deswegen achte ich total auf mein Gewicht. Das ist ein ganz wichtiges Thema für mich, nie zu so einem Körperumfang zu kommen. In der Schwangerschaft habe ich natürlich zugenommen, ich mache zweimal am Tag Sport, damit ich die restlichen Pfunde wieder runterbekomme. Je korpulenter ich werde, desto ähnlicher sehe ich meiner Mutter im Spiegel, und das ist echt kein schönes Gefühl.

Was haben Sie heute für ein Verhältnis?

Gar keines. Sie war nicht auf meiner Hochzeit, sie kennt meine Tochter nicht. Es gibt null Kontakt. Sie lebt hier in Berlin, aber ich möchte keinen Kontakt. Ich weiß, das klingt sehr rigoros. Aber dazu muss man wissen, was sich in meiner Jugend abspielte. Ich habe ja vorhin erzählt, dass wir von Spandau nach Falkensee umzogen, von meinem elften bis zu meinem dreizehnten Lebensjahr war ich allerdings in einem Kinderheim, weil die Umstände zu Hause so katastrophal waren. Das war unter anderem ein Heim für Kinder, deren Eltern sich nicht um die Kinder kümmern.

Wurde das vom Jugendamt entschieden?

Ja, das Jugendamt kam eines Tages in die Schule, und ich wurde mitgenommen, zusammen mit meiner kleinen Schwester. Nach zwei Jahren im Heim bin ich freiwillig wieder nach Hause, wo es aber so schlimm war wie zuvor. Es gab einen kleinen Vorfall, meine Mutter hatte kein Sorgerecht mehr. Sie hat dann hinter meinem Rücken dafür gesorgt, dass ich nach Kenia zu gehen und dort zu bleiben habe. Genau genommen war es eine Kindesentführung. Ich muss aber sagen, dass dieser erzwungene und gewalttätige Wechsel nach Afrika nicht nur schlechte Seiten für mich hatte, denn meine Resilienz wurde ordentlich auf die Probe gestellt. Ohne diese wäre ich wohl nicht mehr am Leben.

Und wie lange blieben Sie nun in Kenia?

Bis ich neunzehn war. Ich wurde da ein bisschen rumgereicht zwischen Verwandten und lebte vor allem bei meiner Großmutter, zu der ich immer noch ein sehr gutes Verhältnis habe. Heute weiß ich, dass es auch diese Jahre in Afrika waren, die letztendlich dazu führten, dass ich die dunkle Hautfarbe als etwas Schönes empfinde! Dort waren alle dunkel, und das war toll. In Deutschland war ich ja nichts anderes gewesen als die Schwarze, die große Ausnahme. Das war ich in Kenia natürlich nicht, da gab es wiederum einen anderen Effekt, in Kenia war ich die Helle oder die Hellere.

Klingt kompliziert. Die Schattierungen auf der Farbskala scheinen enorm bedeutsam zu sein.

Sind sie auch. Dazu kam, dass ich nur Deutsch und Englisch konnte, kein Suaheli. Am Anfang gab es da noch so Ressentiments, die unterschwellig auch etwas Rassistisches hatten. Aber das änderte sich, als ich Freunde fand, richtig gute Freunde.

Wie haben Sie zuvor, in der Zeit in Deutschland, Ihre Hautfarbe wahrgenommen?

So richtig wahrgenommen habe ich sie erst, als wir nach Falkensee umzogen und ich dort zur Schule ging. Davor, also in den ersten Schuljahren in Spandau, hörte ich von den Eltern meiner Mitschüler immer »meine dunkle Schokolade«. Wenn sie ihre Kinder abholten, sagten sie: »Ach, da ist ja meine hübsche dunkle Schokolade.« Ich hab nie genau verstanden, was das bedeuten soll. Und irgendwann bin ich zu meinem Stiefvater und habe ihn gefragt: »Sind die anderen denn weiße Schokolade?« Das muss so in der ersten Klasse gewesen sein. In dieser Zeit habe ich es noch als etwas Schönes empfunden, anders zu sein, und habe die Bemerkungen mit der schwarzen Schokolade als Kompliment hingenommen. Erst im Lauf der Jahre und der Bildung hat sich das geändert, und ich empfand es keineswegs mehr als Kompliment. Mir wurde auch bewusst: Wenn ich einen Raum betrete, geht es nie darum, ob ich hübsch oder sonst was bin. Sondern in den Augen der anderen nur darum, dass ich schwarz bin und mich das repräsentiert. Und zwar nur das.

Und wie war es in den etwas späteren Schuljahren in Falkensee?

Na ja, da war mir schon klar, dass ich Kommentare höre, die andere Schüler nicht hören. Ich erinnere mich an eine Szene, ich hatte so einen weißen Hut auf, und unser Physiklehrer kam rein und sagte mitten in der Klasse: »Ja, ein weißer Hut steht nur Dunklen.« Im ersten Moment dachte ich mir nichts dabei, nahm es sogar noch als Nettigkeit auf. Aber im Nachhinein fand ich es nicht mehr so schön und auch kein nettes Kompliment.

Entschuldigen Sie, nur damit wir den Überblick behalten: Sie waren also als Kleinkind in Kenia, dann in Deutschland inklusive zwei Jahre im Kinderheim und ab fünfzehn wieder in Kenia. Wo haben Sie denn Ihr Abitur gemacht?

Noch in Kenia, nach dem britischen System. Mit neunzehn bin ich zurück nach Deutschland, habe mir schnell eine eigene

Wohnung gesucht. Aber mein kenianisches Abitur wurde hier nicht anerkannt, deshalb habe ich in Hamburg an einem Studienkolleg noch mal meinen Abschluss gemacht. Und das war auch ein Glücksfall. An diesem Kolleg sind ja nur Leute von außerhalb, die ihr deutsches Abitur nachmachen müssen, aus Paraguay, Ecuador, Türkei, wirklich eine bunte Mischung. Da hatte ich einen sehr netten Freund aus dem Senegal. Und mit ihm war es mir zum ersten Mal nicht unangenehm, mit einem Dunkelhäutigen zu tun zu haben. Heute kommt mir das total absurd vor. Aber damals, ungefähr bis zu meinem neunzehnten Lebensjahr, habe ich es vermieden, hier in Deutschland mit Dunkelhäutigen zusammen zu sein.

Obwohl Sie in Kenia Ihre Hautfarbe als etwas Schönes kennenlernten?

Ja, trotzdem. Das war einfach in mir drin, ich wollte auch in der Zeit in Falkensee mit zwölf, dreizehn, vierzehn keine dunklen Freunde, aus Prinzip nicht. Ich wollte nicht, dass man mich zusammen mit dunklen Menschen sieht und mich damit in eine Schublade voller Stereotype packt.

Und als Sie begonnen haben, sich für Jungs zu interessieren, wie haben Sie denn auf deren Hautfarbe geguckt?

Für mich war schwarz absolutes No-Go! Ich hätte nie mit einem schwarzen Jungen etwas angefangen.

Ist aber auch ein bisschen bedenklich, als Haltung einer schwarzen Frau?

Na klar, absolut!

Sie hatten nie etwas mit einem dunkelhäutigen Mann?

Nicht als Jugendliche.

Only white?

Ja, only white. Ich weiß, das klingt komisch, aber Sie müssen sich vorstellen, was es bedeutet, in einer Familie aufzuwachsen, in der schwarz nie als gut empfunden wurde. Und wenn man das als Kind immer und immer wieder eingetrichtert bekommt, verinnerlicht man es. Für mich war damals ein schwarzer Mann auch im sozialen Sinn nichts Gutes. Er stellt nichts dar, kann nichts und wird nichts.

Hatten Sie diese Einstellung noch an der Universität?

Am Anfang wahrscheinlich schon.

Ist aber schon ideologisch, oder?

Ja, klar. Aber mit genau dieser Ideologie bin ich aufgewachsen, mit diesem familieninternen Farben-Rassismus. Für meine Mutter war ich das gehasste Kind, meine Schwester das geliebte. Sie war die Hübsche, weil sie heller war. In mir sah meine Mutter das nicht hübsche Kind, ebenfalls wegen der Hautfarbe. Und das hat sie auch so oft wie möglich verbalisiert. Ich muss dazu sagen, meine Mutter war früher eine sehr attraktive Frau, die viel Wert legte auf Kleidung und ihr Äußeres. Einmal kam sie von einer Reise zurück, toll angezogen, und breitete Geschenke für meine Schwester aus. Und ich stell mich da ganz naiv hin und frage: »Gibt's denn für mich auch ein Geschenk?« Und meine Mutter sagt: »Für dunkle Kinder gibt's dort nichts.« Meine Schwester bekam einen Berg Geschenke, ich nichts. Da bin ich in mein Zimmer und hab unglaublich geweint. Das hieß ja, ich bin nicht nur nicht hübsch, sondern ich gehöre zu keiner würdigen Menschen-Kategorie.

Wenn wir es richtig verstanden haben, war Ihre Mutter von Natur aus etwas dunkler als Sie, oder?

Ja, aber sie hat sich gebleacht, schon immer. Ich kenne sie nur gebleacht.

Funktioniert das denn wirklich?

Ja, aber es ist halt so, dass im Grunde die Haut verbrannt wird und nie gleichmäßig aussieht. Es gibt Schattierungen, die Augenringe sind viel dunkler als die restliche Gesichtshaut. Und es so zu machen, dass es einigermaßen gut aussieht, ist wahnsinnig zeitaufwendig. Es gibt auch Spritzen, um weißer zu werden. In der dunklen Community ist Bleaching ein ganz großes Thema, weil die helle Hautfarbe so ein enormes Prestige hat.

Aber das ist doch entsetzlicher kultureller Selbsthass?

Ja, natürlich und mit diesem Selbsthass wurde meine Mutter durch mich immer wieder konfrontiert. Meine kleine Schwester war das, was sie selbst ersehnt hat, nämlich heller. Und ich habe sie immer daran erinnert: Egal wie viel du da machst und bleachst, du bist von Natur aus mindestens so dunkel wie diese ältere Tochter.

Gab es Momente, in denen Sie in den Spiegel guckten und dachten: Warum hat mich der liebe Gott nicht heller gemacht?

Ja, als Kind schon, in solchen Situationen wie mit den Geschenken. Oder wenn andere Leute zu meiner Mutter sagten, ich sei ein hübsches Mädchen, und sie das sofort abwehrte: Nein, nein, sie hat Pickel und Zellulitis. Es war ihr total wichtig, immer wieder klarzumachen, dass ich unattraktiv bin. Ich war acht oder vielleicht neun, da habe ich mich in die Badewanne gesetzt und dieses Bleichmittel ins Wasser getan und versucht, meine gesamte Hautfarbe abzuschrubben. Das hat natürlich nicht funktioniert, nur entsetzlich wehgetan. Es ging mir gar nicht um die Farbe an sich, sondern darum, dass ich dachte: Ohne diese Farbe würde sie mich lieben. Ohne diese Farbe würde meine Mutter mich akzeptieren.

Dann kam die Verbindung der Hautfarbe mit Anerkennung also schon sehr früh in Ihr Leben?

Darum ging es immer. Und mir war immer klar, die echte Liebe meiner Mutter bekomme ich nicht. Aber was ich bekommen kann, ist Anerkennung für Leistung, glaubte ich zumindest irrtümlicherweise. Wenigstens das müsste sie doch respektieren, und deshalb habe ich um Leistung gekämpft.

Mit einigem Erfolg.

Und erledigt hat sich das erst vor fünf Jahren. Ich hatte es geschafft. Ich habe meinen Bachelor in Psychologie statt in drei in zwei Jahren gemacht und meine Masterarbeit mit der Note 1.0. Und dann habe ich die ganze Beziehung zu meiner Mutter gleichsam beerdigt, richtig ritualmäßig. Ich habe sie in eine Schatulle gepackt und beerdigt. Deswegen wäre es, wenn mein Gesicht ihrem ähnlich sähe, ganz schrecklich. Dann wäre die Schatulle wieder auf.

Wie ist heute der Kontakt zu Ihrer Schwester?

Es geht so. Sie ist jetzt sechsundzwanzig und leider ist es ihr nicht gelungen, aus diesem Gedankenkäfig rauszukommen. Sie ist aufgewachsen mit der Attitüde: Ich bin heller, also bin ich was Besseres. Und je älter wir wurden, desto stärker wurde ihr Konkurrenzkampf mit mir, was mir irgendwann zu anstrengend war. Ihr Protest richtete sich nicht gegen unsere Mutter, sondern gegen mich. Unter psychologischer Perspektive würde ich sagen, sie kann nichts dafür. Sie ist in einer völlig dysfunktionalen Familie aufgewachsen mit einer Mutter, die alle gegeneinander ausspielte.

Es müsste doch den Moment gegeben haben, in dem Sie durch die Reaktionen anderer Menschen gemerkt haben, dass Sie hübsch sind?

Natürlich, aber das hat gedauert. Eigentlich erst, als ich mit Anfang zwanzig meinen heutigen Mann kennenlernte, und auch bei ihm war ich lange misstrauisch. Für mich waren Menschen immer berechnend, die wollten nur etwas, und dabei ging es gar nicht wirklich um mich. Mein Mann hat sehr lange gebraucht, um mir klarzumachen, dass er mich wirklich hübsch findet und mich wirklich liebt, nicht trotz oder wegen der Hautfarbe. Am Anfang hab ich zu ihm gesagt: Na ja, du stehst eben auf Dunkle, das ist dein Fetisch. Und das hieß für mich, es geht mal wieder nicht um mich als Frau und Mensch, sondern um die Hautfarbe.

Um den Exotenstatus.

Genau. Wenn ich irgendwo hingehe, ist mir doch bewusst: Ich errege Aufsehen, allein wegen meines schwarzen Gesichts. Ob ich geschminkt bin oder Lippenstift trage, darauf kommt's nicht an. Es reicht, dass ich da bin. Die Exotenrolle reicht als Interaktion. Viel mehr wird dann von mir auch nicht erwartet. Und deshalb war es für mich so wichtig, dass ich meinen Master mit der Bestnote abschließe. Dann wird die Welt mal damit konfrontiert, dass ein schwarzes Gesicht und eine Bestleistung sehr gut zusammengehen. In der Falkenseer Schule wurde ich abgestempelt: Die Wahrscheinlichkeit, dass ich es mit diesem Gesicht zu was bringe, wurde nicht hoch eingeschätzt, und dagegen habe ich angekämpft.

Ehrlich gesagt, wir fragen uns schon die ganze Zeit, wo Sie diese unfassbare Kraft hernahmen. Sie sind Akademikerin, Sie promovieren gerade, Sie haben eine Familie und sind erst einunddreißig. Das schaffen viele nicht, die einen weitaus einfacheren Start ins Leben hatten.

Genau weiß ich das auch nicht. Ich wollte einfach was werden, ich wollte raus aus dem Mist, und ein paar glückliche Zufälle gab's eben auch. Na ja, vielleicht kommt man auch mit einer bestimmten Urkraft zur Welt, und die habe ich vielleicht.

Etwas anderes: Sie sagten gerade »dieses schwarze Gesicht«. Wenn man die Farbskala ganz sachlich betrachtet, dann sind wir nicht wirklich weiß, sondern eher so beige, und Sie sind dunkelbraun. Schwarz ist eigentlich eine ethnische Kategorie, ist sie für Sie akzeptabel? Wie möchten Sie denn bezeichnet werden? Als schwarze Frau?

Das ist auch für jemand schwierig, der selbst farbig ist. Ich würde sagen, schwarz und dunkelhäutig, die Begriffe sind beide okay. Es kommt aber immer auf den Kontext an. Also, wenn es nur um die Farbbezeichnung geht, gibt's eigentlich kein Wort, von dem ich sagen würde, es geht auf gar keinen Fall. Ich bin aber, was die Sprache betrifft, auch etwas liberaler als andere. Meine Empfindlichkeit gegen Rassismus wird stärker in sozialen Situationen geweckt. Nur mal ein Beispiel: Ich hatte vor fünf Jahren ein Bewerbungsgespräch bei einem Unternehmen, und die Chefin stellte mich ihren Kollegen mit dem Satz vor: »Das ist Frau Hügle; sie ist zwar schwarz, aber deutsch.«

Du lieber Himmel!

War aber so. Ich habe den Job sogar angenommen und zwei Jahre in dem Unternehmen gearbeitet, und ich wusste die ganze Zeit, der Frau ist überhaupt nicht bewusst, was sie da gesagt hat. Das fand ich viel schlimmer als bewussten, gezielten Rassismus. Denn es heißt, in Menschen gibt es eine strukturelle Betrachtungsweise, die sie überhaupt nicht bemerken. Wir machen gern Ausflüge aufs Land, und inzwischen muss mein Mann, bevor wir uns in ein Restaurant setzen, vorher reingehen und mir sagen, was da so für Menschen sind. Sonst steige ich erst gar nicht aus dem Auto. Es ist schon passiert, dass wir am Tisch sitzen und ich merke: völlige Stille. Ich werde nur angegafft, bei jedem Schritt, den ich mache, von oben bis unten angeschaut. Ich fühle mich dann so beobachtet, das ist mir so unangenehm, dass ich noch nicht mal essen kann.

Passiert das eher in Ostdeutschland?

Ja, eher. Auch als wir vor einiger Zeit umgezogen sind, war für mich klar: Osten kommt nicht infrage. Kommt einfach nicht infrage. Da habe ich erlebt, dass die Kassiererin im Supermarkt mir das Geld nicht in die Hand gibt. Ich hab's erst gar nicht mitbekommen, bis der Herr hinter mir sagte: »Dann geben Sie mir das Geld bitte auch nicht in die Hand.« Oder ein Therapiepatient, der verkündete, er möchte nicht von einer Schwarzen wie mir behandelt werden. Da dachte ich so: Und ich möchte keinen Neurotiker therapieren, der so denkt.

Wir erkennen recht gut am Gesicht, wo ein europäischer Weißer herkommt, ob aus dem Norden oder dem mediterranen Raum. Können Sie das bei schwarzen Gesichtern auch so unterscheiden?

Ja klar. Menschen aus Westafrika haben häufig ganz andere Gesichtszüge, sie sind viel markanter, die Nasen sehr flach. In Ostafrika sind sie weicher, dem Arabischen ähnlicher, die Hautfarbe ist, je nach Landesteil heller, die Haarstruktur anders. Das kann sich von Region zu Region stark unterscheiden, es gibt unendlich viele Farbnuancen. Ich meine: Afrika ist ein riesiger Kontinent, der aus eurozentristischer Sicht aber generalisiert wird. Das ist sowohl ein Irrtum als auch ein politisches Problem.

Würden Sie dennoch gelten lassen, dass es so etwas wie den afrikanischen Gesichtstypus gibt? Wie es einen asiatischen oder einen europäischen gibt? Oder ist das diskriminierend?

Ja, gibt es bestimmt. Beispielsweise die vollen Lippen, das ist ein Merkmal, das in ganz Afrika vorkommt. Ich kenne niemand aus der afrikanischen Community, der so ganz schmale Lippchen hat. Aber ganz Afrika zu generalisieren, das ist auch falsch.

Was bedeutet die Farbskala für die gesellschaftliche Hierarchie?

In Kenia beispielsweise gilt: je heller, desto wohlhabender und auch attraktiver. Weil es an Menschen erinnert, die einen europäischen Touch haben. In einem Land wie Kenia sagt die Farbe des Gesichts auch etwas darüber aus, ob man sich's leisten kann, sich nicht der Sonne aussetzen zu müssen. Oder ob man bei

40 Grad draußen in der Sonne den ganzen Tag arbeiten muss, was die Haut ziemlich strapaziert.

Vor vierzehn Monaten kam Ihre Tochter zur Welt, das Kind eines wei-ßen Mannes. Sie wussten vor der Geburt, dass es ein farbiges Kind sein würde, wie farbig auch immer. Meldete sich da nicht unbewusst die Farbideologie, die Sie in Ihrer Familie erlebt haben? Haben Sie gehofft, Ihr Kind würde möglichst hell?

Das ist witzig. Ich habe gehofft, dass sie dunkler wird. Als sie geboren wurde, war sie ganz hell, sie sah aus wie ein chinesi-sches Baby, und ich dachte: hmmmmmm. Und alle haben mich getröstet und gesagt, na ja, sie wird noch dunkler. Offensicht-lich hat sich diesbezüglich mein Mann genetisch stärker durch-gesetzt. Aber ich vermute: Hätte ich das Kind vor zehn Jahren bekommen, wäre es anders gewesen. Da hätte ich gehofft, sie wird hell.

Und heute?

Bin ich total stolz, schwarz zu sein. Und das hat natürlich damit zu tun, dass ich etwas erreicht habe. Wenn ich vor jemand stehe, kann ich mich artikulieren. Ich bin gebildet, ich schreibe an meiner Doktorarbeit. Und ich bin schwarz.

ANASTASIA
BIEFANG

*Ich sehe mich jetzt so,
wie ich schon immer war*

■ Die Natur hat sie auf einen Umweg geschickt. Vier Jahrzehnte lang lebte Anastasia Biefang mit einer Geschlechtsidentität, die sie schon in der Jugend als unstimmig empfand. Worin die Unstimmigkeit lag und in welche Richtung sie wies, das wurde ihr erst im Lauf der Zeit bewusst.

Immer weniger hatte ihre männliche Außenerscheinung mit der Frau in ihrem Inneren zu tun, immer weniger ertrug sie das schamhaft versteckte Doppelleben. Im Alter von vierzig Jahren outete sie sich gegenüber Freunden, Bekannten und ihrem Arbeitgeber als Transgenderfrau. Dann begab sie sich auf den langen Weg, dessen Ziel es ist, den Fehler der Natur zu korrigieren. Die wichtigsten Etappen liegen hinter ihr: medizinische Gutachten, Hormonbehandlung, begleitende Psychotherapie, Gerichtsentscheid zur Änderung des Geschlechts und des Vornamens im Personalregister und zuletzt die operative Umwandlung der Genitalien. Ihre Eltern unterstützten sie bei allen Schritten, ihre erste Ehe zerbrach an der Geschlechtsangleichung. Über Tinder lernte Anastasia Biefang 2016 ihre zweite Ehefrau kennen, sie heiratete in einem langen weißen Brautkleid.

Wir kannten ihr Gesicht, ihre Stimme und ihre stattliche Größe von 1,87 Meter, bevor wir sie persönlich trafen. Wir hatten sie in

Talkshows und in dem Dokumentarfilm »Ich bin Anastasia« gesehen. Das Interesse an ihrer Lebensgeschichte verdankt sich nicht zuletzt ihrem Beruf, den man von einer Frau, die einst mit ihrer männlichen Erscheinung haderte, kaum erwarten würde: Anastasia Biefang ist Soldatin. Sie ist Offizierin der deutschen Luftwaffe im Dienstgrad eines Oberstleutnants, wie es auch ihr Vater war. Nach wie vor übt sie ihren Beruf mit Enthusiasmus und Überzeugung aus. Die Welt, in der sie Karriere machte, hat noch immer das Image, für traditionelle Männlichkeitsbilder, ja für einen gewissen Männlichkeitskult prädestiniert zu sein. Tatsächlich werden Frauen erst seit dem Jahr 2001 in nicht zivilen Bereichen der Bundeswehr aufgenommen.

Als erste Transgender-Kommandeurin der Bundeswehr übernahm sie im Oktober 2017 die Führung des Informationsbataillons 381 in Storkow. Sie war an mehreren Einsätzen in Afghanistan beteiligt und ist seit Oktober 2020 Referatsleiterin für Einsatz- und Übungsplanung im Kommando Cyber- und Informationsraum in Bonn.

Über Militärkunde wollten wir allerdings nicht mit ihr sprechen, sondern über die Frage, ob und wie sich der Vorgang der Verweiblichung im Gesicht abbildet. Verändert es sich objektiv? Oder ändert sich seine Wahrnehmung? Wirken Gesichter vor allem deshalb eher männlich oder eher weiblich, weil das Geschlecht des Menschen, zu dem es gehört, dem Betrachter ein optisches Muster vorgibt?

An einem Sonntagnachmittag im Frühjahr 2021 begrüßen wir in der Wohnung von Luzia eine leger gekleidete Frau. Mit dem Interesse an ihrer Person kann Anastasia Biefang wohl auch deshalb umgehen, weil sie selbst interessiert ist. Die erste Frage kommt von ihr, sie will wissen, wie lange wir uns schon kennen. ■

Können Sie bitte beschreiben, was Sie im Spiegel sehen?

Ich sehe da Fröhlichkeit. Ja wirklich, ich sehe mich in den letzten Jahren immer sehr fröhlich und immer lächelnd. Das ist deutlich anders als früher. Und der zweite Eindruck ist, dass ich doch relativ jung aussehe. Wenn ich in meinen Personalausweis gucke, bin ich immer wieder erstaunt, ich bin jetzt 46, demnächst 47. Dann denke ich: hab ich ein Schweineglück.

Weil Sie keine Falten und ähnliche Alterserscheinungen haben?

Da ist natürlich ein bisschen Eitelkeit dabei, gebe ich zu. Jedenfalls sehe ich mich heute tatsächlich gerne an. Ich hoffe, das klingt nicht zu narzisstisch, um Gottes willen. Irgendwann habe ich auch aufgehört, mein jetziges Gesicht mit meinem früheren zu vergleichen. Ich schaue mich an und stelle fest, das ist mein Gesicht.

Es gibt den Ausdruck »sich fremd im eigenen Körper fühlen«. Gibt es auch ein Fremdfühlen im eigenen Gesicht?

Ja, auf alle Fälle! Weil das Gesicht ja Teil des Körpers ist, Teil eines Ganzen, mit dem ich früher absolut nicht einverstanden war. Wenn ich da in den Spiegel schaute, habe ich immer etwas gesehen, das sich hinter dem Bild verbarg, sozusagen das Potenzial einer anderen Person.

Und diese Person sehen Sie jetzt?

Ja, würde ich sagen. Mit dem Gesicht ist es allerdings noch etwas komplizierter als mit dem restlichen Körper.

Weshalb?

Na ja, weil es da keine anatomische Veränderung gibt, zumindest keine unmittelbare, schnelle. Anders als beim Brustaufbau oder der Genital-Operation. Das sind Maßnahmen, die von jetzt auf gleich gehen, salopp gesagt. Erst waren keine Brüste da, wupp waren sie da. Vorher war ein Penis zwischen deinen Beinen, jetzt haste eine Vagina. Das war für mich eine Sache von einer Minute, also einer gefühlten Minute in Narkose. Für den Chirurgen waren es fünf oder sechs Stunden. Aber beim Gesicht vollzieht sich der Prozess durch die Hormontherapie sehr, sehr langsam. Von Mann zu Frau dauert es besonders lang, bis das Östrogen wirkt. Man schleppt sein Testosteron ja mit sich rum, das habe ich dann erst mal blocken lassen. Haare spielen natürlich eine große Rolle, meine Haare als Mann waren ja viel kürzer. Dadurch war mein Gesicht anders gerahmt, das macht viel aus. Gott, bin ich froh, dass ich meine Haare habe.

Sie haben wirklich schöne Haare. Aber noch mal zum Gesicht: Können Sie beschreiben, wie es sich mit der Zeit langsam verändert hat?

Vor allem die taktile Empfindung ist anders, die Haut ist weicher geworden. Die Fettpolster haben sich irgendwie verschoben und die Gesichtszüge sind weicher geworden. Aber das sind Veränderungen, die ich selbst nur graduell oder fast gar nicht bemerkt habe, weil ich mich ja jeden Morgen beim Zähneputzen im Spiegel anschaue. Für meine Eltern, die mich nur zwei- bis dreimal im Jahr gesehen haben, waren sie viel deutlicher. Ich schaue heute auch nicht mehr so auf konkrete Details und frage mich: Ist jetzt da oder dort was anders? Ich betrachte eher mein Gesamtbild.

Vielleicht ist es nur eine Projektion, aber Ihre Augen und Augenpartie wirken sehr weiblich.

Tatsächlich?

Ja, Sie haben einen ausgesprochen weiblichen Blick, was auch immer das in Geschlechtskategorien bedeuten mag. Es heißt ja, die Augen sind der Spiegel der Seele.

Das meine ich! Das Gesicht lässt sich schwerer definieren als, na ja, sogenannte primäre Geschlechtsorgane. Und gleichzeitig war es für mich ganz besonders wichtig. Meine Hoffnung war immer, mit dem Gesicht als weiblich, nicht als männlich wahrgenommen zu werden, und dass dieses typisch Androgyne nicht hervorscheint. Es ist doch klar: Die Identifikation läuft zuallererst über das Gesicht, und genau da lässt sich die Veränderung nicht beeinflussen, die geschieht einfach. Ich war ja vierzig, als ich mit der Transition anfing. Und mein Therapeut hat mit mir Klartext geredet, wo die Möglichkeiten und die Grenzen von dem liegen, was ich hier durchmachen möchte.

Und wie lautete der Klartext?

An deinem Schädel können wir nichts ändern, an deinen 1,87 Metern auch nicht. Du kannst dich runterhungern, dann wirkst du vielleicht ein bisschen schmaler, ist aber sehr ungesund. An deinem grundsätzlichen Körperbau wirst du mit noch so vielen Hormonen nichts ändern. Das war schon verdammt schwer für mich am Anfang, weil ich mich fragte: Was ist denn nach zwei Jahren Transition? Macht das alles überhaupt Sinn? Werde ich mich immer und immer wieder rechtfertigen müssen für mein Geschlecht, so wie ich es empfinde?

Dafür treten Sie in der Öffentlichkeit höchst souverän auf.

Meine Exfrau, wir haben noch ein sehr gutes Verhältnis, sagt immer: »Du bist eine richtige Rampensau geworden.« Und ich sage dann: »Ja, das überrascht mich auch.« Ich war früher viel verschlossener und introvertierter. Das mag daran liegen, dass ich auf dem Weg, den ich gegangen bin, allen möglichen Ballast abgeworfen habe. Ich bin ja nicht nur beim richtigen Geschlecht angekommen, sondern bei mir als Mensch. Und dieser Mensch ist in jeder Hinsicht freier, unverkrampfter, offener. Es gibt aber schon Situationen, die mich herausfordern. Ich schildere Ihnen mal ein Beispiel. Ich habe 2017 das Bataillon in Storkow übernommen. Da stehst du total im Fokus. Du weißt, das ist dein Bataillon, das du führst, was ich übrigens sehr gern gemacht habe. Du weißt aber auch: Du stehst jetzt vor 700 Soldatinnen und Soldaten, und die schauen dich immer an, schauen auf dein Gesicht. Die Uniform vereinheitlicht ja, sie hat etwas Geschlechtsneutrales. Da ist nichts, was weibliche Körperformen hervorhebt. Dann hast du eben nur dein Gesicht für die Geschlechtsidentität. Und wenn man sich auch noch die Haare hochbinden muss, wie es beim Militär üblich ist, dann wird's noch anstrengender. Von August 2018 bis Ende März 2019 war ich in Afghanistan. Wenn ich da durch das Camp in Kabul gelaufen bin, hieß es von rechts und von links: »Good morning, Sir. Good morning, Sir.« Da habe ich gedacht: Boahh, was ist denn jetzt wieder? Da lässt man sich eine Haarsträhne ins Gesicht fallen, das reicht aber nicht. Und in solchen Momenten habe ich mich schon gefragt: Kann es sein, dass mein Gesicht etwas ausdrückt, das nur ich sehe und alle anderen nicht?

Hatten Sie je die Idee, am Gesicht operativ etwas ändern zu lassen?

Der Gedanke kam während der Transition auf. Es gibt, wie es so schön heißt, den Eingriff der Gesichtsfeminisierung. Ich weiß nicht genau, was der Chirurg da macht.

Die Nase?

Nein, es wird wohl der Knochen über den Augenbrauen abgeschliffen.

Tatsächlich?

Doch, ist so. Dieser Knochen ist bei Männern viel ausgeprägter und stärker als bei Frauen.

Sie haben sich aber gegen den Eingriff entschieden?

Na ja, mal davon abgesehen, ob die Krankenkasse die Kosten übernommen hätte, ist das ja auch eine grundsätzliche Frage: Wie weit willst du eigentlich gehen, um in ein Modell reinzupassen? Und ich hatte schon Angst, dass ich mich im Spiegel nicht mehr erkenne. Oder dass ich nach Hause komme und meine Mutter sagt: Wer bist du denn? Das mag jetzt komisch klingen, aber die Veränderungen durch die Hormontherapie empfinde ich als natürlicher. Ich führe dem Körper ja nichts zu, was es biologisch per se nicht gibt, eben nur nicht in meinem Körper. Die viel wichtigere Frage als zwei Millimeterchen Knochen über den Augenbrauen war, ob ich an meiner Stimme etwas ändere. Wenn ich in einen Raum komme und den Mund aufmache, dann hören 95 Prozent einen Mann. Da mache ich mir keine Illusionen.

Was heißt, an der Stimme etwas ändern?

Durch Stimmtraining. Es gibt in Berlin eine logopädische Praxis, die sich auf transgeschlechtliche Menschen spezialisiert hat. Und da war ich in Behandlung, aber nur kurz. Nach zwei oder drei Sitzungen habe ich den Logopäden gebeten, mir mal ein paar Stimmproben vorzuspielen, was am Ende so rauskommt. Er hatte mich gefragt, wie meine Stimme klingen soll, und ich habe geantwortet, na ja, eine Piepsstimme wird's nicht werden. Wenn ich klinge wie Iris Berben, reicht das völlig. Deren Stimme fand ich immer sehr sympathisch. Und dann hat er mir drei oder vier Stimmenproben vorgespielt, wie sie vor und nach der Logopädie klangen. Und ganz ehrlich, das war erschreckend. Vorher habe ich vier Individuen erkannt, eigenständige Persönlichkeiten. Nach dem Stimmtraining war davon nichts mehr zu hören.

Klangen die alle gleich?

In meinen Ohren ja. Und da habe ich sofort aufgehört. Danke schön, aber so eine Automatenstimme brauche ich nicht. Es wäre doch schrecklich, wenn sämtliche Menschen, die mich mein Leben lang kennen, nicht wissen, mit wem sie am Telefon sprechen. Dann ist es halt so, dass ich bei der Bank anrufe und dreimal erklären muss: »Ja, Sie sprechen mit Frau Biefang. Nein, ich muss Frau Biefang nicht holen, die ist am Apparat.« Meine Exfrau zum Beispiel sagt, der einzige Moment, in dem sie ihren Exmann erkennt, ist am Telefon. Wenn sie nur meine Stimme hört. Aber wenn sie mich auf Facetime oder auf Fotos sieht, dann ist sie sich zwar bewusst, dass dies der Mensch ist, mit dem sie zwölf oder dreizehn Jahre gelebt hat. Aber sie bringt ihn nicht mit mir zusammen, was ich schon sehr krass finde, sehr krass.

Sie könnten es als Kompliment auffassen, als Erfolg der Transition.

Ja, vielleicht. Sie ist auch eine der Personen, die sagt: Wenn ich dein Gesicht anschaue, sehe ich eine komplette Veränderung. Das wäre wahrscheinlich anders, wenn sie den Weg der Transition mit mir gegangen wäre, wir haben uns aber schon vorher getrennt. Sie kannte mich allerdings auch mit Perücke, in der Phase vor der Geschlechtsangleichung. Und sie sagt: Damals hast du versucht, Weiblichkeit herzustellen, irgendwie zu kostümieren. Und jetzt bist du es einfach, Punkt. Das wiederum war ein sehr schönes Kompliment, muss ich sagen.

Wie sah die Perücke denn aus?

Das kam drauf an, welche ich genommen habe. Ich habe da experimentiert oder besser gesagt, ich habe gesucht, was passen könnte.

Das war in der Zeit vor Ihrem Coming-out?

Ja, vorher. Aber das Schlimme war, dass die Person im Spiegel mit Perücke und allen möglichen dicken Schichten von Make-up nicht viel mit mir zu tun hatte. Nichts mit dem, was ich mir eigentlich wünschte. Es war, na ja, nicht unbedingt künstlich, aber doch eine Verkleidung. Und wenn ich die weggenommen habe, kam jemand zum Vorschein, von dem ich wusste: Den du da siehst, das bist du nicht. Wenn ich beispielsweise in der Schwulenszene unterwegs war, ich weiß nicht, wie gut Sie sich da auskennen …

Nur theoretisch.

Es gibt Rückzugsräume, in denen man seine Weiblichkeit ausleben kann. Da kennt man natürlich nicht jeden. Und es konnte schon mal vorkommen, dass ich mich als Frau präsentierte und jemandem näherkam und sich der Moment ergab, in dem ich diese Weiblichkeitsschale abgelegt und mich gezeigt habe, wie ich bin. Das Schlimmste, was ich hörte – das klingt jetzt echt narzisstisch –, das war: Wow siehst du gut aus als Mann! Tja, nettes Kompliment, aber leider völlig fehl am Platz. Das hat jetzt keine Lebenskrise ausgelöst, aber es war halt frustrierend.

Sie haben ein schönes Gesicht. Große Augen, schön geformter Mund, gerade Nase, klassische Proportionen.

Danke! Wenn Sie das so sehen.

Wenn wir uns die Bemerkung erlauben dürfen: Sie müssen ein ausgesprochen attraktiver Mann gewesen sein. Hatten Sie nie dieses Selbstbild?

Überhaupt nicht.

Auch nicht als dreißigjähriger oder noch jüngerer Mann?

Schwierig zu sagen. Auch weil es mir schwerfällt, zwischen meinen damaligen Empfindungen und meinen heutigen Reflexionen zu trennen. Natürlich hatte ich ein Bewusstsein davon, wie man mich nach konventionellen Geschlechtskategorien wahrnimmt. Und dass der Typ, den ich präsentiere, eine gewisse Wirkung hat. Sowohl bei Frauen als auch bei Männern. Ich nehme das mal hin, dass ich attraktiv aussah. Aber eben als jemand, der ich nicht sein wollte!

Als Kerl.

Als totaler Kerl. 1,87 Meter und kräftig gebaut. Und mit dieser Äußerlichkeit wurde ich in eine Rolle gepackt, mit der ich in meinem Kopf überhaupt nicht übereinstimmte. In meinem Kopf gab es immer die Idee, das wird mal anders sein.

Hatten Sie eine Vision von sich als Frau?

Keine konkrete, nur so eine vage, im Grunde fremdbestimmte Vorstellung von 1,72 Meter groß und 54 Kilo schwer.

Die idealtypische Durchschnittsfrau.

So ungefähr. Da ist das Klamottenkaufen ja auch einfacher. Obwohl, wenn ich ehrlich bin, kenne ich ganz viele Frauen, die auch 1,87 Meter groß sind. Meine jetzige Frau ist 1,80 groß. Das fand ich toll, als wir uns kennenlernten. Super, dachte ich, da passen wir ja prima zusammen. Aber ich sag auch immer zu ihr: Egal wie du aussiehst, egal was du machst, du kannst dir den Kopf rasieren, aber wenn du rumläufst, wird dich dein Gegenüber zu 90 Prozent in der Kategorie Frau verorten. Das ist so, das musst du nicht hinterfragen. Und bei mir ist das nicht so.

Kennen Sie den suchenden Blick, der sich auf das Gesicht richtet? Wir kennen ihn ein bisschen als Touristinnen in südlichen Ländern, wenn Einheimische herauszufinden versuchen, ob wir aus Dänemark, Holland oder sonst wo kommen.

Ja, total. Besonders dann, wenn ich nicht in der queeren Community unterwegs bin. Diesen Sucherblick gibt es in verschiedenen Abstufungen. Das könnte man mal wissenschaftlich untersuchen, das ist wirklich ein Forschungsgebiet. Als Erstes gibt es den Standardblick, den man halt bekommt, wenn man durch die Straßen geht. Der ist völlig bedeutungslos, den haben wir alle. Dann gibt es den Blick, der ein bisschen länger verweilt und bei dem ich denke, na ja, vielleicht mag da jemand mein Gesicht. Den empfinde ich als positiv interessiert. Drittens gibt es den Blick, den Sie wahrscheinlich meinen, wenn bei meinem Gegenüber im Kopf so eine Art Rasterfahndung abläuft. Wo ordne ich dieses Gesicht denn jetzt ein, ist das Frau, Mann, Frau, doch Mann, und dann fällt eine Entscheidung. Und ich frage mich dann natürlich, wie die Entscheidung ausgefallen ist.

Ist dieser Blick verletzend?

Nicht unbedingt, ich empfinde ihn eher als neutral, als nicht wertend. Aber dann gibt's die Stufe, wenn der Blick sehr viel länger dauert und sehr, sehr unangenehm wird.

Wenn Sie angeglotzt werden?

Das ist das richtige Wort. Wenn der Blick nur noch verharrt und ich das Gefühl habe, ich werde total in meine Einzelteile zerlegt. Als wäre ich eine mathematische Gleichung, wie viel Prozent weiblich oder männlich haben wir denn hier. Aha, okay, könnte eine Frau sein. Oder, ich hab's doch gewusst, ist 'ne Transe. Und diesen Blick finde ich wirklich schlimm. Da habe ich das Gefühl, komplett meiner Identität beraubt zu werden, weil nur noch die Bausteine zählen. Es ist völlig egal, welcher Mensch ich bin, es zählt nur noch die Fassade. Und dieser Blick ist sehr, sehr wertend.

Können Sie zurückglotzen?

Das kommt auf meine aktuelle Verfassung und mein Selbstbewusstsein an. Glotzen tue ich nicht, ich zeige eher offenes Visier: Hier bitte, was willst du denn? Passt da vielleicht gerade was nicht in dein Weltbild? Dann zeige ich dir mal mein Weltbild. An manchen Tagen ist das von meiner Seite aus höflich. Aber an anderen bekommt das schon was Kämpferisches. Meine Frau merkt das sofort, die läuft dann ein paar Schritte hinter mir, wenn so eine Art Machtgerangel aufkommt. Ich werde nicht handgreiflich, ich lasse mir aber schon ein gewisses Aggressionspotenzial anmerken und weiche nicht aus. Glaubwürdige Abschreckung gehört ja auch zum Geschäft.

Da spricht die militärische Expertin ...

Die sich mit Friedensmissionen auskennt.

Entschuldigen Sie den abrupten Themenwechsel. Uns fällt schon die ganze Zeit auf, dass Ihr Gesicht ganz ungeschminkt ist. Schminken Sie sich auch sonst nicht?

Wenig. Das mag auch mit dem Beruf zusammenhängen, ich muss da nicht hochgestylt sein. Im Alltag sollen sich Frauen bei der Bundeswehr ohnehin nicht bemalen, sondern ordentlich und natürlich aussehen. So steht es in den Vorschriften. Ganz am Anfang der Transition war es mir wahnsinnig wichtig, dass die Bartstoppeln weg sind, die habe ich schon stark mit Make-up bearbeitet. Der Bartwuchs ist ja eine ganz, ganz fiese Sache, er reduziert sich etwas durch die Hormontherapie, geht aber nicht weg. Da gab es Tage, an denen ich morgens nach dem Rasieren wusste, ich bin jetzt zehn bis zwölf Stunden von zu Hause weg, was mache ich mit dem Bart? Und der Bart ist ja nun im Gesicht das prägnanteste Merkmal für Männlichkeit und am schwersten zu verändern. Das musste ich auch erst mal schweren Herzens von meinem Therapeuten lernen, der klipp und klar sagte: Sie können sich Hormone ins Gesicht schmieren, aber der Bart wächst weiter. Die einzige Möglichkeit, ihn loszuwerden, ist die sehr schmerzhafte und langwierige Prozedur der Epilation.

Haben Sie das gemacht?

Ja, aber nicht bis zu Ende. Das ist echt eine Quälerei. Als ich noch im Ministerium gearbeitet habe, saß ich ja nur am Schreibtisch. Aber in Storkow war ich draußen unterwegs, musste die ABC-Schutzmaske tragen, da war jedes Make-up ruiniert. Irgendwann hatte ich dann nur noch eine normale Schicht drauf, also nur Foundation. Bis ich in den letzten zwei Jahren gelernt habe, dass ich die auch nicht brauche. Das hätte ich vor vier, fünf Jahre nie gedacht. Es stört mich auch nicht mehr, im militärischen Alltag in ein Gemeinschaftsbad zu gehen und neben anderen Frauen mein Rasierzeug auszupacken. Das ist mir mittlerweile egal. Vor drei Jahren wäre mir das nicht egal gewesen, sondern schon Stress.

Wenn man Ihren Namen googelt, tauchen viele Bilder auf, die Sie als heutige Frau zeigen, keine Bilder von Ihnen von früher als Mann. Ist das Absicht?

Was heißt Absicht? Ich wollte nie dieses Vorher-nachher-Schema, so erlebe ich mich nicht. Es zementiert auch eine Binarität von Geschlechtern, die für mich einfach zu starr ist. Auf meiner Facebook-Seite habe ich nichts gelöscht, ein paar

Bilder vielleicht, aber die Timeline ist dasselbe Profil, ich habe nie ein neues angelegt, nur den Vornamen geändert. Es ist einfach so, dass es wenige Fotos von früher gibt. Ich habe Fotos immer gehasst und habe es vermieden, fotografiert zu werden. Es gibt kaum alte Bilder, auf denen ich alleine bin, nur Familienfotos oder Klassenfotos oder mit Freunden. Das ist heute anders, ich mache gern Bilder von mir. Wie gesagt, ich schaue auch gern in den Spiegel. Ich sehe, was an meinem nackten Körper anders ist. Und obwohl da viel mehr gemacht wurde als im Gesicht, ist er für mich der Körper, den ich immer hatte. So paradox das klingt, ich sehe mich jetzt, wie ich schon immer war. Können Sie das nachvollziehen?

Ist es so, als wäre das Innenbild nach außen getreten und nun im Spiegel sichtbar?

Ja, so ungefähr.

AXEL
SCHULZ   *Ich bin froh, dass ich icke bin*

■ Nicht fehlen darf ein Boxer. Auch andere Athleten leben mit Verletzungsrisiken, Boxer jedoch riskieren gebrochene Nasen, blutig gerissene Brauen, verquollene Augenlider, Hämatome von der Stirn bis zum Kinn. Das Gesicht eines Boxers, der den Ring verlässt, sieht anders aus als das, mit dem er ihn betreten hat – mal mehr, mal weniger lädiert.

Mit wem wir sprechen wollten, war aus Fanperspektive sofort klar: mit Axel Schulz. Der ehemalige Schwergewichtsboxer (Körpergröße 191 Zentimeter, Reichweite 193 Zentimeter) ist berühmt für seinen Humor, seine offenherzige Direktheit und seine charakterliche Stärke, Niederlagen wegzustecken. Axel Schulz hat viele Kämpfe gewonnen, die entscheidenden jedoch verloren, und genau das machte ihn zum »*People's champion*«, zu einer Art Sieger der Herzen.

Er kämpfte dreimal um den WM-Titel, dreimal vergeblich. Und obwohl er zweimal zu Unrecht verlor (1995 gegen George Forman durch eine offensichtlich manipulierte Punktrichterentscheidung, im gleichen Jahr gegen Francois Botha, der, wie sich nachträglich herausstellte, gedopt war), scheint Axel Schulz mit sich und seinen Erfolgen im Reinen zu sein. Er stand nie ganz oben. Na und? Auch in der zweiten Reihe verspricht das Leben jede Menge Spaß. Das ist die menschenfreundliche Botschaft, für die der Kumpeltyp Schulz, der sich für keinen Scherz und kein Autogramm zu schade ist, bis heute geliebt wird.

Zwanzig Jahre nach dem Ende seiner Boxerlaufbahn produziert und vertreibt Axel Schulz ein Lebensmittelsortiment, das unter anderem Grillsaucen, Bratwürste, Spareribs und Bier enthält. Aus dem gut gelaunten Profiboxer ist ein gut gelaunter Grillprofi mit dem Firmenlabel »AXELs Genusswelt« geworden. Kurzfristig lebte er mit seiner Familie in Florida, richtig gefallen hat es ihm da nicht. Es zog ihn zurück in seine ostdeutsche Heimat, nach Frankfurt an der Oder, wo er als junger Mann ins Camp des legendären Boxtrainers Manfred Wolke kam. Mit ihm und Henry Maske, dem smarten »Gentleman-Boxer« der Mittelgewichtsklasse, wechselte er nach der Wende ins Profigeschäft. Ohne das Team aus der ehemaligen DDR hätte es den Box-Boom im wiedervereinigten Deutschland der Neunzigerjahre nicht gegeben.

Axel Schulz mag keinen Weltmeistertitel errungen haben, einen Rekord hält er jedoch mit Sicherheit, den im Verfassen kurzer Mails. Sie sind so kurz, dass sie in die Betreffzeile passen. »Schönes Thema. Sollten wir hinkriegen. Axel«, schreibt er auf unsere Anfrage. Ebenso knapp teilt er in der nächsten Mail die Adresse seiner Agentur in Frankfurt an der Oder mit, wo das Gespräch stattfinden soll.

Wir sind auf die Minute genau da, um 11 Uhr an einem Frühsommervormittag 2021. Aber Axel Schulz hat sich vertan, er dachte, wir wären um 10 Uhr verabredet. Jetzt muss er noch schnell seine Tochter aus der Schule abholen. Viertelstündchen warten ist doch okay, oder? Ob wir wirklich keinen Kaffee wollen? Was war noch mal das Thema? Gesicht? Alles klar, kein Problem. Vielleicht doch einen Kaffee?

Auf Axels jovialen Charme waren wir eingestellt, auch darauf, dass er es als Zeichen des Respekts empfindet, geduzt zu werden und zu duzen. Allerdings hatten wir uns seine Statur etwas anders vorgestellt, irgendwie wuchtiger, nicht so schlank. Beim Gehen knickt er leicht mit dem linken Knie ein. Es ist die sichtbarste Spur, die das jahrzehntelange Boxen hinterlassen hat.

Eine halbe Stunde später ist er wieder da und setzt sich an den großen Konferenztisch der Agentur. »Jut, dann legt ma los.« ∎

Könntest du bitte beschreiben, was du im Spiegel siehst?

Oje, ich bin gar nicht rasiert. Eigentlich rasiere ich mich vor solchen Terminen, heute irgendwie nicht. Ansonsten hab ich viel Geld in meine neuen Zähne investiert.

Die sind wirklich super.

Die sind neu, die hab ich jetzt seit einem halben Jahr drin. Ich hab mal im Kampf einen Zahn verloren, hier vorne ist mir ein Schneidezahn rausgekloppt worden. Da kam dann 'ne Brücke drauf und Jahre später war ich im Urlaub in Florida. Ich bin mit meinem Manager in einer Bar gesessen und da kam ein Deutscher auf mich zu: »Sie sind doch Herr Schulz?« Ob er ein Autogramm haben kann. Ich brauchte die Hand frei zum Schreiben und hab meine Bierflasche in den Mund genommen, zwischen die Zähne …

Aua.

… und auf einmal hat's geknackt. Ich hab noch zu Ende geschrieben »Für Paul alles Gute« und so, renne uff Toilette und gucke, und dann hat sich die Brücke gelöst. Eine Woche später hatte ich 'ne große Fernsehsendung und ich kam mir ohne Zahn wirklich blöd vor, auf die Zähne schaut man halt zuerst im Gesicht. Also ging ich in Dresden sofort zum Zahnarzt, der hat dann alles abgeschliffen und neue Zähne draufgemacht und die sind dann nach und nach rausgefallen, das war nur so 'ne Verblendung. Und dann sagte mein Kumpel Stefan in Berlin, der ist auch Zahnarzt: »Du, irgendwann ist Schluss. Ich mach dir jetzt alle Zähne neu.« Das war 'ne Marathonsitzung, lieber Himmel.

Aber dein Gesicht besteht ja nicht nur aus Zähnen.

Nee, aber mein Gesicht kann ich nicht beschreiben. Außer, dass meine Augen klein sind, aber nicht vom Boxen. Meine Tochter hat dieselben Augen und hat nie geboxt.

Schaust du oft in den Spiegel?

Nee, gar nicht, nur beim Zähneputzen morgens und abends.

Magst du dein Gesicht?

Gibt's jemand, der sein Gesicht nicht mag? Da hab ich nie drüber nachgedacht, es gibt ja kein anderes.

Aber gefällt dir dein Gesicht?

Ist mir auch egal. Ich merke, dass mein Körper nachlässt, und das ist mir absolut nicht egal. Das Training kommt ein bisschen zu kurz, ist nicht gut für die Figur. Aber um mein Gesicht hab ich mir nie Sorgen gemacht, das hat man halt und kann es nicht ändern. Also man kann schon, mit Schönheits-OPs und so. Machen auch viele Männer, aber das find ich total affig, eher peinlich für 'nen Mann. Und bei 'ner Frau finde ich es eigentlich auch nicht schön.

Es gibt wirklich nichts in deinem Gesicht, das dich stört?

Na ja, die Nase ist ein bisschen schief, aber nur ein kleines bisschen, die war ja ein paarmal gebrochen. Das eine Nasenloch ist komplett zu, aber deswegen würde ich nicht dran denken, die operieren zu lassen.

Welche Spuren hat das Boxen in deinem Gesicht hinterlassen?

Also, wie gesagt, die Nase, aber das sieht man kaum. Es gibt Boxer, bei denen das wirklich schlimmer ist. Ansonsten wurde hier über der Stirn ein paarmal genäht, da sieht man ganz leichte Narben.

Über der Augenbraue ist auch eine Narbe, oder?

Kann sein, weiß ich nicht. Ich guck mich da nicht so genau an.

Wie oft wurde deine Nase gebrochen?

Bestimmt sechs-, siebenmal, ich hab irgendwann nicht mehr mitgezählt. Es ist halt die Stelle im Gesicht, die am meisten raussteht. Früher sagten meine Kollegen immer: »Deine Augen sind ja super geschützt.« Ich hatte nie was an den Augen, meine Augenbrauen stehen weit vor und meine Augen liegen eher tief. Da hatte ich selten einen Cut.

Und was macht man, wenn die Nase gebrochen wurde?

Weiterboxen, da musste weiterboxen, ganz klar. Du merkst, dass du hart getroffen wurdest, kannst aber nicht sagen, was genau passiert ist. Ich habe 1994 in Leverkusen gegen einen Ex-Weltmeister geboxt, James Smith, der wog 120 Kilo und hat mir in der zweiten oder dritten Runde voll auf die

Nase gekloppt. Da hab ich aber sofort gemerkt, dass sie durch war.

Du hast mit elf angefangen zu boxen und hast begriffen, dass dieser Sport auch darin besteht, Faustschläge ins Gesicht zu bekommen.

Ich wollte das sogar, ich fand das toll.

Du wolltest Schläge ins Gesicht?

Na klar! Das gehört doch dazu. Ich bin wie die meisten Jungs im Fußballverein groß geworden, aber hinter dem Ball herrennen hat mir bald keinen Spaß mehr gemacht, schwimmen fand ich genauso langweilig. Ich komme ja aus der ehemaligen DDR, da wurde das alles gefördert. Meine Mama war alleinerziehend mit drei Kindern, und zum Glück hat der Mitgliedsbeitrag im Sportverein nur 5 Mark gekostet. Ein Freund von mir war schon im Boxverein und hat mir einmal auf die Nase gehauen, so richtig. Und da wusste ich, das will ich auch können, und hab mich total ins Training gestürzt.

Jeder Mensch hat den Reflex, in gefährlichen Situationen als Erstes den Kopf und das Gesicht zu schützen.

Haben wir ooch.

Aber wie geht ein Boxer mit dem Reflex um?

Das lernt man. Man hat ja zwei Hände, man sieht den Gegner und weiß, was kommen kann, über die Rechte oder über die Linke, und das heißt Training, Training, Training. Man muss lernen, die Augen offen zu halten, wenn ein Schlag kommt. Die normale Reaktion ist ja, die Augen zuzumachen, wenn was in dein Gesicht kommt. Das ist beim Boxen aber das Schlechteste, was man machen kann. Das ist wie bei einem Unfall, wo man nicht mehr reagieren kann, wenn man nichts sieht. Ein Boxer hält die Augen offen und guckt in die Gefahr rein. Und er braucht ein Gefühl für die Distanz, wenn da was auf den Kopf kommt. Man muss mit der Distanz spielen, nicht wegknacken, sondern zurückgehen und die Distanz verlängern.

Was versucht man im Gesicht des Gegners zu treffen?

Das ist egal. Der bewegt sich ja, du suchst einfach einen Mittelpunkt, also die Nase, und versuchst da zu treffen. Ein guter Gegner ist natürlich weg mit dem Kopf, und dann wird's schwer.

Was ist das Verletzlichste im Gesicht?

Den besten K. o. kriegst du eigentlich von der Seite aufs Kinn. Das Gehirn schwimmt ja in einer Masse, und wenn du von da eine Bewegung kriegst, dreht sich der Kopf mit so 'ner Wucht, dass das Gehirn sozusagen ausreißt, und dadurch bekommst du ein derartiges Schwindelgefühl, dass du umfällst.

Wie alt warst du, als du zum ersten Mal, deutlich gesagt, richtig auf die Fresse bekommen hast?

Weiß ich gar nicht mehr.

Vor welcher Verletzung hattest du am meisten Angst?

Ich hatte keene Angst! Du machst ja deinen Sport, um Erfolg zu haben. Und wenn du Angst hast, dann geht das nicht. Dann bist du nicht zu 100 Prozent dabei, nur zu 90 Prozent, weil du Rücksicht nimmst. Das ist wie bei Kindern und Besoffenen, denen passiert nie was, wenn sie mit dem Fahrrad hinfallen, weil sie sich angstfrei bewegen und nicht so steif sind.

Wurde dein Gesicht mehr beim Amateurboxen oder beim Profiboxen demoliert?

Ganz klar beim Profiboxen. Beim Amateurboxen gab es ja noch Kopfschutz, der aber trügerisch ist, weil man sich damit sicherer fühlt und nicht mehr so ausweicht. Beim Proben ist er dicker als im Wettkampf, das ist das Trügerische dabei. Man geht mehr Risiken ein, geht mehr nach vorne und der Gegner kann dich schneller treffen. Es kommt aber noch was dazu: Beim Amateurboxen sind die Handschuhe anders gepolstert. Das ist ein Problem beim Profiboxen. Ich glaube, wir hatten im letzten Jahr 120 oder 130 Tote weltweit im Boxen. Von den meisten hört man nur nüscht.

1995 in Las Vegas, dein berühmtester Kampf, gegen George Foreman. Niemand bezweifelt, dass da geschoben wurde, aber das ist jetzt nicht unser Thema. Es gibt eine Szene, wo dir Foreman mit dem roten Boxhandschuh mitten ins Gesicht schlägt. Es sieht aus, als würde es regelrecht nach innen gedrückt. Wir sind nicht zimperlich, aber diese Szene wirkt echt furchtbar. Kannst du dich an den Moment erinnern?

Nee, kann ich nicht. Du bist in so einem Tunnel mit so viel Adrenalin, da spürt man keinen Schmerz. Den spürst du erst später. Du spürst den Treffer, das schon.

Aber was passiert in dem Moment?

Keine Ahnung. Bei mir war es so, dass ich mich geärgert habe, wenn ich so klar getroffen wurde. Dann hab ich ja vorher einen Fehler gemacht, war zu nah an der Distanz oder sonst was. Jedenfalls war das dann immer meine Schuld, hab eine Sekunde geträumt, war nicht so aufmerksam. Das sind so kleine Abschaltpausen, die sich rächen.

Erinnerst du dich an einen Kampf, bei dem dein Gesicht richtig ramponiert wurde?

Ja klar, das war im Kampf mit Klitschko, da sah ich aus wie Frankenstein.

Das war September 1999 in Köln gegen Wladimir Klitschko, im Kampf um die EM-Meisterschaft, du verlorst in der achten Runde durch technisches K. o., oder?

Ja, stimmt.

Da hattest du aber schon einen Cut an der Braue, der blutete.

Na ja, gegen Klitschko schon. Aber wenn man von bluten redet, da könnt ihr mal Klitschko googeln, der hatte in einem anderen Kampf einen richtig offenen Cut, der Kampf musste deshalb sogar abgebrochen werden. So was hatte ich nie. Mit Klitschko war das so: Er hatte kurz zuvor einen Kampf durch K. o. in der 12. Runde verloren, er bekam eine Kelle von Ross Puritty und stand nicht mehr auf. Und da hab ich mir gedacht, jetzt kannste Klitschko boxen, jetzt ist er anfällig. Und dann bin ich in den Kampf reingegangen, und er hat mir die erste Linke in die Fresse gehauen, auf Deutsch gesagt. Ach du Scheiße, hab ich gedacht, warum machst du das überhaupt? So volle Lotte mitten rein ins Gesicht, einen so hart schlagenden Mann mit der Führungshand hatte ich noch nie gehabt. Heute lachen wir drüber, wir sind ja befreundet. Und ich sag dann zu ihm, du bist doch echt ein Arsch, hättest mich schon früher k. o. schlagen können. Aber er hat sich nicht getraut.

Was ist an einem frühen K. o. besser?

Na für die Gesundheit, besser als immer weiter Schläge zu kassieren und dann k. o. zu gehen.

Wie lang dauert es, bis sich das Gesicht nach einem Kampf erholt hat?

So vierzehn Tage, manchmal auch drei Wochen. Viel trinken ist wichtig, viel Flüssigkeit, damit sich das alles verdünnt.

Bist du erschrocken, wenn du dich mit ramponiertem Gesicht im Spiegel sahst?

Nee, wenn ich gewonnen hab, war alles gut. Wenn ich verloren hab, hab ich natürlich jekotzt. Dann traf ich Leute beim Busfahren oder beim Einkaufen und die haben natürlich gefragt: »Na, haste wenigstens gewonnen?« Und wenn ich: »Ja« gesagt hab, war das geil. Aber wenn ich sage: »Nee, ich hab verloren«, dann kam als Antwort: »So siehst du auch aus.« Aber ich hab mich nie geschämt, wie ich aussah, höchstens als Jugendlicher mal ein bisschen. Ich war ja hier in Frankfurt/Oder auf der Sportschule, und da ist man auch abends weggegangen in Diskotheken, und wenn ich vom Boxkampf kam, hatte ich immer mal ein blaues Auge oder so was. Aber das war nie ein großes Thema. Mir selbst war es egal, das hat dazugehört. Mich hat mein Aussehen noch nie interessiert, muss ich sagen, außer der Figur natürlich, die war mir immer wichtig. Das Gesicht ist halt meins gewesen, mein Gott.

Wie wirkten denn Kampfspuren im Gesicht auf das weibliche Ge-
schlecht? Erschreckend oder im Gegenteil sexy und männlich?

Ach herrje, da müsst ihr die Mädels fragen.

Aber das hast du doch gemerkt?

Nee, hab ich nicht, keine Ahnung.

Aber so ein blaues Auge, das jede Frau sieht ...

Weckt eher Mitleid, ist aber auch Scheiße. Ich weiß nur, dass es
meine Mama echt nicht lustig fand, wenn ich so aussah. Die war
sehr zufrieden, als ich dann aufgehört habe 1999.

Hat dich deine Frau je demoliert gesehen?

Nee, wir haben uns viel später kennengelernt.

Die Frage ist vielleicht ein bisschen naiv: Muss man als Boxer nicht
einen inneren Widerstand überwinden, um dem Gegner so voll ins
Gesicht zu hauen?

Nee, das kommt automatisch, einfach weil man besser sein will.
Natürlich hab ich darüber nachgedacht, ich hab mich auch nie
auf der Straße gekloppt. Das kam absolut nicht infrage. Und
beim Boxtraining lernst du, dass du den anderen nicht verletzen willst, du willst nur besser sein. Das ist einfach die sportliche Herausforderung. Boxen ist ja eine Art Fechten mit den
Fäusten. Du willst der Bessere sein, und dazu gehört, die Tref-
ferfläche zu nutzen, um zu punkten.

Du hast sicher auch Nasenbeine gebrochen, oder?

Bestimmt, hoff ich mal. Man freut sich, wenn der andere umfällt, das heißt ganz einfach, dass man was richtig gemacht hat. Aber es geht nicht ums Umhauen an sich, man hilft ihm dann ja auch wieder hoch. Es ist ein Sport, und du willst gewinnen.

Wird im Frauenboxen das Gesicht mehr geschont als im Männerboxen?

Also am Anfang war ich entschieden gegen Frauenboxen. Ich habe in Las Vegas mal Regina Halmich gesehen, und sie hatte einen Cut und hat stark geblutet. Das sah schrecklich aus und ich dachte, nee, Frauen sind viel zu schön dafür. Bei Männern geht das irgendwie in Ordnung. Ich habe Regina dann besser kennengelernt und gesehen, die Frauen trainieren genauso hart wie die Männer, die haben inzwischen voll meine Anerkennung.

Das heißt, das Gesicht wird im Frauenboxen nicht geschont?

Nee, im Gegenteil, die hauen noch brutaler zu. Frauen boxen noch viel aggressiver. Bei denen geht's noch mehr zur Sache, es wirkt zumindest so.

Du hast zwei Töchter, die auch sportlich sind. Die eine ist Schwimmerin, die andere spielt Handball. Wenn die in deine Fußstapfen stiegen und sich fürs Boxen entschieden, würdest du ihnen abraten? Auch im Hinblick auf ihr Aussehen?

Ich habe mir so sehr Mädchen gewünscht, damit der Vergleich zwischen Vater und Sohn erst gar nicht aufkommt, wie bei Henry Maske. Sein Sohn hat auch geboxt. Und dann machte die BILD eine ganz böse Schlagzeile über ihn, er war halt längst nicht so gut

wie der Vater. Und da hab ich gedacht, wenn du mal einen Sohn kriegst, muss der das Gleiche ausstehen, deshalb hab ich mir tierisch Töchter gewünscht. Mir war wichtig, dass sie in einen Sportverein gehen, damit sie mit Niederlagen klarkommen. Und irgendwann dachte ich, wenn sie jetzt kommen und boxen wollen, wäre das auch okay, hab zu Hause einen Boxsack hingestellt und Handschuhe gekauft für die beiden. Zur Selbstverteidigung ist das gar nicht schlecht, auch fürs Selbstbewusstsein.

Apropos Henry Maske, er galt ja immer als Gentleman und Frauenschwarm.

Echt?

Ja, so hieß es immer. Hast du je etwas wie Neid ihm gegenüber verspürt?

Nee, bloß nicht. Ick bin froh, dass ich icke bin und nicht Henry. Wir sind viel zu verschieden.

Man sieht dich nie ohne Basecup, sie ist dein Markenzeichen. Du hattest sie sogar bei deiner Hochzeit auf. Gibt sie dir irgendwie Schutz? So eine Art Dach auf dem Kopf?

Nee, gar nicht. Ich fühle mich nur unwohl ohne Kappe, ums Verstecken geht's dabei überhaupt nicht.

Du kennst bestimmt den Begriff Boxerfresse.

Nee, den kenn ich nicht.

Oder Boxervisage?

Nee, kenn ich auch nicht. Vielleicht hat sich noch keiner getraut, das zu mir zu sagen.

MEIKE RAMON

Das Gehirn ist schlauer
als wir, die es messen

■ »Visagenzorn« nannte der Schauspieler und Autor Joachim Meyerhoff einmal eine Empfindung, die ihn ergreife, wenn er vor dem Fernseher sitze. Er könne sie nicht mehr ertragen, diese satt gesehenen, mediokren, immer gleichen Promi- und Politiker-gesichter. Ihr nichtssagendes Grinsen, ihre konventionellen Mienen. Kein echtes Gesicht, kein lebendiger Ausdruck. Nichts als blöde Visagen auf allen Kanälen. So dürfte Meyerhoff, selbst ein expressiver Bühnendarsteller, den »Visagenzorn« gemeint haben.

Er prägte den Begriff noch vor dem Jahr 2020, vor der Pandemiezeit, in der rund um den Globus Menschen dazu übergingen, online zu kommunizieren. Nicht wenige lernten dabei eine Empfindung kennen, die sich auf sie selbst bezog, auf das eigene Gesicht, dem sie nicht mehr nur in Spiegeln und Schaufensterscheiben begegneten, sondern in gesteigerter Omnipräsenz im kleinen Fenster am oberen Bildrand des PC-Schirms: die Empfindung des Visagenüberdrusses. Stunde um Stunde, Tag um Tag, waren sie mit diesem Gesicht, seinen Unzulänglichkeiten, seiner mal akzeptablen, mal frustrierenden Tagesform konfrontiert. Dazu die Peinlichkeit, sich bei der Herstellung eines halbwegs ansprechenden Mienenspiels selbst zuzusehen.

Zoom war das Mittel der Wahl, als die Gesellschaft auf social distancing ging. Zoom zeigte aber auch, was es heißt, dem Anblick des eigenen Gesichts wie dem körperlosen Anblick anderer Gesichter in monotoner Dauer ausgeliefert zu sein. Wie ein Muskel, der an Überbeanspruchung leidet, scheint das Gesicht an der Überforderung zu leiden, bei der Kommunikation via Bildschirm allein zuständig zu sein für die physische Präsentation. Es wird zum Stellvertreter des unsichtbaren Körpers und all dessen, was er im realen Leben mit Gesten, Bewegungen, Posen auszudrücken vermag. Die Ansprüche, die wir in der Moderne an das Gesicht stellen, möglichst jung, perfekt, faltenlos zu sein, scheinen sich durch seinen Soloauftritt vor der Computerkamera noch einmal zu steigern.

Auch unser Gehirn ist neuen Herausforderungen ausgesetzt: Wie erkennt und interpretiert es Menschen, wenn nur ihr digitales Gesicht zur Verfügung steht? Und wie kommen Menschen zurecht, die per se Probleme haben, sich Gesichter zu merken? Auf solche Fragen ist Meike Ramon spezialisiert.

Sie ist kognitive Neurowissenschaftlerin an der Universität Freiburg in der Schweiz und forscht auf dem Gebiet der Gesichtserkennung. Über akademische Kreise hinaus wurde sie bekannt, seit sie sich mit einer geheimnisvollen Begabung befasst, der von Super-Recognizern. So werden Menschen genannt, die überdurchschnittlich gut Gesichter erfassen und wiedererkennen. Ein flüchtiger Blick auf ein fremdes Gesicht in einer anonymen Masse genügt ihnen, um es Jahre später mit hoher Treffsicherheit zu identifizieren. Dass die Polizei von dieser Begabung profitieren möchte, liegt nahe. Super-Recognizer werden eingesetzt, um auf Filmen und Fotos von Massenaufläufen Gesichter zu erkennen. Meike Ramon arbeitet unter anderem mit dem Landeskriminalamt Berlin zusammen.

Nun, Ende Februar 2021, während des zweiten Shutdowns, zoomen auch wir und begegnen Meike Ramon auf dem Bildschirm. Sie sitzt in Bern in ihrer Wohnung, wir sitzen in Berlin in unseren Wohnungen.

Unser Zoom-Meeting dauert eine Stunde. Visagenüberdruss ist Meike Ramon nicht anzumerken, nur eine kleine Erkältung. ■

Unsere Gespräche beginnen damit, dass wir die Gesprächspartner bitten zu beschreiben, was sie im Spiegel sehen. Das geht nun bei Ihnen nicht, aber Sie sehen Ihr Gesicht ja auf dem Bildschirm, würden Sie beschreiben, was Sie da sehen?

Mein Gesicht? Na ja, wahrscheinlich wird meine Beschreibung sehr wissenschaftlich beziehungsweise beruflich geprägt sein. Also: Ich sehe eine Frau mittleren Alters, würde ich sagen, mit braunen längeren Haaren und einer länglichen Gesichtsform, dunklen Augen, dunklen Augenbrauen, ja … keine Ahnung … eine hoffentlich glücklich aussehende Person!

Sie haben zwei wichtige Attribute vergessen, die uns gleich aufgefallen sind. Sie haben einen Nasenring …

Ja, den habe ich heute mal an, ich trage ihn nicht immer … und das zweite Attribut?

Na ja, die Brille.

Ach so! Jetzt mit 40 Jahren habe ich nun auch eine, an die ich mich noch gewöhne.

Fangen wir mal ganz einfach an: Sie sind zu einem Abendessen eingeladen, Sie treffen auf einen unbekannten Menschen, Sie begrüßen ihn, Sie sehen sein Gesicht. Was passiert im Gehirn?

Da passiert einiges! Wir wissen, dass es ein ganzes Netzwerk an Hirnarealen gibt, die aktiv werden. Wir unterscheiden im Gehirn zwischen Bereichen, die mehr oder weniger stark auf Gesichter reagieren. Und grundsätzlich werden Hirnregionen auch abhängig von der Situation oder dem Ziel aktiviert. Es ist ein Unterschied, ob ich auf dem Alexanderplatz stehe und aktiv nach einer Freundin, die ich treffe, Ausschau halte, oder ob ich im Bus sitze und mich plötzlich jemand antippt und ich mich dann umdrehe und ihn erkenne. In beiden Fällen werden andere Prozesse ablaufen. Insgesamt weiß man, dass das ganze Gehirn bei der Gesichtswahrnehmung und -erkennung involviert ist und diese Bereiche je nach Aufgaben und Anforderungen unterschiedlich miteinander agieren und kommunizieren.

Gibt es im Gehirn eine Stelle, die sagt, Achtung: das ist kein Auto, kein Objekt, kein Kühlschrank, sondern das ist ein Artgenosse, ein menschliches Gesicht beziehungsweise das Gesicht der Spezies Mensch?

Es gibt Areale, die besonders stark auf Gesichter reagieren, und diese scheinen bestimmte Attribute zu favorisieren. Das führt dazu, dass sie auch auf gesichts*ähnliche* Objekte ansprechen. Nehmen wir mal den Künstler Giuseppe Arcimboldo. Seine Gemälde von Gesichtern aus Früchten oder Gemüse aktivieren auch die erwähnten Bereiche, die Gesichter »mögen«. Aber die Unterscheidung einzelner Gesichter *voneinander*, das ist noch mal eine andere Aufgabe. Die Gesichtsdetektion, also das Erkennen des *Vorhandenseins* eines Gesichts, lässt sich an gesichtsähnlichen Attributen oder Konstellationen festmachen und diese sind die Ausgangslage für alle nachfolgenden Prozesse.

Was ist denn das allererste Signal, das vom Blick auf ein Gesicht ausgeht? Gibt es eine Art »Rasterfahndungsprozess« im Gehirn, der sofort einordnet? Also zum Beispiel männlich / weiblich, intelligent / dumm oder mammaähnlich. Ist der Ausdruck des Gesichts das Erste, was der Blick sieht und das Gehirn verarbeitet, oder ist es eher ein besonderes Merkmal im Gesicht wie beispielsweise eine große Nase?

Die erwähnte Gesichtsdetektion kann durch das Erkennen des Dreiecks Augen, Nase, Mund passieren oder gesichtsähnlicher Umrisse, das sind die Attribute, die diese Gehirnbereiche mögen und die übrigens schon Neugeborene favorisieren. Zeigt man ihnen visuelle Reize, die entweder gesichtsähnliche Attribute haben, also zum Beispiel eine Dreiecks-Konstellation innerhalb eines Ovals, dann sieht man, dass sie solche Formen favorisieren verglichen mit Formen, die keine Ähnlichkeit mit Gesichtern haben.

Das heißt, wir kommen mit dem Wissen um das menschliche Gesicht auf die Welt?

Empirische Befunde legen nahe, dass unser Interesse für Gesichter und die Tatsache, dass wir direkt nach der Geburt Gesichter beobachten können, zu einem großen Teil genetisch determiniert ist.

Wie und wann entwickelt sich diese »Gehirnwerkstatt«?

Das scheint sich schon in der fötalen Entwicklung zu manifestieren, da gibt es verschiedene Hypothesen, wodurch das genau bedingt ist, jedenfalls mögen Neugeborene lieber Gesichter als andere Objekte. Und das macht ja auch Sinn …

Absolut.

Wenn das Kind die Mutter nicht gerne anschauen würde, würde das sicher etwas in der Beziehung ändern. Das heißt, es gibt Komponenten, die signalisieren: Da ist etwas, was einem Gesicht ähnelt. Das führt natürlich auch bei uns, im Erwachsenenalter, zu interessanten Phänomenen, dass wir Gesichter dort sehen, wo es gar keine gibt. Also wenn Sie lange genug auf die Maserungen einer Holzwand schauen, finden oder sehen Sie dort vielleicht auch irgendwann ein »Gesicht«.

Was bedeutet das? Dass wir sozusagen das menschliche Gesicht bevorzugt in die Welt projizieren?

Genau, wir können uns das vielleicht so vorstellen, dass wir im Gehirn so etwas wie ein Gesichtsschema haben, das wir auf alles übertragen, was wir sehen. Manchmal passt das gut zueinander und manchmal auch nicht. Wenn ich auf eine weiße Tür schaue, passiert da nicht viel, aber wenn ich lange genug auf das Muster meiner Tapete schaue, dann sehe ich vielleicht ein paar Punkte, die so ähnlich aussehen, und dann kann ich mir ein Gesicht dahinter ausmalen.

170 Millisekunden nachdem man ein Gesicht gesehen hat, sollen Neuronenverbände im Gehirn aktiv werden ... kann man diese Aktivitäten messen?

Ja, das kann man auf jeden Fall. Was man genau messen kann oder eben nicht, hängt davon ab, *womit* man misst. Uns Neurowissenschaftlern stehen verschiedene Möglichkeiten zur Verfügung, zum Beispiel Kernspintomografen, EEG oder Augenbewegungen. Wenn es nun um das Messen der zeitlichen Abläufe im Gehirn geht, machen wir das meistens mit dem EEG. Und da wissen wir, dass der erste zuverlässige Marker für Gesichtsverarbeitung ungefähr nach ca. 100 bis 200 Millisekunden passiert. Die sogenannte N170 wird als das erste Signal für die Gesichtsverarbeitung beschrieben.

Und bewertet das erste Signal auch schon? Also beispielsweise: Hier ist ein hübsches Gesicht oder hier sehe ich ein asiatisches oder skandinavisches Gesicht?

Wenn wir davon ausgehen, dass die N170 das erste Signal ist — bei genaueren Messungen und / oder neuen Analysen könnten wir eventuell auch schon frühere Signale messen —, dann wissen wir, dass dieses Signal auch von anderen Aspekten beeinflusst wird. Im Rahmen meiner Doktorarbeit zum Thema »Persönlich bekannte Gesichter« bin ich der Frage nachgegangen, was im Gehirn anders läuft, wenn ich ein Bild von meiner Mutter oder wenn ich Sie zum ersten Mal sehe. Unsere und andere Studien haben gezeigt, dass die N170 durch persönliche Bekanntheit beeinflusst wird. Inwieweit das von der eigenen *Erwartung* abhängt, also dass ich weiß, dass ich in diesem Experiment gleich Fotos von Leuten sehen werde, die ich kenne, das ist noch nicht genau geklärt. Ich denke, dass das Gehirn schlauer ist als wir, die es messen. Deshalb ist es schwierig zu sagen, welche Faktoren in Bezug auf verschiedene Prozesse relevant sind. Grundsätzlich kann ich aber sagen, dass diese sehr früh messbaren Verarbeitungsprozesse von Faktoren wie Bekanntheit, Erfahrung oder Erwartung beeinflusst werden (können).

Sie kennen doch sicherlich den Begriff des Spiegelstadiums. Er stammt von dem französischen Psychoanalytiker Jacques Lacan.

Hmm ja …

Sie schauen nicht gerade begeistert.

Für die Psychoanalyse kann ich mich nicht begeistern. Ich glaube, das Sich-Selbst-Erkennen ist extrem irrelevant – vor allem, wenn man sich vor Augen führt, was wir eigentlich täglich alles sehen. Die *anderen* sind wichtig für mich. Ich sehe mich nicht selber, sondern muss die anderen erkennen und deuten können: Sind sie mir wohlgesinnt, Freund oder Feind, gehören die zu meiner sozialen Gruppe, ist das meine Mutter oder eine wildfremde Frau, auf die ich als Dreijährige zulaufe? Die Selbsterkennung ist aus der Perspektive betrachtet doch eigentlich ziemlich egal für die Entwicklung, oder nicht?

Nun ja, glauben Sie nicht, dass der Moment vor dem Spiegel, in dem das Kind realisiert, das da vorne ist nicht eine andere Person, das bin ich, sehr entscheidend ist?

Dazu wollte ich kurz noch etwas sagen: Ich glaube, dass das, was wir über die Fähigkeiten anderer zu wissen glauben beziehungsweise welche Fähigkeiten wir anderen Spezies oder auch Kindern zuschreiben, sehr davon gefärbt ist, wie wir über unser eigenes Können denken. Ich bin der Meinung, dass wir Kinder oder angeblich weniger stark entwickelte Spezies oft unterschätzen. Lange hat man gedacht, es gäbe nur wenige bestimmte Tiere, die sich selbst erkennen können, Elefanten oder Primaten wie Bonobos. Dann hat man festgestellt, dass Elstern das auch können. Kollegen von der Uni Bochum haben festgestellt, dass handgezogene Elstern sich auch im Spiegel erkennen können. Man muss einfach das Phänomen, das wir beobachten, ins Verhältnis setzen zu der Frage, was eigentlich wichtig ist. Ist es für eine Elster wichtig, sich selbst zu erkennen, oder für eine Katze? Eigentlich nicht.

Kommt darauf an, wie eitel die Elster ist.

Eben genau die Eitelkeit ist wissenschaftlich extrem unwichtig. Deshalb würde ich das »Spiegelstadium« mit Vorsicht genießen.

Dann kommen wir mal zu Ihrem Spezialgebiet, mit dem Sie über die Wissenschaft hinaus bekannt geworden sind: die sogenannten Super-Recognizer, also Gesichtserkennungsgenies. Menschen, die überdurchschnittlich gut Gesichter verarbeiten, sich merken und wiedererkennen können. Diese Entdeckung machten Sie allerdings, als Sie das Gegenteil erforschten, die sogenannte Gesichtsblindheit. Was ist das eigentlich: Prosopagnosie?

Ja das ist der Fachbegriff: Prosopagnosie. Agnosie ist die Unfähigkeit des Erkennens und *prosopon* heißt auf Griechisch Gesicht. In meiner Diplomarbeit habe ich mich mit der angeborenen Prosopagnosie beschäftigt, also mit Leuten, die von Geburt Gesichter schlecht verarbeiten, und bin dann zur erworbenen Prosopagnosie – also als Folge von Hirnschädigungen, Trauma oder Blutung – gekommen. Ich habe also sämtliche Facetten der menschlichen Fähigkeit abgetastet, die man meines Erachtens immer in Vergleich setzen muss: Wenn ich mich für ein Defizit interessiere, muss ich zwangsläufig auch die Normalität erfassen.

Jedenfalls gibt es Menschen, die sich extrem schwertun im Verarbeiten und Wiedererkennen von Gesichtern, die also, wenn sie im Bus von jemandem angesprochen werden, überhaupt nicht wissen, wer sie da anspricht, und das zu kaschieren versuchen. Erst im Laufe des Gesprächs erkennen sie vielleicht durch die Stimme oder ein Muttermal, mit wem sie es zu tun haben, d. h., sie sind auf andere Informationen angewiesen, weil ihnen das Gesicht nicht viel über die Identität von anderen sagt.

Geht das so weit, dass sie nicht mal ihre eigenen Familienmitglieder erkennen?

Es kann schon sein, dass selbst persönlich extrem bekannte Gesichter nicht erkannt werden. Wie gesagt, das hängt immer vom Kontext und von den eigenen Erwartungen ab. Im Allgemeinen ist es für uns alle ja möglich, jemanden in einem unerwarteten Kontext nicht zu erkennen – wenn Sie durch eine fremde Stadt gehen und nicht damit rechnen, der eigenen Tochter zu begegnen. Da für Prosopagnostiker Gesichter grundsätzlich weniger Informationswert haben, ist es also möglich.

Ich lernte mal bei einem Abendessen einen Anwalt kennen, mit dem ich mich den ganzen Abend höchst angeregt unterhalten habe. Am nächsten Tag traf ich ihn zufällig wieder beim Blumenhändler in unserem Kiez. Er reagierte überhaupt nicht auf meinen Gruß, behandelte mich wie eine Fremde, und erst als ich ihm von unserem Treffen am Vorabend erzählte, entschuldigte er sich und sagte: »Wissen Sie, ich bin gesichtsblind.« Ziemlich gruselig, oder?

Für mich ist das gar nicht gruselig. Ich finde es super, wenn Menschen sich ihrer Fähigkeiten und Grenzen bewusst sind und entsprechend damit umgehen können. Ist doch toll, dass der Anwalt um die Prosopagnosie weiß und dass er Sie entsprechend informieren kann. Beim nächsten Treffen könnten Sie sich anstatt mit einfachem »Hallo« dann zusätzlich mit Ihrem Namen vorstellen. Jede Fähigkeitsausprägung hat Vor- und Nachteile.

Bezieht sich dieses Defizit nur auf das Erkennen von menschlichen Gesichtern oder können diese Menschen auch andere Objekte nicht erkennen?

Das ist eine gute Frage. Bei der angeborenen Prosopagnosie geht man davon aus, dass es eher ein allgemeineres Defizit ist. Wenn man ganz genau hinschaut, merkt man, dass diese Leute auch subtile Verarbeitungsschwierigkeiten bei anderen Objekten haben. Im Alltag ist es halt nicht so entscheidend, ob ich sage, das ist mein Bürostuhl oder das ist der gleiche Bürostuhl, aber von meiner Kollegin.

Es gibt den Film »Lost in face« über eine gesichtsblinde Malerin, die behauptet, ihr eigenes Gesicht im Spiegel nicht zu erkennen. Sie malt aber Selbstporträts von sich, indem sie ihr Gesicht mit den Händen abtastet und die Hügellandschaft, wie sie ihr Gesicht nennt, in Malerei verwandelt. Ist es möglich, dass Gesichtsblindheit so weit geht, dass die Leute ihr eigenes Gesicht nicht erkennen?

Also, normalerweise, wenn man in einen Spiegel guckt, erwartet man, dass man sich selbst sieht und nicht jemand anderen, will sagen: Mir scheint, das ist etwas überspitzt dargestellt. Ich denke mal, wenn diese Künstlerin morgens aufsteht und sich die Zähne putzt, ist sie bestimmt nicht schockiert und fragt überrascht: Wer ist das? Sie weiß: Das bin ich.

Die Irritation entsteht eher, wenn man sich in eine Situation der Ambiguität begibt und nicht weiß: Ist das ein Spiegel oder ist das Glas? Das erzählt auch eine Patientin aus Genf. Als sie einmal bei einem Einkaufsbummel in einer ihr fremden Stadt war, lief sie an einem Schaufenster vorbei, blieb stehen, schaute sich die Ware an, schaute hoch und wunderte sich, warum sie diese Frau so anstarrt. Dann dachte sie: Oh, die hat ja dieselben Ohrringe wie ich, und hat dann festgestellt, dass die Scheibe verspiegelt und nicht nur verglast war. Das heißt, es hängt sehr davon ab, was man erwartet.

Im Film spricht sie davon, dass sie sich kennt, aber nicht ihr Gesicht, weil sie es sich nicht merken kann, andere Gesichter sowieso nicht.

Man muss zwischen Wahrnehmung und dem Gedächtnis, also das Merken von Gesichtern, unterscheiden. Wenn ich etwas visuell wahrnehme, sehe ich etwas und kann es beschreiben. Sich an Gesichter erinnern oder sie vor meinem inneren Auge zu generieren ist etwas anderes, aber diese Fähigkeiten sind miteinander verknüpft und voneinander abhängig. Es gibt ein interessantes Phänomen eines Künstlers, der eine Hirnschädigung erlitten hat. Er konnte aufgrund des Wissens um Farben weiter mit ihnen arbeiten, obwohl er die Farbwahrnehmung verloren hatte und sich auch Farben nicht mehr vorstellen konnte. Die Wahrnehmung ist Voraussetzung für das Gedächtnis, aber unser Gedächtnis oder unsere Erwartungen beeinflussen auch unsere Wahrnehmung.

Wie viele Menschen, wie viel Prozent der Bevölkerung leidet denn an Gesichtsblindheit?

Das ist schwer zu sagen. Grundsätzlich finde ich kursierende Prozentzahlen wenig hilfreich, da die Zahlen, solange es keinen genetischen Test gibt, immer von der Definition des Syndroms und der Diagnostik abhängen, die in Bezug auf Prosopagnosie längst nicht klar definiert sind.

Dann kommen wir jetzt mal zum Gegenpol: den sogenannten Super-Recognizern. Erklären Sie doch mal für den Laien, was für ein Genie das ist!

Dazu muss ich historisch ein bisschen ausholen: Das war vor elf Jahren, als Wissenschaftler begannen, Tests für die Prosopa-gnosie-Diagnostik zu entwickeln. Einige der getesteten Pro-banden sagten, sie würden Personen kennen, die besonders *gut* Gesichter erkennen könnten. Und die Versuchsleiter haben diese dann getestet. Das heißt, es war ein Zufallsfund.

Die Forschung über dieses Phänomen der Super-Recognizer ist also taufrisch? Elf Jahre ist ja gar nichts in der Wissenschaft ...

Genau, innerhalb dieser Versuchsreihe sind die Forscher dann auf eine Handvoll Leute gestoßen, die in Bezug auf drei Fähig-keiten hervorstachen: Sie konnten erstens Gesichter besonders gut visuell verarbeiten, also miteinander vergleichen; zweitens lernen und unter zunehmend schwierigen Bedingungen wie-dererkennen und drittens berühmte Personen anhand von Bildern aus ihrer Kindheit identifizieren. Die ersten Super-Recognizer brillierten also in drei Bereichen: Unterscheidung, Wiedererkennung und Identifikation.

Und die wurden dann recht schnell kriminalistisch eingesetzt, oder?

Nein, *diese* Personen wurden meines Wissens nicht krimina-listisch eingesetzt. Allerdings ist es so, dass das Label »Super-Recognizer« im Anwendungsbereich, also in der Welt der Polizei, Eingang fand. Das Problem ist meines Erachtens, dass diese Bezeichnung vorschnell übernommen und zum Teil auf Leute übertragen wurde, die *Personen* gut erkennen oder zuordnen können. Das heißt aber nicht, dass diese Personen zwangsläufig anhand ihres *Gesichts* erkannt wurden. Extrem erfolgreiche Bildfahnder werden bestätigen, dass das Gesicht nur einen Bruchteil der Informationen ausmacht, die zur Tätererkennung verwendet werden.

Wenn wir Sie richtig verstehen, wird der Begriff unwissenschaftlich verwaschen.

Zumindest ist es so, dass sich bei der Popularisierung des Begriffs Super-Recognizer verschiedene Interessen vermischen. Das hat meiner Meinung nach zu einer begrifflichen Instrumentalisierung geführt, die mit der ursprünglichen Definition nicht übereinstimmt. Ganz klar ging und geht es in der Wissenschaft ausschließlich um die Verarbeitung von *Gesichtern*.

Kann man erklären, woher dieses Talent kommt?

Noch nicht, und genau darum geht es in meiner Forschung. Es gibt derzeit etwa 20 publizierte empirische Studien und vor allem *Verhaltens*studien. Das heißt, man hat Probanden Bilder von Gesichtern gezeigt und die mussten dann verschiedene Aufgaben lösen, während man ihr Verhalten — also Antworten oder Reaktionszeiten — gemessen hat. Was dabei im Gehirn passiert, blieb unbeachtet. Genau das ist der Grund, warum ich die Thematik neurowissenschaftlich und objektiv beleuchten will.

Wie finden Sie diese Super-Recognizer? Anders gefragt, wissen die denn, dass sie welche sind, oder erfahren sie von ihrem Talent erst im Test?

Ich habe das Glück, dass sich viele Menschen für das Thema interessieren und daher meist auf mich zukommen. Viele sind durch die Medien oder durch das Internet auf die Thematik aufmerksam geworden und erkennen sich in der Beschreibung der Fähigkeiten von Super-Recognizern wieder. Die meisten haben bereits bei im Internet kursierenden Tests sehr gut abgeschnitten und möchten wissen, ob sie tatsächlich besser sind als der Durchschnitt. Ich schicke den Personen dann Tests per Post zu, und wir machen einen Termin für eine Videokonferenz aus, damit ich mir selbst ein Bild machen kann.

Wie viele Gesichter können wir Normalos uns merken? Gibt es so etwas wie einen Speicher, der irgendwann voll ist?

Die Antwort hängt von vielen Faktoren ab. Wo lebe ich? Wie groß ist die Stadt, in der ich lebe? Wie viele Interaktionen und Kontakte habe ich pro Tag? Was zählt als Kontakt? Also zählt zum Beispiel auch der Busfahrer, auf den ich nicht so sehr achte, dem ich aber begegnet bin? Ich glaube, das lässt sich nur schwer qualifizieren. Ein Kollege hat das versucht und mal eine Hochrechnung angestellt; ich meine mich an eine Zahl um 5000 Gesichter zu erinnern.

Gesichtserkennung ist — wie gesagt — ein junger Forschungszweig. Hat das zunehmende Interesse auch ganz praktisch mit der kriminalistischen Verwendung zu tun?

Forschungen zum Thema menschliche Gesichtsverarbeitung gibt es tatsächlich schon ziemlich lange, der erste Bericht stammt von 1867; Joachim Bodamer führte 1974 den Begriff der Prosopagnosie ein. Dass die »Gesichtserkennung« außerhalb der Forschung großes Interesse erfährt, ist ein vergleichsweise neues Phänomen; die Forschung zum Thema Super-Recognizer ist definitiv extrem jung. Das zunehmende Interesse hängt sicherlich auch damit zusammen, dass es immer mehr Bilder menschlicher Gesichter gibt, die es zum Teil auch kriminalistisch zu verarbeiten gilt.

Sind unter den Super-Recognizern mehr Männer oder mehr Frauen?

Meines Wissens ist die Fähigkeit geschlechtsunabhängig. Ich habe kürzlich in einem Artikel die wissenschaftlichen Kriterien für die Identifizierung von Super-Recognizern skizziert. Dort stellte ich 70 Personen vor, von denen waren 33 Frauen, also fast genau die Hälfte.

Für die Gesichtserkennung werden ja nicht nur Menschen eingesetzt, sondern auch Maschinen. Sie behaupten, Menschen können das besser als Maschinen.

In jedem Fall, die besten Menschen sind besser als die besten Maschinen.

Inwiefern?

Nun ja, Maschinen sind von Menschen gemacht und sind gewissermaßen durch unser Können und Wissen eingeschränkt. Menschen entwickeln Algorithmen und Programme und bestimmen die Informationen, mittels derer sie trainiert werden.

Nach den Anti-Rassismus-Demonstrationen 2020 in den USA gab es eine neue Diskussion über den Zusammenhang von Strafverfolgung und Gesichtserkennungstechnologie. Der Vorwurf lautet, sie schade vor allem farbigen Menschen, weil die Algorithmen ethisch vorein-genommen seien?

Ja, dieser sogenannte Bias wurde zum Beispiel in einer Studie des National Institute of Standards and Technology dokumentiert, da wurde kommerzielle Gesichtserkennungs-Software verglichen. Das hat dazu geführt, dass der Verkauf einiger computergestützter Verfahren unterbunden wurde. Es hängt von den Datensätzen ab, die zum Trainieren von Software verwendet werden. Und wenn nur mit »Old white men« trainiert wird, dann kann ein System eben nur zuverlässig Personen dieser Kategorie verarbeiten.

Es gibt zunehmend eine Standardisierung von Gesichtern, Stichwort Schönheits-OPs, also das durchschnittlich hübsche Gesicht scheint sich durchzusetzen. Teilen Sie diese Beobachtung?

Nein, das glaube ich nicht. Meines Wissens zeigt die Attraktivitätsforschung, dass Durchschnittsgesichter zwar als angenehm oder attraktiv empfunden werden, aber dass maximal attraktive Gesichter immer noch etwas stark Individuelles haben. So hat Julia Roberts etwa – wenn man sich die einzelnen Merkmale anguckt – eine ziemlich lange Nase und einen ziemlich großen Mund, also sehr prägnant. Aber es hängt ja auch davon ab, was Sie unter »durchschnittlich« verstehen. Und unsere eigene Wahrnehmung ist ja nicht deckungsgleich mit der Wahrnehmung anderer. Sie beide sehen mich jetzt im Moment mit demselben visuellen Input; aber Ihre Wahrnehmung ist eben

auch ganz unterschiedlich. Das hängt damit zusammen, welche Informationen unser Gehirn präferiert und besser verarbeiten kann.

Unsere Wahrnehmung kann sich auch ändern, je nachdem wie lange wir jemanden kennen, oder?

Klar! Wir haben ja schon alle die Erfahrung gemacht, dass wir jemanden kennenlernen und denken, der oder die ist hässlich oder voll hübsch, und dann verschiebt sich die eigene Wahrnehmung, da ist also auch eine gewisse Dynamik involviert, die Studien normalerweise nicht berücksichtigen können.

Ich dachte, Ihre Frage geht in Richtung Homogenisierung der Ethnien. Je länger es die Menschen gibt, desto mehr vermischen wir uns genetisch und dementsprechend verändert sich auch das Aussehen eines »Durchschnittseuropäers«. Das finde ich sehr interessant, evolutionsgeschichtlich betrachtet. Ich wüsste gerne, wie anders wir aussähen, hätten die zahlreichen Grausamkeiten unserer globalen Geschichte nicht stattgefunden.

Zum Schluss noch eine persönliche Frage: Hat sich Ihr Blick auf andere Gesichter verändert?

Das weiß ich nicht. Vielleicht. Aber ich weiß nicht, ob das durch die tägliche Arbeit mit Gesichtern bedingt ist oder eher durch das Älterwerden. Ich weiß es nicht. Ich finde Gesichter einfach megainteressant. Egal ob alt oder jung, hübsch oder hässlich.

WOLFGANG JOOP

*Nichts ist so schmerzvoll
wie der Verlust der Schönheit*

■ »Von dort«, sagt Wolfgang Joop und zeigt zum hohen Glasdach, »fiel das Stroh runter.« Unsere Verblüffung bereitet ihm ein fast kindliches Vergnügen. Bester Laune begrüßt er uns in der Empfangshalle seiner Villa, in der sich früher ein Schweinestall befunden habe. In dieser Wunderkammer luxuriöser Opulenz haben Schweine gehaust? Unser Blick schweift über Keramikvasen exotischer Herkunft, Sessel in knalligen Popfarben, goldene Rokokospiegel an den Wänden, riesige Bilder, auf denen Bären und Panther ihre Mäuler aufreißen. Neben dem Überschwang des Interieurs wirkt die dunkelblaue sportliche Garderobe der beiden Hausherren geradezu alltäglich und unaufwendig.

Wolfgang Joop ist mit seinem Lebenspartner Edwin Lemberg an den Ort seiner Kindheit zurückgekehrt, Gut Bornstedt am Rand von Potsdam, und hat das Anwesen einer ziemlich radikalen stilistischen Verwandlung unterzogen. In der hochmodernen Edelstahlküche erwartet uns ein üppig gedeckter Kaffeetisch mit frisch gebackenen Kuchen, die der jungen Haushälterin zu verdanken sein dürften. Vor der Fensterfront der Küche erstreckt sich eine Gartenanlage mit Teich, Teehaus und Tulpen, so weit das Auge reicht. Erst ein kleiner Rundgang und dann Kaffeetrinken?

Kaum hat er die Frage gestellt, fällt der Kennerblick des Designers auf Luzias Lederjacke. »Von Hermès?« »Nein, vom Kleidermarkt in Mailand.« »Ich habe fast dieselbe«, jubelt Wolfgang Joop und verschwindet im Haus. Ein paar Minuten später erscheint er in einer Hermes-Lederjacke. Edwin, der Ursula gerade die Sichtachsen des Gartens erklärt, soll doch bitte schnell ein Foto machen: Luzia und er als Lederjackenduo auf der Terrasse. Auf Knopfdruck vor der Kamera zu posieren und wirkungsvoll zu lächeln, scheint für ihn eine routinierte Übung zu sein.

Wolfgang Joop, das ist nicht nur der Name eines international erfolgreichen Modeschöpfers, Zeichners, Malers, Bildhauers und Autors. Es ist auch der Name eines Mannes, dessen Gesicht so oft fotografiert wurde wie kaum ein anderes Männergesicht der Gegenwart. Mit einem Porträt von Herbert Ritt, das 1981 in New York eher zufällig entstand, wurde es zur weltweiten Marke, zum Emblem des Designimperiums JOOP. Es hing überlebensgroß an Litfaßsäulen, es machte Joop zu einer Ikone und einem Model mit Star-Image. In der Flut der Bilder, die von ihm existieren, ist er als Country-Boy, glamouröser Partylöwe, Edel-Punk, nachdenklicher Intellektueller, verspielter Vater und inniger Ehemann zu sehen.

Für den französischen Philosophen Roland Barthes zeigt jede Fotografie den Moment einer gerade vergangenen Existenz. Für Joop hingegen scheinen Fotos eher die Momente seiner Neuanfänge zu bezeugen, was auch heißen kann: den Sieg über die Sterblichkeit und das Altern. Natürlich kennen wir das Gerücht, der mittlerweile 77-jährige Designer habe in seinem Gesicht das eine oder andere schönheitschirurgisch designen lassen. Es gibt Bilder von ihm, die das Gerücht nur schwerlich widerlegen, er selbst ist nie darauf eingegangen. Wir sehen im prallen Sonnenlicht ein Gesicht mit Dreitagebart, Brille, einigen natürlichen Falten und einer Augenpartie, von der sich nicht sagen lässt, ob allein die Natur sie so geschaffen hat.

Den ganzen Tag, sagt Joop, habe er schon Lampenfieber. Er, der tausendmal abgelichtet wurde, kommt uns fast ein wenig unsicher vor, als wir am Kaffeetisch sitzen und den Spiegel neben seine Tasse stellen. ■

Könnten Sie bitte beschreiben, was Sie im Spiegel sehen?

Ehrlich gesagt ist mein Gesicht, das ich so oft und von so vielen Fotografen, guten wie schlechten, interpretiert gesehen habe, also mein Gesicht ist — wie soll ich das sagen …

— gar nicht mehr Ihr Gesicht?

Ich muss noch mal anfangen. Also: Ich wollte immer die Wünsche erfüllen von denen, die mich ansehen, damit sie das Bild bekommen, das sie sehen wollen. Ich habe von mir aus nicht unbedingt das Bedürfnis, mich im Spiegel anzuschauen, weil ich dann ins Detail gehe und gar nicht mehr das Ganze sehe. Das heißt, mein Image wurde immer fremder für mich, je öfter es interpretiert wurde.

Sie sind einer der meistfotografierten Männer auf diesem Planeten.

Ich könnte jetzt runtergehen in den Keller und Ihnen Fotos zeigen von Bill King, Peter Lindbergh, Mapplethorpe, von all denen, die mich fotografiert haben. Und da geht es mir wie einem Supermodel, das findet: Jetzt ist genug. Ich will das gar nicht mehr sehen. Jetzt lass das mal ruhen.

Hat das auch mit dem Älterwerden zu tun?

Ich finde, ich sehe immer noch aus wie ein gebrauchsfertiges Männermodel, ein Allzweckmodel. Jetzt umso mehr. Mit den grauen Schläfen erfülle ich mittlerweile wirklich ein Klischee und vielleicht bin ich auch ein Klischee, aber ich habe es bis jetzt immer noch geschafft, nicht derjenige zu sein, den ich selber aussortieren würde. Ich würde mich noch buchen.

Schauen Sie oft in den Spiegel? Allein in diesem Raum hängen zwei Spiegel, dieser große, wuchtige und dieser mit dem bombastischen Goldrahmen.

In diesem habe ich mich noch nie gespiegelt. Der ist zu hoch und so ein seltenes Rokokoding, übrigens echtes Rokoko, 18. Jahrhundert. Also ich guck mich lieber im Badezimmerspiegel an. Nee, stimmt nicht, da guck ich mich auch nicht an. Und wenn ich mich zufällig in einem Schaufenster oder im Aufzugspiegel sehe, posiere ich sofort. Ich habe drei / vier Standardposen, die ich einnehme, um die Wahrheit nicht zu sehen.

Was wäre denn die Wahrheit? Was suchen Sie, was sucht Ihr Blick in Ihrem Gesicht?

Also ich schaue nach der – was ich gerade schon meinte – Verwendbarkeit meines Gesichts. Das kontrolliere ich: Ist das Gesicht noch verwendbar oder muss ich mich auch mysteriös hinter der Maske verstecken, wie das Lagerfeld, Warhol und, ich behaupte auch, Beuys getan haben? Die machten ein Modell von sich, ein Dummy, damit man sich dahinter verpissen kann. Alle Leute, die mit Fame zu tun haben, haben dieses Bedürfnis. Erst machen sie sich zum Popstar, und dann kommt das Gejaule:

Oh, ich kann ja gar nicht mehr unbemerkt im Supermarkt einkaufen.

Sie haben Ihr Gesicht zur Werbefläche für die Marke JOOP! gemacht.
Wie kam es dazu?

Das war ja ein ganz natürliches Foto, das Herb Ritts bei einem
Shooting mit Lynne Köster in Kalifornien gemacht hat. Ich weiß
nicht, ob Sie dieses Wahnsinnsgesicht noch kennen, sie sah aus
wie eine Kampffrau aus Blade Runner. Sie sollte unser Gesicht
werden, weil es ja auch bei JOOP! um Power und Selbstbewusstsein geht. Ich schaute damals am Rande des Settings zu
und Herb schwenkte einmal auf meine Seite. Da hatte unser
Manager die Idee: Herb, mach doch mal richtige Fotos von
Wolfgang. Haben wir dann am nächsten Tag auch gemacht, mit
Friseur, Make-up und allem Drum und Dran, haben aber diese
Fotos nicht genommen. Wir nahmen das vom Vortag, wo ich
mich so aufstütze und zugucke.

Mit einem Männergesicht Werbung für ein Frauenparfum zu machen,
ist das kein Widerspruch?

Nein, gar nicht, es ist genau richtig. Ist doch viel sexyer als Frau
von einem Mann angeschaut und zu einem Duft verführt zu
werden als von irgendeiner fotogeshoppten Celebrity. Um mein
Parfum erfolgreich zu machen, hätte ich vieles getan – mein
Gesicht hinzuhalten war das Einfachste.

Mögen Sie eigentlich Ihr Gesicht?

Sagen wir mal so: Ich bin mir total bewusst, dass, wenn das
Image zerfällt … also ich bin mir der Dekadenz bewusst und
denke immer: Du hast das Gesicht eines Überlebenden.

Inwiefern? Wie meinen Sie das?

Mit dieser etwas dramatischen Beschreibung will ich an die vielen Jahre erinnern, die man gelebt und überlebt hat. Jedes Jahrzehnt hatte Höhepunkte und Abstürze. Es gab große Veränderungen und große Verführungen. Alles war analog, aber auch bedenkenlos hedonistisch. In jedem Jahrzehnt hätte ich hängen bleiben können. In jeder Beziehung. Doch trotz einiger Unfälle bin ich noch in bester Kondition und treffe noch Verabredungen für übermorgen.

Wie wichtig war denn Ihr Aussehen für Ihre Karriere?

Was heißt Karriere? Die konnte ich nicht planen, denn es gab sie ja gar nicht. Karrieren wie die meine waren im Deutschland meiner frühen Jahre nicht im Angebot. Die musste ich erfinden und dabei hat mir natürlich mein Äußeres geholfen. Komischerweise sprachen mich damals in den 80ern in Deutschland viele Leute auf Englisch an. Taxifahrer oder Leute im Flugzeug. Ich hatte mir einen amerikanischen Look zugelegt: längeres Haar, Vollbart, Grobgestricktes zu Jeans und Clogs. Edwin hat 1980 ein ikonografisches Foto von mir gemacht, hier im Garten von meiner Tante Ulla: ein bisschen Lonely Cowboy, ein bisschen sensibler Bauernjunge …

… und immer strahlend.

Tja, wenn mich jemand fragte: Wie haben Sie denn Ihre Karriere hingekriegt, sage ich immer: Die habe ich mir zusammengegrinst und dann lief die Sache. Ich bin überzeugt, dass jeder bis zu einem gewissen Grad sein Gesicht erschaffen kann, sozusagen von innen heraus.

Und wie geht das?

Indem du weißt, dass du dich zusammenreißen musst. Das hat mit Haltung zu tun. Ich glaube, es ist ein Sich-Selbst-Bewusst-Sein im ursprünglichsten Sinne.

Apropos bewusst, können Sie sich erinnern, wann Sie sich als Kind zum ersten Mal bewusst gesehen haben?

Oh ja! Und was ich gesehen habe, hat mir gar nicht gefallen. Es war kurz vor der Pubertät. Ich hatte abstehende Ohren, für die ich aufgezogen wurde. Selbst meine erste Freundin nannte mich Dumbo, Disneys fliegender Elefant. Dann hatte ich furchtbar große Zähne und diese komischen Augen, schräg und grün. In der Klasse sagten sie immer zu mir: Grüne Augen, Froschnatur, von der Liebe keine Spur. Und ich hatte diese vollen Lippen, diesen Knutschmund, den ich auf Fotos schmal zu machen versuchte – all so ein Zickenkram, ich muss schon sagen, ein täglicher Kampf des Narziss mit dem Schicksal. Außerdem fand ich meinen Hals viel zu lang. Für den habe ich mich geschämt. Es gibt so ein Konfirmationsfoto, auf dem ich die Bibel in der Hand habe und ausgesprochen unproportioniert aussehe: kurz geschorene Haare, die den Hals noch länger machten, und auf der Wange blühte ein riesiges Hämangiom …

Klingt dramatisch.

Das Blutschwämmchen wurde später wegoperiert, hier sieht man noch die Narbe, schauen Sie! Also ich habe mir wirklich nicht gefallen. In meiner Erinnerung war ich gelbhäutig, grünäugig, giraffenhalsig und elefantenohrig.

Und wann kam der Wandel vom hässlichen Entlein zum Prinzen?

So mit 14. Da wurde ich von meinem Patenonkel Herbert, er war ein halber Portugiese, nach Portugal eingeladen. Onkel Herbert war sehr weltläufig und cool und sagte zu meinen Eltern in Braunschweig: Der Junge kratzt ab, der muss raus aus dem Trübsal. Ich war Einzelkind und mit der Pubertät alleingelassen, hatte eine Bronchitis nach der andern und verkam immer mehr. Wie viele Leute, die später eine Karriere machen, muss man durch dieses Tal der Selbstaussöhnung. In Portugal lebte ich in anderen Verhältnissen, die Sonne schien, ich wuchs zehn Zentimeter und, als ich nach einem Jahr zurückkam nach Braunschweig, kam ich auf einmal gut an, wo ich auch hinkam, spürte ich Begehrlichkeiten, die sexuelle Revolution war voll im Gange.

Welche Rolle spielt ein schönes Gesicht für die eigene Biografie?

Na ja, es ist erst mal eine kurze Zeit, die dir gegeben ist, in der du alles erledigen musst, was mit Schönheit zu erreichen ist. Und diese kurze Zeit vergeht schneller, als man denkt. Marylin Monroe zum Beispiel ist für viele Menschen der Inbegriff der Schönheit und sie war es wirklich. Andy Warhol, der besessen von ihr war, machte sie zur Ikone und ließ sie gleichzeitig erstarren. Er zeigte sie als Unglückliche so transparent, dass man Abgrund und Tragik spürt, also jene Schönheit, die uns am meisten berührt. Das Gleichmäßige, Symmetrische ist in einem Gesicht nicht das Einzige, was zählt. Es kommt auf die Balance an. Aber – eins ist sicher – nichts ist so schmerzvoll wie der Verlust der Schönheit.

Wann, würden Sie sagen, war Ihr Gesicht in seinem besten Zustand?

Das kann ich Ihnen genau sagen. Es sind ja nur Bilder, die ich beurteilen kann. Aber ich finde das Robert-Mapplethorpe-Foto eindeutig das modernste. Als Karin, meine Exfrau, es sah, sagte sie: Das war's mit uns beiden.

Sie hat darin so etwas wie eine Vision, ein Versprechen für die Zukunft gesehen?

Ja, genau, sie hat in dem Foto das gesehen, was ich selber noch gar nicht erkannt hatte. Eine erotische und ästhetische Ambivalenz, die eben heute so modern ist. Dieser lange Hals war auf einmal ein Plus. Ist er heute noch, ab 50 verschwinden die Hälse bei Männern in diesen schrecklichen Schultern und Anzügen.

Sie schauen sehr ernst, fast trotzig, ganz anders als auf anderen Fotos.

Da sieht man den Übergang vom narzisstischen Jüngling zum erwachsenen Menschen. Robert hatte mir vor dem Shooting einen Joint in die Hand gedrückt und zu mir gesagt: Gib mir mal den Blick, den du denen geben würdest, die du nicht leiden kannst. Aber da kam, wie gesagt, dazu, dass mir zum Zeitpunkt dieses Fotos klar wurde, dass ich nicht zurückkann in mein altes Leben. Karin hatte gesehen, dass der auf dem Foto seinen Weg allein weitergehen muss. Und so kam es. Das hatte ich so nicht vorgehabt, und es war für mich sehr angstbesetzt. Ich hatte Angst, mich in dieser nicht bürgerlich abgesicherten Welt zu bewegen. Das sogenannte »Coming-out« kam mir nicht in den Sinn, da ich in beiden Leben authentisch war. Ich zog dann zu dem, dem ich am meisten vertraute. Das war Edwin – und blieb es.

Uns fällt auf, dass Sie sich ausschließlich über Fotos beurteilen, nie aus Ihrer Erinnerung?

Was soll ich denn erinnern?

Na ja, die eigene Erfahrung zum Beispiel.

Es gibt die verschiedenen Phasen meines Lebens und meines Gesichts nur als Fotos. An etwas anderes erinnere ich mich nicht. Ich erinnere kein Spiegelbild.

Gibt es erotische Gesichter?

Erotik ist nicht unbedingt messbar, sie ist ein Versprechen, eher ein Zögern als ein Begehren. Es heißt doch so schön: »Wir jagen das Wild, das uns entflieht.«

Haben Sie ein Beispiel für ein Frauengesicht, das vielleicht nicht schön im klassischen Sinne, aber sexy ist?

Ein bisschen »schön« muss schon dabei sein. Aber Abweichungen vom sogenannten Mainstream machen den besonderen Reiz aus wie zum Beispiel bei Sophie Rois, der wunderbaren österreichischen Schauspielerin, die ähnelt ja Lotte Lenya. Oder Jeanne Moreau, Bette Davis, in deren Augen und Lippen ein Wissen um Abgründe liegt. »Das magische Dreieck«, das den Hype um Marlene Dietrichs Gesicht begründete, ist ein besonderer Abstand von Augen zum Mund, das Dreieck ist ebenfalls nicht messbar und chirurgisch nicht übertragbar.

Ist die Schönheit von Frauen eine andere als die von Männern?

Das war, glaube ich, mal so. Heute ist ja in der Mode der androgyne Typ gefragt, der eventuell die Grenzen verwischt. Bei Frauen fand man ja lange das Passive schön, nicht das Aggressive, während beim Mann das passive Gesicht nicht so interessant war, heute sind solche Zuschreibungen nicht mehr an ein Geschlecht gebunden. Aber immer noch wird Schönheit mit Sex assoziiert, mit Fitness und physischer Perfektion. Ich glaube, wir denken, nur schöne Menschen haben ein Recht auf Sex. In dieser Beziehung sind wir ziemlich faschistoid, und zwar wir alle.

Körperfaschisten? Ja, das sind wir.

Jedes System, das sich an eine Verabredung hält, was schön zu sein hat, ist faschistoid, es promotet ein Idealbild, das jede Abweichung aussortiert. Sogar das antike Griechenland ließ nichts Hässliches zu, es sei denn als Kontrast zum Perfekt-Schönen.

Sie haben vorher vom schmerzlichen Verlust der Schönheit gesprochen. Wann ist denn der Punkt, an dem man sagt, jetzt kann ich dem natürlichen Verfall nicht länger zuschauen, jetzt muss ich eingreifen und etwas machen lassen?

Ich finde, das sollte man rechtzeitig tun.

Also früh, solange man noch jung ist?

Ja unbedingt, mal rein medizinisch betrachtet, sollte man nicht mehr eingreifen, wenn die Muskulatur erschlafft ist. Das hilft nicht mehr, man muss das machen, solange das Gewebe es zulässt. Und ich finde das legitim. Sonnige Tage und lange Nächte hinterlassen Spuren. Da muss schon mal zwischendurch aufgeräumt werden. Aber ich weiß auch, dass ein gestrafftes Gesicht einen ähnlichen Effekt hat wie eine alte Bluse, nur frisch aufgebügelt. Alt ist eben alt.

Wie alt waren Sie, als Sie darüber nachgedacht haben?

My darling, nothing is done, nothing! Ich war noch nicht beim Änderungsschneider.

Echt? Aber überlegt haben Sie es sich doch schon, oder?

Natürlich habe ich das. Ich bin in die Hände einer Freundin meiner Mutter gefallen. Sie hat mir hier auf der Stirn eine Botox gesetzt, was ich sehr bereut habe. Ich hatte ein Hämatom und als es weg war, war hier ein Loch, alles Gift. »Es kommt auf die Dosis an, sprach Paracelsius.«

Aber an den Augen haben Sie doch was machen lassen?

Das ist das Traurige, die Augen, die angeblich den Blick in die Seele erlauben, fallen in die Augenhöhle zurück und werden rund. Das Gesicht zieht nach unten und dann werden die Augen rund. Früher waren die Augen länglicher. Ich hatte auch schon zwei Augen-OPs, hatte zwei Netzhautablösungen. Natürlich wurde mal hier oder da was reingespritzt, aber – und das ist das Wesentliche – ich habe kein Lifting hinter mir!

Sie kommen aus einer Branche, in der der Blick für Schönheit sehr geschult ist und in der Schönheit eine wichtige Rolle spielt. Damit wird aber auch dem Alter und dem Altern des Gesichts eine spezifische Rolle zugewiesen. Sieht Ihr professioneller Blick, wenn jemand etwas hat machen lassen?

Ja klar, das sehe ich.

Gibt es denn Frauen, bei denen Sie sagen: klasse gemacht!

Klar gibt es das. Aber die Aura verschwindet leider oft mit den Fältchen. Ein Beispiel ist Nicole Kidman. Sie ist jetzt irgendwie schön und alterslos. Und das ist das Dilemma. Sie kann nur noch Rollen spielen, in denen sie eine schöne, amerikanisch alterslose Frau darstellt. Oder Melania Trump. Sie trifft den Geschmack von Donald Trump, der mit ihr seine Potenz zeigen kann und ihre Opferbereitschaft. »Sie ging durch Schmerzen, um mir zu gefallen.«

Diese Frauen sehen ein bisschen aus wie Sexpuppen, oder?

Ja, sie haben das, was ich ein pornografisches Gesicht nennen würde. Die aufgespritzten Lippen sind sexuell und nichts anderes als Schamlippen im Gesicht. Die glatte, aufgepolsterte Haut ist die kurz vor der Ejakulation stehende Frucht, es ist alles kurz vor dem Explodieren.

Also die Koordinaten des Pornografischen haben sich ins Gesicht verlagert?

Genau. Ich war in Miami im Hotel Mandarin Oriental. Das hat 30 Etagen und in jeder Etage stieg optisch dieselbe Frau in den Aufzug. Ich dachte, sind das Schwestern oder Prostituierte aus einem russischen Escort Service? Die hatten alle überdimensional große Lippen, diese Wangenknochen, ich weiß nicht, welcher Doktor das macht, alle hatten diese angeklebten Wimpern und das tote Haar auf dem Kopf. Aber auch das hat mit Sex zu tun, das Voluminöse, das Haar, das nach hinten fliegt aufs Kissen. All diese Frauen sind aufgedonnert und haben wenig an. Übrigens hat sich das Interesse von den Brüsten zum Hintern verschoben, siehe Kim Kardashian oder Jennifer Lopez. Der Blick auf den Hintern ist rein sexuell und wenig poetisch. Affen haben permanent das Hinterteil vor Augen.

In Amerika ist man stolz auf die eigene Schönheits-OP. Hierzulande gibt es keine und keiner zu, dass er oder sie etwas gemacht hat. Warum ist das ein derartiges Tabu?

Weil wir so protestantisch sind und man bei uns akzeptieren muss, was die Natur dir antut. Aber ich finde, die Natur ist in dieser Hinsicht nicht dein bester Freund. Wir haben entdeckt, dass wir uns mit unserem Äußeren nicht abfinden müssen, das ist eigentlich eine tolle Angelegenheit.

Gleichzeitig verschwindet das individuelle, einzigartige Gesicht immer mehr. Die gemachten Gesichter folgen alle dem gleichen Ideal, führen zu einem uniformierten Aussehen.

Ja, das stimmt, aber wer denkt in der Epoche des Handys noch an das Tastentelefon? Nehmen wir mal Sophia Loren mit ihren Katzenaugen und ihrem Schmollmund. Sie hatte noch eine Verabredung mit der Fashion, entsprach voll dem damaligen Schönheitsideal: schmale Taille, großer Busen, wilde Mähne. Heute würde man sagen: Wie sieht die denn aus? Ich habe vor Kurzem einen Film mit ihr gesehen und dachte: Was hat sie denn für eine komische Nase, was sind das für absurde Brüste und hat sie nicht einen kleinen Buckel?

Aber sie war ausdrucksstark.

Ja, aber das will heute keiner mehr. Heute läuft der Junge mit Brüsten über den Laufsteg. Wenn ich an frühere Models denke, an diese Holländerin zum Beispiel, Willy Van Roy. Die blieb während der Show einfach stehen und rauchte. Sie hatte einen tragischen Gesichtsausdruck wie Jeanne Moreau. Überhaupt war früher jedes Model eine Persönlichkeit. In den 70er-Jahren wollten alle aussehen wie Hollywooddiven aus den 40er-Jahren. Eine Hanna Schygulla, eine Romy Schneider, die waren mysteriös, hatten eine Aura. Aber die Fashion heute will keine Persönlichkeiten mehr, weil das nur ablenkt vom Kommerziellen. Und der nächste Schritt wird das Klonen der Durchschnittsgesichter sein, denn wir alle ergeben uns dem Zeitgeschmack. Mehr oder weniger.

Schöne Aussichten!

Ich habe sogar schon einen Klon.

Was? Wie das?

Wir waren auf Ibiza, das war noch vor Corona, so vor vier Jahren, als man noch dicht an dicht durch die engen Gassen ging. Da sehe ich einen Typen, er kam mir entgegen, so groß wie ich, aber schmaler und irgendwie sah er alarmierend aus. Dann blieb er vor mir stehen, er trug schwarze Klamotten, so Philipp-Plein-mäßig mit ein bisschen Blingbling und sagte zu mir …

In welcher Sprache?

… auf Deutsch: »Wie schön, dass wir uns treffen, weißt du, ich habe mein Gesicht nach einem Foto von dir operieren lassen, in Mexiko, da war's preiswerter.« Dann machten wir ein Foto von uns beiden, was spooky war. Denn so könnte mein kosmetischer Super-Gau aussehen.

Wahnsinn, ziemlich krank, oder?

Ja, es war grauenhaft, auch eine Warnung, ein Vorgeschmack auf eine Zeit, in der man durch eine endlose Folge von Klonen ewig jung bleibt. Nichts für mich. Gerade hier an diesem Ort meiner Kindheit, den ich jetzt im Alter wieder zu meiner Realität gemacht habe, was gar nicht einfach war, bin ich viel mit der Vergangenheit konfrontiert und habe damit gut zu tun. Den Traum von der Unsterblichkeit würde ich gerne anderen überlassen.

ADRIANA ALTARAS

Aus der Norm gefallen
bin ich immer

■ Der menschliche Körper besitzt rund 650 Muskeln. Nicht weniger als 50 befinden sich im Gesicht. Für jedes Lächeln braucht es siebzehn, für ein Stirnrunzeln zwölf Muskeln. Das ist bei Frauen nicht anders als bei Männern, denn von Natur aus ist die mimische Ausstattung geschlechtsneutral. Aber nutzen Frauen ihr mimisches Potenzial auch auf die gleiche Weise? Sie lächeln, sie ziehen verärgert die Augenbrauen zusammen. Aber im Unterschied zu Männern scheinen sie das ganz große mimische Theater, das Grimassieren, zu scheuen.

Vielleicht, weil sie in erster Linie schön aussehen möchten. Im Grimassieren aber liegt die Gefahr des Hässlichen – angeblich auch die der Faltenbildung. Davon waren zumindest die Mütter unserer Generation fest überzeugt. »Du drückst dir Falten ein!«, schrien sie entsetzt, wenn wir lauthals lachten. Sie selbst hatten sich eine reduzierte Mimik angewöhnt, die nicht nur Falten verhindern, sondern auch Damenhaftigkeit vermitteln sollte. Frauen mit entfesselter Körper- und Gesichtssprache galten als vulgär, was dem Zeitgeist der Fünfziger- und Sechzigerjahre durchaus entsprach. Es war die Epoche, in der das Kino mit dem Kontrast zweier Frauentypen spielte. Der eine wurde von oft blonden Schauspielerinnen wie Grace Kelly verkörpert, Inbild der feinen, auch mimisch defensiven Dame. Für den anderen, expressiveren Typus standen oft dunkelhaarige Schauspielerinnen wie Joan Crawford. Zum Leidwesen unserer Mütter entwickelten wir uns beide nicht in Richtung Grace Kelly.

So schlicht sind die typologischen Schubladen heute nicht mehr sortiert. Zu den Freiheiten, die das weibliche Geschlecht genießt, zählt nicht zuletzt die des starken mimischen Ausdrucks – in der schauspielerischen Darstellung wie in der Realität. Das beste Beispiel: Adriana Altaras. Ihr Gesicht steht kaum still, ihre Präsenz füllt jeden Raum, ihre Redegeschwindigkeit liegt ebenso über dem Durchschnitt wie das Pensum ihrer künstlerischen Vita. Kurzum: Adriana Altaras hat Temperament und Energie für zwei.

Geboren wurde sie 1960 in Zagreb als Tochter einer deutschen Jüdin und eines sephardischen Juden, der als Partisan unter Tito im jugoslawischen Widerstand gegen NS-Deutschland gekämpft hatte. Nach 1945 wurde er als vermeintlicher Gegner des kommunistischen Regimes kurzfristig interniert. Die Eltern brachten die vierjährige Tochter zu einer Tante in Italien und holten sie drei Jahre später zu sich nach Deutschland, wohin sie emigriert waren. Adriana Altaras studierte Schauspiel in Berlin und New York, war 1982 Mitbegründerin des Berliner »Theaters zum Westlichen Stadthirschen«, spielte in zahlreichen Kino- und Fernsehfilmen, führte an Theatern und Opernhäusern Regie, war als Interviewerin für Steven Spielbergs Shoah Foundation tätig und organisierte 2002 die jüdischen Kulturtage in Berlin. Da all dies ihr Kreativitätspotenzial noch nicht erschöpfte, verfasste sie eine Reihe autobiografischer Bücher, »Titos Brille« war 2011 ein Bestseller. Sie spricht sechs Sprachen, hat zwei Söhne, den braunen Gürtel in Judo und einen umwerfenden Humor.

Klar habe sie Lust, mit uns über ihr Gesicht zu sprechen. Die Frage sei nur, wo sich in ihrem Terminkalender zwischen Reisen,

Lesungen und Auftritten eine Lücke fände. Es ist Frühherbst 2021, das kulturelle Leben aus dem Corona-Schlaf erwacht. Die Lücke findet sich an einem Montagmorgen, wir besuchen Adriana Altaras in ihrer Wohnung. Als wir die Haustreppe hinaufgehen, hören wir durch die geöffnete Wohnungstür schon ihre Stimme: »Kaffee oder Tee?« Als wir zu dritt am großen Küchentisch sitzen, stellen wir den Handspiegel hin. ∎

Können Sie beschreiben, was Sie im Spiegel sehen?

Ich sehe mich und ich sehe meinen Vater, weil ich ihm stark ähnele, viel stärker als meiner Mutter. Außerdem wäre ich perfekt als Charlie Chaplin. Sehen Sie das, wenn ich mir zwei Finger als Schnurrbart hinhalte? Hitler könnte ich auch gut spielen.

Entschuldigung, aber wo liegt denn Ihre Ähnlichkeit mit Hitler?

Ich habe diese kleinen braunen Knopfaugen, und wenn ich einen Schnurrbart hätte, würde ich nicht nur wie mein Vater aussehen, sondern auch wie Groucho Marx, Charlie Chaplin und Adolf Hitler.

Lauter Männer.

Stimmt. Was ich außerdem sehe, sind meine neuen blauen Ohrringe, die habe ich von meinem derzeitigen Verehrer bekommen. Und meinen nicht besonders geglückten Haaransatz sehe ich. Seit einiger Zeit beschäftigt mich die Frage, wann ich die Haare grau nachwachsen lassen soll. Nach der Trennung von meinem Mann wollte ich nicht grau werden. Ich dachte, grau werden und womöglich noch einen Hund anschaffen, dann hat man aufgegeben. Da ich neuerdings wieder flirte, könnte ich mir jetzt den Hund und graue Haare leisten. Na ja, was ich auch sehe, sind Augenringe und ein paar Falten, die waren früher nicht da, aber innerlich fühle ich mich wie vierzehn.

Mit welchen Attributen würden Sie Ihr Gesicht beschreiben?

Ich habe ein wirklich sephardisches Gesicht, wie eine alte Spanierin. Ich wäre extrem gut auf einem Bild von Velasquez, da wäre ich der Hammer. Das Längliche in meinem Gesicht wird immer mehr, das Dramatische.

... dramatisch?

Ja, ich habe ein dramatisches Gesicht und ein altmodisches. Manchmal wäre ich gern ein bisschen lieblicher, aber was soll ich machen? Ich habe das gekriegt. Mein Exmann hat immer gesagt, dass er der Schöne ist und ich die Interessante bin. Das habe ich auch immer geglaubt, dass er schöner ist, weil er so ein ebenmäßiges Gesicht hat. Ich habe oft gedacht, ich wäre gern einfach nur eine klare Schönheit.

Klare Schönheiten können auch übersehen werden.

Das hätte ich gern in Kauf genommen. Ich finde, ein Gesicht wie meines ist blöd zwischen dreißig und vierzig, da will man als Frau doch einfach nur schön sein. Ich war aber immer nur ausdrucksstark. Das habe ich auch oft zu hören bekommen: Du bist ja echt interessant! So ein markantes Gesicht! Also nie habe ich gehört: Du bist schön. Und ich wollte einfach irgendwie gewöhnlicher sein, ein bisschen weicher und rundlicher, nicht ganz so streng. Wenn man alt ist, geht es wieder.

Was verändert sich mit dem Älterwerden?

Na ja, wenn ich mich so anschaue, jetzt habe ich eben ein Charaktergesicht, ist doch super. Wenn ich mich in Filmen sehe, denke ich meistens, ist doch alles gut. Also am Ende bin ich schon zufrieden.

Vor allem haben Sie ein lebendiges Gesicht.

Aber ich habe es nicht im Griff. Es gibt Momente, in denen ich extrem männlich aussehe, und Momente, in denen ich weiblich aussehe. Manchmal bin ich richtig schön und manchmal irrsinnig daneben. Und ich kann diesen Wechsel nicht beeinflussen, das ist beim Filmdrehen manchmal blöd. Mein Gesicht ist quasi nicht händelbar, ich kann es nicht so führen wie eine Iris Berben, die immer gleichmäßig gut aussieht. Das kann ich nicht, und wenn ich mich noch so zusammenreiße und mir ein Pokerface denke, es geht nicht. Man sieht mir die Müdigkeit an, man sieht mir an, wenn ich jemanden toll finde. Und das ist es, was mich irgendwie beunruhigt. Ich habe Angst, dass ich in allem zu viel bin, zu viel Ausdruck, zu viel Mimik. Dass ich den Rahmen sprenge, weil ich diese Kontrolle nicht habe.

Ist für eine Schauspielerin Mimik nicht wichtig?

Immer weniger, ich würde sogar sagen, so wie die heute spielen, ist die Mimik sogar ein Problem und richtig verpönt. Ich liebe Gena Rowlands, die hat mit ihrem Gesicht gespielt wie eine Irre, wer darf das denn heute noch? Du darfst dein Gesicht überhaupt nicht mehr bewegen. Isabelle Huppert oder Nicole Kidman, die machen kaum einen Mucks, und ich habe zu viel davon. Aber ich komme vom Theater, da ist Mimik irre wichtig, deshalb liebe ich auch die Comedians, weil die so tolle Sachen mit ihrem Gesicht machen.

Man hört von Schauspielerinnen oft, dass sie »auf ihr Gesicht auf- passen«, also keine Sonne, keine Zigaretten, viel Schlaf etc. Passen Sie in diesem Sinn auf Ihr Gesicht auf?

Nee, wirklich nicht, schon weil ich wahnsinnig gern in der Sonne herumlaufe. Ich gehe alle drei Jahre zur Kosmetikerin, ich hasse es, beim Friseur zu sitzen, ich pflege mich zu wenig. So gesehen bin ich zu wenig Schauspielerin. Ich habe ja auch die Seite gewechselt.

Als Regisseurin haben Sie mit den Gesichtern von Schauspielern und Schauspielerinnen zu tun. Sagen Sie denen, mach mal dies oder das mit dem Gesicht?

Nein, das kommt aus dem Gefühl oder aus den Gedanken, nur dann sind Schauspieler wirklich gut. Der Subtext muss genau sein, dann spiegelt er sich von allein im Gesicht. Und das ist es, was ich mit Sängern und Schauspielern mache, den Subtext so genau wie möglich herausarbeiten. Wenn ich selbst spiele, kommt es darauf an, wie gut mein Regisseur oder meine Regis- seurin ist. Wenn der Subtext stimmt, stimmt schon auch meine Mimik. Es gibt Schauspieler wie Dustin Hoffman, die sich ver- wandeln, und es gibt solche, die bei sich bleiben wie Robert de Niro. Ich gehöre zu Letzteren, ich gehe immer von mir aus, beim Spielen und beim Schreiben.

Haben Sie Ihre mimische Ausdruckskraft auch mal bewusst einge-
setzt? Beispielsweise beim Flirten?

Wenig, heute vielleicht sogar etwas mehr als früher. Da hat
schon meine Mutter dafür gesorgt, dass ich diese typisch weiblichen Sachen nicht mache, Kussmund oder Augenaufschlag von
unten nach oben. Wir haben gerade einen Film über Hannelore
Elsner gedreht und da sieht man ganz genau, wann sie angefangen hat, auf Weibchen zu machen. Scheuer Blick, halb offener
Mund, dieser Manierismus der Lippen, dieser Schmollmund.

Das Gesicht von Hannelore Elsner war sehr erotisch.

Und das kam für mich nicht infrage. Meine Mutter hätte mich
geviertteilt. Ich weiß, wie es geht, aber ich hatte schon als Mädchen totale Panik, es einzusetzen. Ich war immer burschikos
und eher jungenhaft. Ich hatte immer einen Freund, aber das
beruhte nicht auf Schönheit, sondern auf meiner Art. Weil ich
wahnsinnig witzig sein kann, habe ich auf Humor gesetzt, nicht
auf Schönheit.

Weil es Ihnen entsprach? Oder weil Sie auf die Wahrnehmung der
anderen reagierten?

Ich weiß gar nicht, was zuerst da war: ich als Clown oder der
Clown als Reaktion. Aber aus der Norm gefallen bin ich immer.
In der wichtigen Jugendphase so zwischen zwölf und achtzehn
hätte ich sehr gern ein anderes Gesicht gehabt und einen anderen Namen. Ich wäre gern allgemeingültiger gewesen. Alles, nur
nicht Adriana Altaras mit *dem* Gesicht, beides so extrem. Wenn
ich aber jetzt Fotos anschaue aus dieser Zeit, dann frag ich mich:
Wo war denn dein Problem? Du spinnst ja!

In welcher Lebensphase standen Sie am meisten vor dem Spiegel?

In dieser Jugendzeit, mit vierzehn. Meine Mutter sagte immer: Schau nicht so oft in den Spiegel, du bleibst drinstecken, das hat mich doch sehr verunsichert. Ich war pummlig, ich fand meinen Hintern zu dick und ich hatte Afrolook, was damals aber nicht als cool galt. Ich wollte unbedingt glatte Haare, also ich wollte alles anders. Und mein Vater schlug vor, meine Nase zu operieren und zu begradigen, außerdem das Schielen zu korrigieren, die Beine dünner zu machen und ein bisschen in die Länge zu ziehen. Ich habe mich geweigert, ich war im Schwimmverein, dadurch wurden meine Beine nur noch kräftiger. Ich habe mich gegen alles gewehrt, aber natürlich hat es mich beschäftigt und deswegen stand ich oft vor dem Spiegel.

Wie kam Ihr Vater auf dieses etwas erschreckende Verbesserungsprogramm?

Er war Arzt. Er dachte wohl, wozu bin ich Mediziner, das kann man doch alles reparieren. Außerdem gibt es das oft in jüdischen Familien, die Korrektur hin zum Nichtjüdischen, also die Nase, die markante jüdische Nase ist ja das Klischeethema Nummer eins. Außerdem das Glätten der Haare, das habe ich ein einziges Mal in meinem Leben gemacht, so mit vierzehn. Es hat genau zehn Minuten gehalten, weil es draußen regnete. Zwei Stunden Haareglätten beim Friseur und dann zehn Minuten Erfolg.

Hatte Ihre Mutter auch solche Ideen?

Nein, nur mein Vater. Er sagte auch immer, werde bloß nicht fett, das ist Charaktersache, wenn man dick wird. In dieser Zeit habe ich mich an ihm stark abgearbeitet. Alles, was er machen lassen wollte, habe ich verweigert, bis auf das Schielen. Da bin ich tatsächlich operiert worden, weil ich als Kind sehr stark schielte. Aber an meiner Nase habe ich nichts machen lassen.

Was hätte mit ihr passieren sollen?

Na, begradigen. Dieser Hügel, dieser kleine Hocker, der sollte weg. Im Grunde ging es um Assimilation, das war es eigentlich.

Da berühren wir eine heikle Frage: Erlaubt es Hitlers Rassenideologie überhaupt, von einer jüdischen Gesichtstypologie zu sprechen? Man sieht sofort die Karikaturen der judenfeindlichen Hetzpropaganda vor sich.

Das kann ich gar nicht so allgemein beantworten. Ich kann nur sagen, dass selbst mich die Karikaturen beeinflussen. Also ich sehe so eine Zeichnung …

… mit der Hakennase

… und dann sehe ich mich im Spiegel und denke: Scheiße, du hast ja diese Nase.

Das denken Sie?

Ja, klar. Und das ist dann plötzlich ein Problem.

In welcher Hinsicht?

Du fühlst dich erkannt und herabgesetzt, anstatt stolz zu sagen, ich habe so 'ne Nase, Schluss aus. Ich hatte Zeiten, da konnte ich das positiv nutzen. Oder wenn ich mich geliebt fühle, dann empfinde ich es als Plus. Aber in Zeiten, in denen man im Fernsehen oder im Theater reüssieren will und sieht sich beim Schminken im Spiegel mit dieser Nase, dann sieht man plötzlich die Karikaturen, den ewigen Juden. Es gibt ja auch für mich Menschen, die jüdischer aussehen als andere. Es ist ja nicht nur die Nase, es ist die ganze Kombination. Eva Menasse zum Beispiel sieht nicht so jüdisch aus. Wenn man sie sehen würde in irgendeinem Ensemble, würde man nicht darüber nachdenken. Wenn man mich sieht, würde man sagen: Wo kommt denn die jetzt her, weil man es nicht so genau definieren kann.

In einem Ihrer Bücher erzählen Sie, dass Sie beim Intendantenvorsprechen am Ende der Schauspielausbildung zu hören bekamen, Sie sähen »zu ausländisch« aus.

Das war Heribert Sasse, der Intendant des Berliner Schillertheaters. Er sagte zu mir: »Was suchen Sie denn in Deutschland?« Ich war zu doof zu fragen: Und Sie?

Er war Österreicher. Wie haben Sie sein Urteil damals interpretiert?

Dass ich zu viel bin, zu anders. Ich habe das auf mein Temperament geschoben in Kombination mit meinem Aussehen und meinem rollenden R, das ich nicht wegkriegte. Das alles zusammen machte mich fremd.

Hatten Sie den Verdacht, der Satz könnte versteckt auch meinen: Sie sehen zu jüdisch aus für Deutschland?

Damals nicht, erst später, so im Alter von dreißig, als ich begonnen habe, mein Jüdischsein zum Thema zu machen, und erzählt habe, dass ich Jüdin bin. Da habe ich gemerkt, was mit dem Satz gemeint gewesen sein könnte.

Warum haben Sie es zuvor nicht erzählt?

Ja, warum? Ich wusste selbst nicht genau, was Jüdischsein ist. Meine Eltern waren Kommunisten und zu der Zeit war es nicht so ein Thema. Und dann ist das Jüdische ja zusammengesetzt aus ganz vielem. Es gibt russische Juden, die sehen eher russisch aus. Es gibt jemenitische, die mit den russischen nichts zu tun haben, es ist sehr kompliziert, das alles auf einen Nenner herunterzubrechen. Auch deshalb habe ich das oft nicht erzählt, ich habe einfach immer gesagt, ich bin im Transeuropaexpress geboren und meine Eltern haben mir alle Sprachen beigebracht. Fertig. Aber das Fremde, das habe ich mir immer angezogen.

Als Sie mit sieben von Italien nach Gießen kamen, hatten Sie da den Eindruck, eine Fremde zu sein?

Ja!

Aufgrund Ihres Aussehens?

Na klar! Ich war die einzige sogenannte Ausländerin in der Waldorfschule. Von 450 Kindern gab es noch eine in der Klasse, die hatte einen koreanischen Vater, sonst niemand. Am Anfang war ich total unsicher, ich konnte nicht sprechen, ich wusste nicht, wie die Regeln funktionieren. Später habe ich das vergessen, wir hatten eine tolle Klassengemeinschaft. Aber wenn Sie fragen, wie ich das empfunden habe, muss ich sagen: Ich habe mich immer anders gefühlt. Ich erinnere mich, einmal hatten wir in der Waldorfschule die Aufgabe, einen Erzengel zu malen. Er war üblicherweise blond. Ich habe aber einen dunkelhaarigen Erzengel gemalt. Ich habe in der Klasse geweint und gesagt, ich möchte, dass der Engel schwarze Haare hat. Also muss es mich sehr beschäftigt haben.

Ihre Eltern waren nicht gläubig?

Nein, sie wurden es erst im Alter. Und jetzt würde ich sagen, ich habe ein total jüdisches Gesicht. Also, wenn ich in Israel bin, sehe ich aus wie alle. Das war ein richtiger Schock und ein sehr gutes Gefühl. Inzwischen ist es mein Markenzeichen. Ich habe, sagen wir mal, den Spieß umgedreht und aus dem Frust ein Plus gemacht. Manchen gehe ich auf den Senkel damit, weil ich darüber rede und etwas daraus gemacht habe. Aber für mich war's gut, weil ich jetzt sagen kann: Dann sehe ich halt so aus.

Ihre Eltern wurden doppelt verfolgt, erst von den Nazis, dann von den Kommunisten. Würden Sie sagen, dass sich diese Erfahrungen in ihrem Gesicht abgezeichnet haben?

Bei meiner Mutter ja, bei meinem Vater nicht. Er war ja Partisan und dadurch, das klingt jetzt blöd, auf der Sonnenseite, also der Siegerseite. Meine Mutter war im Lager, mein Vater nicht. Er war spanischer Jude, die sind alle sehr früh geflohen, weil sie den Deutschen von Anfang an nicht getraut haben. Meine Mutter hat mit sich und der Welt gekämpft. Sie hat wahnsinnig viel gearbeitet, war ein echter Workaholic, eine schwierige Person, auch cholerisch. Sie hat sich's nicht leicht gemacht, sie hat später auch geraucht und nicht so gesund gelebt wie meine Tante zum Beispiel.

Die Schwester Ihrer Mutter, bei der Sie als Kind in Italien lebten?

Ja, genau. Sie kam auch ins Lager, als Zwanzigjährige. Aber sie ist eingefroren im Gesicht, sie blieb zwanzig. Meine Tante war immer die Schöne, bis ins hohe Alter, wahnsinnig schön, während meine Mutter übersät war mit Falten und man sah ihr auch den hohen Blutdruck an und den Stress. Meine Tante hat sich kaltgestellt, sie hatte eine Art Verdrängungsmechanismus, sie blieb ein Kind beziehungsweise eine Jugendliche. Bei meiner Mutter war es umgekehrt, sie sah eindeutig älter aus, als sie war, verbraucht.

Warum mussten Sie Zagreb als Vierjährige verlassen?

Mein Vater war Chef des Militärkrankenhauses und Berater für Tito. Es gab einen Scheinprozess, in dem man ihm angehängt hat, er habe Geräte veruntreut. Später wurde er rehabilitiert, aber eigentlich ging es darum, die Juden aus der Kommunistischen Partei zu drängen, was in allen sozialistischen Ostblockstaaten so war. Und ich wurde dann zur Sicherheit mit einem Boot zu meiner Tante nach Mantova gebracht.

Hat sich die Zeit in Italien auf Ihr Schönheitsideal ausgewirkt?

Oh ja! Unbedingt! Was Schönheit betrifft, bin ich zwischen meiner Tante und meiner Mutter aufgewachsen. Meine Tante ist Italien, war immer unglaublich gepflegt und hatte tolle Kleidung, sie hat gespart, dass sie sich Kaschmir kaufen konnte und Seide, Schuhe von Castagnoli. Sie hat mich ins Ballett geschickt, ich habe so Tutus getragen und Blümchenkleider. Wenn ich in Italien war, war ich ein Mädchen. In Deutschland war ich ein Junge, meine Mutter wollte einen Jungen aus mir machen. In ihrer Nähe musste ich Hosen tragen, meine Haare wurden abgeschnitten, ich wurde zum Judo geschickt und war extrem burschikos. Und das zieht sich durch mein Leben, der Kampf zwischen Männlichem und Weiblichem ist mein Lieblingsthema. Meine Tante hat immer eine Gesichtscreme von Shiseido benutzt, sie lebt ja noch, sie ist jetzt 101, und wenn ich sie besuche, bringe ich ihr jedes Mal eine Shiseido-Creme mit. Beim letzten Mal sagte sie, also die Creme ist doch das Beste im Leben. Und meine Mutter: nichts, Nivea und basta.

Ihre Liebe zum Schauspiel begann sehr früh. Sie wurden noch in Zagreb für einen Film gecastet.

Ja, ich sollte ein jüdisches Mädchen spielen und wusste, wenn das klappen soll, muss ich die andere ausstechen. Das war eine kleine Blondine. Und ich habe gedacht, die sieht nicht aus wie wir Juden, das schaff ich. Da war ich dreieinhalb.

Sie erinnern sich noch so genau daran?

Absolut! Ich erinnere mich, wie ich da saß, die Füße um die Stuhlbeine gewickelt, und wie ich böse zu meiner Konkurrenz geschielt habe.

Am Anfang Ihrer Karriere als Schauspielerin in Deutschland wurden Sie mit allen möglichen Ausländerinnen-Rollen besetzt.

Am Anfang? Meine ganze Karriere! Immer! Ich habe immer die Putzfrau, die Gastarbeiterin, die Underdogs gespielt. Ich habe nur geputzt und immer in derselben Bluse. Echt, ich könnte kotzen. Und dann habe ich eine ganz schlimme Rolle gehabt, wo ich mit so einem Pappkoffer gespielt habe, also wirklich kitschig, und da habe ich gesagt, ich spiele keine Ausländerin mehr. Es gab auch eine Rolle, die hieß »das Opfer«, die hatte nicht mal einen Vor- oder Nachnamen, und dann habe ich aufgehört. Dann habe ich drei Jahre gar nichts zu tun gehabt. Es gab einen Riesenkrach mit meiner Agentin, weil sie sagte, ich würde ihr die Schuld geben an diesen Rollenangeboten. Sie sagte, du wolltest doch Geld verdienen, und ich sagte, ist mir egal. Dann habe ich drei Jahre nicht gedreht und dann war's vorbei.

Vorbei mit den Putzfrauen- und Ausländerinnenrollen?

Ja, so vor fünfzehn Jahren. Also jetzt spiele ich eine Galeristin, davor habe ich eine Anwältin gespielt, eine Richterin. Also entweder, weil sich mein Bewusstsein geändert hat, seit ich nicht mehr putze, oder was auch immer, es hat aufgehört. Oder es hat sich auch gesellschaftlich endlich was entwickelt. Ich war ja sehr früh dran als Ausländerin, ich war unter den Ersten. Jetzt gibt es ja sehr viele, vor allem Türkinnen und Türken, die spielen, und der Regisseur ist auch türkisch, das gab's früher nicht.

In einem Artikel über Sie hieß es: »Von der Putzfrau zur Gräfin.«

Ja, das war der Film mit Julie Delpy, ein Historiendrama, da habe ich ihre adlige Tante gespielt. Seit ich aufgehört habe zu putzen, sind die Rollen eindeutig anders.

Sie haben auch jüdische Frauen gespielt.

Wenige, einmal in dem Film »*Mein Führer*« von Dany Levi, und in »*Alles auf Zucker*«. Da habe ich in einem Geschäft etwas verkauft, aber auch nur, weil der eigentliche Verkäufer abgesagt hat. Ich habe selten Jüdinnen gespielt. Im Bewusstsein des deutschen Fernsehens war ich die Putzfrau und jetzt spiele ich endlich andere Sachen.

Stimmt es, dass Sie die Rolle einer Jüdin verweigerten, weil Sie sich den Kopf nicht rasieren lassen wollten?

Nein, anders, ganz anders. Die Jüdin, die ich in »Mein Führer« gespielt habe, in dieser Rolle sollte ich mir die Haare rasieren, und da habe ich gesagt, das mache ich nicht, das verkrafte ich nicht. In einer anderen Rolle, als Boxerin oder was weiß ich, hätte ich es gemacht, aber nicht als Jüdin. Wir spielten im Keller unten, erst war Brandauer mein Mann, dann Ulrich Mühe. Und oben war Katja Riemann, die ich sehr mag. Die hatte als Eva Braun eine Perücke, und da hab ich gesagt: Die Nazis bekommen eine Perücke und wir werden rasiert. NEIN. Da ich aber »nur« Insassin vom Lager Mauthausen sein sollte, und in Mauthausen waren sie gar nicht rasiert, konnte ich Dany Levi überzeugen, die Haare ganz kurz zu schneiden, aber keine Rasur. Ich habe Panik bekommen, immer dieser Underdog zu sein, davon hätte ich mich nicht mehr erholt, das weiß ich.

Ganz andere Frage: Haben Sie je darüber nachgedacht, etwas machen zu lassen in Ihrem Gesicht? Wie viele Schauspielerinnen?

Ja, jedes Mal, wenn ich bei Markus Lanz eingeladen bin, ich war da viermal mit vier neuen Büchern, und die anderen sit-

zen neben mir in der Maske, also die, bei denen etwas gemacht wurde, denke ich: Scheiße! Das nächste Mal hast du auch was gemacht.

Und?

Das Problem ist, ich sehe gar nicht älter aus als die. Diese Liftings sind ja nicht wirklich verjüngend, nur: Ich sehe aus wie aus einem anderen Jahrhundert, das ist mein Problem.

Weil Ihr Gesicht, wie Sie am Anfang sagten, altmodisch ist.

Ja, genau. Maren Kroymann zum Beispiel, die hat nichts machen lassen und viele Falten, sie passt aber besser zu den Sehgewohnheiten von heute. Trotzdem denke ich darüber nach, ob ich das nächste Mal, bevor ich zu Markus Lanz gehe, mir diese Labialfalten unterspritzen lasse oder ein kleines Lifting. Davor habe ich aber Angst, weil ich das Gesicht dann nicht mehr bewegen kann. Also ich denke immer wieder darüber nach, bin jetzt 61 und Sie sehen, wohin es geführt hat: Ich habe nichts machen lassen.

DIDI
DANQUART

*Für uns war unser Gesicht
nicht wichtig*

■ Didi oder Pepe? Sie glichen sich buchstäblich aufs Haar, die eineiigen Zwillingsbrüder Didi und Pepe Danquart. Die gleichen bis über die Schultern fallenden Haare, die gleichen hohen Geheimratsecken, die ihrem Hippielook etwas bestürzend Würdevolles verliehen, die gleiche Stimme, das gleiche Lachen, der gleiche Gang. Beide begannen ihre Sätze gerne mit »also« und sprachen im badischen Dialekt. Nicht einmal Didis Hund konnte sie am Geruch unterscheiden.

Die zweibeinigen Genossinnen und Genossen der linksautonomen Freiburger Szene, der in den bewegten Siebzigerjahren auch die Studentin Luzia angehörte, konnten es erst recht nicht. Die Doppelgänger gaben jedem, der mit ihnen zu tun hatte, Rätsel auf. Didi oder Pepe? Mit wem sprach man gerade? Viele verzichteten im Umgang mit den Zwillingen darauf, sie mit Namen anzusprechen, um sich die Blamage zu ersparen, sie verwechselt zu haben. Ein Schauspiel kommunikativer Verrenkung, das den Zwillingen durchaus gefiel.

Die Natur hat sie mit dem identischen Genmaterial ausgestattet, folglich mit identischen Gesichtern. Man könnte auch sagen, mit einem Gesicht, das beide besitzen. Viele eineiige Zwillinge versuchen, sich durch Kleidung oder Haarschnitt, ihre Interessen oder

Berufswahl zu unterscheiden. Die Danquart-Brüder nicht. Sie sind, einer wie der andere, Regisseure und Drehbuchautoren, spezialisiert auf Dokumentarfilme. Beide dürfen sich heute Professoren renommierter Filmhochschulen nennen, immerhin nicht derselben.

Gemeinsam begründeten sie in den Siebzigern die legendäre Medienwerkstatt Freiburg, ein Kollektiv, das sich der alternativen Gegenöffentlichkeit zurechnete und bis heute besteht. Die Pionierleistung dieser Gruppe, allen voran der Danquarts, bestand darin, aus ihrem revolutionären Engagement ein Geschäftsmodell zu machen, das ein ganzes Kollektiv ernährte. Das war neu in der damaligen Zeit, zumal in einem politischen Umfeld, das finanzielle Gewinne eigentlich verachtete. Aber die Danquart-Zwillinge waren immer etwas Besonderes, in jeder Hinsicht.

Ihre Wege trennten sich. Nach dreißig Dokumentarfilmen und vielen Auszeichnungen verließ zuerst Pepe, dann Didi die Medienwerkstatt Freiburg. Jeder drehte – nun ohne den anderen – größere und aufwendige Filme für die Kinoleinwand. Und spätestens ab 1994 unterschieden sie sich zumindest in einem Punkt unzweifelhaft: dem Publikumserfolg. Pepe Danquart wurde für den Kurzfilm »*Schwarzfahrer*« in Los Angeles mit einem Oscar ausgezeichnet. Eine Ehrung mit internationaler Leuchtkraft, die Didi Danquart nicht erfuhr. Nagt die brüderliche Rivalität an ihm? Ließ er sich den Schädel auch deshalb kahl rasieren, um sich vom Zwilling Pepe, der nach wie vor sein schütteres Resthaar unter einer Basecap lang trägt, optisch zu unterscheiden?

Wie ist es überhaupt, als Doppelgänger mit einem Doppelgesicht durch das Leben zu gehen und auf jene Singularität zu verzichten, die wir für eine der Voraussetzungen von Individualität halten? Didi Danquart zögerte, bevor er bereit war, mit der ehemaligen politischen Weggefährtin Luzia ein Gespräch zu führen, das ihn mit genau diesen Fragen konfrontieren würde. Er wünschte Bedenkzeit und sagte schließlich zu. ∎

Didi, könntest du bitte beschreiben, was du im Spiegel siehst?

Na, ich sehe natürlich Pepe.

Und lachst schallend darüber. Aber heißt das, wenn du dich selber siehst …

… sehe ich den anderen.

Und schon sind wir mitten im Thema.

Na ja, für mich ist es schon ein Leben lang *das* Thema.

Wann hast du entdeckt, dass dein Bruder genauso aussieht wie du?

Schmerzlich entdeckt habe ich es in der Pubertät, als in mir der Wunsch entstand nach Abgrenzung, nach was Eigenem. Wir waren bis dahin eine Einheit, durchaus eine, von der wir auch lange profitiert haben. In der Schule waren wir so was wie kleine Stars, die Schulkameradinnen sind irgendwie auf uns abgefahren und natürlich haben wir unser identisches Aussehen genutzt für Tricksereien. Wenn beispielsweise eine unangenehme Mathearbeit anstand, ging nur einer zur Schule und entschuldigte den anderen, am Tag darauf dann umgekehrt. Die Strafarbeiten machte immer der, der es gerade besser drauf hatte, und so weiter. Also wir haben unsere Doppelexistenz genutzt und aus der Tatsache, dass die Leute uns dauernd verwechselten, Vorteile gezogen. Das war ein großer Spaß. Und eine große Chance, Hindernisse aus dem Weg zu räumen und Hürden gemeinsam zu nehmen. Die Lehrer konnten uns überhaupt nicht unterscheiden. Die Mitschüler eher. Und wer es nicht konnte, dem war es egal, mit welchem von uns beiden er gerade zusammen war.

Hauptsache, mit einem Zwilling.

Genau. Viele Mitschüler hatten aber auch Angst vor uns, weil sie es immer mit uns beiden zu tun bekamen, nie nur mit einem. Wenige hatten Bock, sich mit uns beiden anzulegen. Daraus ergab sich zwischen uns eine starke Solidarität. Wir waren eine Einheit und als solche nicht zu übersehen und nicht zu überhören. Wir haben früh kapiert, dass wir etwas Besonderes waren, dass die Außenwelt »komisch« auf uns reagierte.

Inwiefern?

Na ja, einerseits waren die Menschen von unserer Gleichheit fasziniert, andererseits irritiert. Eifrig suchten sie nach Unterscheidungsmerkmalen. Uns hat diese Suche genervt, ja mehr noch, diese Impertinenz, unsere Gleichheit zu entziffern, hatte für uns beide etwas Traumatisches. Erschwerend kam hinzu, dass auch die Eltern nicht die Differenz, sondern die Uniformität förderten, indem sie uns gleich kleideten, uns die gleichen Spielzeuge schenkten, den gleichen Roller etc. Das heißt, das Einzige, worin man überhaupt einen minimalen Unterschied zwischen uns ausmachen konnte, war anscheinend das Gesicht.

*Ich habe gelesen, dass eineiige Zwillinge ihr eigenes Spiegelbild erst
für ihr Geschwisterchen halten. Erst später bemerken sie, dass sie
sich gerade selber im Spiegel sehen. Kannst du das bestätigen?*

Nein, ich habe mich nicht angeschaut.

Hast du dein Gesicht nie mit dem deines Bruders verglichen?

Nein. Ich kann mich nicht erinnern, früher Pepes Gesicht ins
Verhältnis zu meinem eigenen gesetzt zu haben.

Und ihr habt auch nie gemeinsam vor dem Spiegel gestanden?

Nein, nie. Für uns war unser Gesicht nicht wichtig …

*… weil ihr als Zwillinge attraktiv wart und sich die Frage erledigte,
wie attraktiv der Einzelne ist?*

Vielleicht, jedenfalls wurde das Aussehen erst wichtig, als
sich Mädchen für uns interessierten, also mit 13, 14. Bis dahin
haben wir in unserem eigenen Kosmos gelebt, ohne wirkliches
Interesse an der äußeren Welt. Erst mit der Geschlechtsreife
wurde das Interesse am eigenen Körper, am eigenen Gesicht
geweckt.

Und damit auch der Wunsch nach Abgrenzung vom Bruder?

Ja, nur Abgrenzung klingt so harmlos. Es war viel mehr. Die
Erkenntnis, identisch und doch different zu sein, zerstörte
unsere magische Weltsicht, die wir bis dahin hatten. Uns wurde
schmerzhaft klar, dass die verlorene Einheit nie wieder her-
stellbar sein würde.

Dafür gab es zum ersten Mal eine neue, eine individuelle Erfahrung: Das Interesse der Mädchen galt jeweils nur einem von euch, war das nicht schmeichelhaft?

Ja, klar war es das, aber manchmal drehten wir den Spieß um, spielten mit unserer Verwechselbarkeit und tauschten die Freundinnen, eine Art Versuchsspiel.

Krass! Wussten das die Mädchen oder war es ein Spiel, in das nur ihr beide eingeweiht wart?

Zunächst nur wir beide, wir waren ja eine verschworene Gemeinschaft. Eine homogene Einheit. Wenn wir das dann später aufklärten, waren die Mädchen schockiert. Und wir alle zusammen extrem verwirrt. Wir waren halt neugierig und unerfahren. Doch eigentlich war das gar kein »Spiel«, eher eine »Erforschung« unserer neuen, sich verändernden sexuellen Wirklichkeit.

Eure Einheit ist ja nicht nur Gefühlssache oder das Ergebnis der Sozialisation. Sie ist auch genetisch begründet ...

Ja, wir eineiigen Zwillinge haben dieselben Chromosomensätze mit minimalen Abweichungen, zum Beispiel habe ich fünf Weisheitszähne, Pepe nur vier, was den Zahnarzt damals zu regelrechten Erregungstänzen hingerissen hat; für ihn war das eine Sensation. Damals in den 60er-Jahren war die Zwillingsforschung noch nicht so weit, man wusste nicht, dass es auch bei Zwillingen durchaus Differenzen geben kann.

25 Prozent aller eineiigen Zwillinge sind sogenannte Spiegelzwillinge, sie liegen im Mutterbauch einander gegenüber und sind bis auf Muttermal und Haarwirbel ein exaktes Abbild des anderen. Weißt du, ob ihr solche Spiegelzwillinge seid?

Als ich meine Mutter fragte, wie wir lagen, wusste sie es nicht. Es gab damals noch keinen Ultraschall. Soviel ich weiß, hat sie erst eine Woche vor der Geburt mitbekommen, dass wir zwei sind. Im Krankenhaus in Singen waren wir eins der ersten Zwillingpaare überhaupt, die dort auf die Welt kamen, und wir sorgten in dieser Kleinstadt für viel Aufmerksamkeit. Nicht zu vergleichen mit heute. Insofern weiß ich nicht, ob wir Spiegelzwillinge sind. Aber dass ich Linkshänder bin und Pepe Rechtshänder ist – übrigens noch eine »Anomalie« –, könnte auf eine bestimmte embryonale Stellung hinweisen.

Es ist ja auch nicht so wichtig, mich fasziniert nur die Potenzierung von Zwilling zu Spiegelzwilling.

Und nicht zu vergessen den Namenszwilling: Di / di und Pe / pe.
    Aber es gibt noch ein paar Unterschiede zwischen uns. Ich hatte eine Sehschwäche, Pepe nicht. Heute haben wir beide eine Lesebrille. Meine Diabeteserkrankung hat Pepe zehn Jahre später auch bekommen. Ich war früher molliger als er, jetzt gleichen wir uns wieder an. Auch bei unseren Gesichtern, deren Konturen sich zwischen 30 und 40 verschieden entwickelten, gibt es jetzt im Alter wieder eine Annäherung. Wir kehren sozusagen wieder in die jugendliche Phase der Nichtunterscheidbarkeit zurück. Allerdings mit einem dicken Fell an Lebenserfahrungen.

Was sind deine ersten Erinnerungen an dich und deinen Bruder?

Die ersten Erinnerungen sind der Streit um die Brust der Mutter. Um ihre Wärme und ihre Milch. Dann an unsere wortlose Kommunikation, wenn Gesichter in unseren Wagen schauten und entzückte Laute der Begeisterung von sich gaben.

... das sind jetzt eher gefühlte, erzählte Erinnerungen, oder?

Jein, das sind Fetzen von Erinnerungen, die mir so präsent geblieben sind, weil dieser immer wiederkehrende Blick von außen und das stumme Verständigen mit dem anderen »Ich« sich so stark in uns festgesetzt hat.

Hattest du irgendwann den Wunsch, anders aussehen zu wollen als dein Bruder?

Ja klar, schon recht früh sogar. Als wir in die Schule kamen, wollten wir nicht mehr die gleiche Lederhose tragen und das gleiche karierte Hemd. Später waren wir sehr darauf aus, dass unsere Mopeds unterschiedliche Farben hatten, wir andere Kleidung trugen.

Dass ihr euch beide gleicht wie ein Ei dem andern, war also nicht nur eine Zuschreibung von außen. Ihr habt euch selber schon auch so wahrgenommen?

Die bewusste Selbstwahrnehmung begann, wie gesagt, erst in der Pubertät. Alles davor liegt im Bereich des Staunens, also bevor man darüber nachdenkt: Wie wirken wir? Klar wussten wir, dass wir uns ähnlich sehen, aber dieser »Ähnlichkeitsterror«, der kam von außen. Die Leute fragten sich verzweifelt: »Wie kann man euch beide bloß auseinanderhalten?« Jeder,

der mit uns zu tun hatte, suchte in unserem Gesicht nach etwas, was den einen vom andern unterscheiden könnte, also nach so etwas wie einem Wiedererkennungsding. Aber den Leuten ging es – und das scheint mir entscheidend – nicht um Differenz, sondern um Erkennbarkeit. Und das Gesicht bietet dafür – ein Leben lang – die beste Fläche.

Ich muss gestehen, ich konnte euch auch nicht unterscheiden.

Ich weiß, Luzia, alle sahen uns als »doppeltes Lottchen«. Eine eigene Identität, eine Identität des Singulären wurde uns abgesprochen. Fuhr einer von uns beim Skifahren als Erster durchs Ziel, hieß es nicht: »Herzlichen Glückwunsch, du hast gewonnen.« Sondern es hieß immer: »Herzlichen Glückwunsch. Der wievielte ist dein Bruder geworden?«

Es ging also um den Rang, um die Hierarchie zwischen euch beiden?

Nur für die anderen! Für euch »Einlinge« – wenn ich euch mal so nennen darf – geht es bei Zwillingen immer um den Vergleich mit dem anderen. Und das fängt schon in der frühen Kindheit bei den Eltern an. Wer hat als Erstes mit Messer und Gabel gegessen, wer hat zuerst »Mama« gesagt, wer kann besser mit den Bauklötzchen bauen oder Legosteine montieren? Immer dieser Vergleich! Der hat unsere frühe Kindheit geprägt. Und da ist es klar, dass die Suche nach der Differenz, die sich später leider zur Konkurrenz auswuchs, spielentscheidend wurde für den eigenen Findungsprozess.

Spielt es eigentlich eine Rolle, wer der Erstgeborene ist?

Ich glaube, schon. In meinem Film über die Zwillingsforschung, *Objekte der Begierde,* habe ich mich in den damaligen Zentren

Rom, Moskau, Indianapolis mit diesem »Faszinosum der Wissenschaft« beschäftigt. Ich habe Forscherinnen zu ihrer Arbeit interviewt und mit eineiigen Zwillingen gedreht, die aufgrund ihrer genetischen Gleichheit eine symbiotische Beziehung hatten. Also die lebten in einer gemeinsamen Wohnung mit einem gemeinsamen, symmetrischen Schlafzimmer, trugen bis ins hohe Alter die identischen Klamotten, hatten dieselben Berufe und stellten sich über Jahre der Forschung zur Verfügung.

Als Erstes fiel mir in den Gesprächen mit ihnen auf, dass es so etwas wie einen eigenen Sprachcode unter uns eineiigen Zwillingen gibt, den Einlinge definitiv nicht kennen. Aus meinen Beobachtungen ihres Verhaltens zueinander bin ich zu folgender, nicht wissenschaftlich fundierter These gekommen: Ich bin überzeugt, dass eineiige Zwillinge, die durch eine natürliche Geburt auf die Welt kommen, ein Geburtstrauma erleben, das sich lebenslang im Verhalten der beiden abbildet. Ich glaube, dass der Erstgeborene, der oft kräftiger ist, den Geburtskanal für den Zweiten mitöffnet. Dieser hat es von Anbeginn sozusagen leichter. Wenn der Erste draußen ist, entwickelt er allerdings eine Art Schuldgefühl, der Zweite dagegen das Angstgefühl, zurückgeblieben und verlassen worden zu sein. Dieses Verlassenwordensein wiederum wird er dem Ersten vorwerfen, und der pflichtet ihm – eben weil er sich schuldig fühlt – entschuldigend bei, um ihren eigentlichen Urzustand wiederherzustellen.

Ich weiß, das klingt alles etwas kompliziert, aber die Dynamik zwischen Zwillingen ist auch einigermaßen kompliziert. Jedenfalls – nach meiner These – ist damit genau der Grundstein für lebenslange Verhaltensmuster zwischen den beiden gelegt. Der eine versucht durch Leistung den zeitlichen Abstand aufzuholen und wieder gleichzuziehen, der andere bemüht sich, das zu akzeptieren, um seine Schuld abzutragen. Und das macht er oft, indem er sich oder seine Leistungen zurücknimmt. So versuchen alle beide die »embryonale Egalität« wiederherzustellen. Was natürlich nicht gelingen kann.

Und wer kam bei euch als Erster raus?

Das würde ich dich gerne fragen, was glaubst du?

Na ja, in der öffentlichen Wahrnehmung ist Pepe präsenter und bekannter und du bist eher der Zurückhaltende, also bist du …

… der Erstgeborene.

Und wer war bei euch der Boss? Du?

Und schon bist du wieder im Vergleichsmodus.

Ja wer denn nun?

Der Zweite strengt sich mehr an so zu tun, als wäre er der Überlegene, aber er rennt die ganze Zeit und versucht die Minuten, die der andere voraushat, aufzuholen. Er will besser, schneller, wichtiger sein, wie eine Art Sublimierung der »Suche nach der verlorenen Zeit«. Aber jetzt reicht's mit Bewerten und Messen. Das ist halt das Unvermeidliche am Zwillingsschicksal: Diese ewige Vergleicherei! Mir ging es gerade nur darum zu erklären, wie sich das Geburtstrauma auf die Entwicklung der Einzel-Persönlichkeit auswirkt.

Bei euch hat die sich sehr unterschiedlich entwickelt?

Gott sei Dank! Pepe hatte meines Erachtens immer einen größeren Drang, sich nach außen darzustellen, als ich. Das sind

Wesensunterschiede, die sich aus der Abgrenzungsidentität ergeben, die man als Teenie entwickelt hat. Die Frage lautete damals zum ersten Mal: Wer bin ich? und nicht mehr: Wer sind wir? Und die Antwort ergab sich auch durch die Beobachtung des anderen. Wenn ich sah, was mir an Pepe nicht gefiel, dann setzte ich dem etwas entgegen, was anders war. Trat der eine sehr selbstbewusst auf, war es am anderen, dieses Selbstbewusstsein zu hinterfragen oder anzuzweifeln. Und das auf allen Ebenen und in allen Bereichen, um endlich dahin zu kommen, sagen zu können: Das ist Pepe und das ist Didi. Mittlerweile hören wir von Freunden oft: Das ist typisch Didi und typisch Pepe. Und das hat nichts mehr mit dem gleichen Gesicht oder dem gleichen Körper zu tun. Im Gegenteil, es ist die Überwindung des gleichen Aussehens hin zu einem eigenen Sein.

Damals in Freiburg, da wart ihr immerhin schon Anfang 20, hattet ihr immer noch die exakt gleiche Frisur und euer Stil war identisch.

Ja, klar war er das, wir gehören schließlich zu derselben Generation. Dass unsere Haare damals noch gleich lang waren, hat die Mitmenschen empört, weil sie uns dadurch noch schwerer auseinanderhalten konnten und uns unentwegt aufforderten, dass einer von uns sich die Haare schneiden soll. Wir dachten im Traum nicht daran.

Könnte man sagen: Im Erkennen des Gleichen arbeitet ihr an eurer Unterscheidbarkeit? Was seid ihr füreinander? Doppelgänger? Spiegel?

Seit 66 Jahren gibt es einen, an dem ich mich kontrollieren kann. Pepe war und ist für mich ein Spiegel, ein lebender Spiegel, den ich aber oft nicht sehen wollte, weil er mir auch das zeigte, was ich nicht mochte. Und bei dem ich Dinge gesehen habe, die mir an mir selber gar nicht aufgefallen wären. Wie er die Zigarette hält zum Beispiel. Ich halte sie genauso. Im Grunde sind eineiige Zwillinge zwei Individuen im Zustand einer Dauer-Spiegelung. Aber anders als Einlinge, die im Spiegel nur sehen, was sie sehen wollen, können wir in den anderen nichts hineinprojizieren. Übrigens schaue ich deswegen so gut wie nie in den Spiegel, weil ich weiß, das ist eh nur Fake.

Warum Fake?

Weil du nicht dich siehst, du siehst nur das, was du von dir sehen willst. Eine narzisstische Illusion. Der lebende Spiegel hingegen macht, was er will, und nicht das, was ich gerne hätte, und wird dadurch zu einem Spiegelbild, das nicht lügt. Dem Spiegel aus Glas habe ich von klein auf misstraut. Ich drehe mich weg, wenn sich irgendwo Reflexe oder Spiegelungen ergeben, im Schaufenster oder im Aufzug. Mir ist dann irgendwann aufgefallen, dass ich das tue, weil ich ihm nicht traue.

Aber deinem lebenden Spiegel traust du?

Von dem weiß ich, dass er eher der Wahrheit meiner selbst entspricht. Zu sehen, was man nicht mag, ist anstrengender, aber wahrer.

Gibt es so etwas wie Scham, wenn der andere anders auftritt, als man es selbst gut findet?

Oh ja, das gibt es! Die Scham ist eine Verwandte des Narziss.

Hat es nicht auch etwas Entlastendes, zu zweit durch die Welt zu gehen, weil man dem Druck des Singulären nicht ausgesetzt ist?

Das ist schon immer die Sehnsucht oder die Wunschvorstellung von euch Einlingen gewesen: Da ist ja noch einer, also bin ich nicht allein, ich habe einen, mit dem ich alles teilen kann etc. Fakt ist, im Gegenzug, dass es mir sehr schwerfällt, allein zu sein. Ich habe das mein Leben lang trainiert, aber ich kenne den Zustand *Alleinsein* nicht. Vielleicht ist für mich erstrebenswert, allein zu sein, wie es für die Einlinge verlockend ist, es nicht zu sein. Ein Paradoxon. Aber es ist nicht beruhigend, zu zweit zu sein.

Nicht? Fühlst du dich nicht weniger allein auf der Welt, weil es den anderen Gleichen gibt?

Nein! Ich kann es nicht sagen, weil ich nicht weiß, was Alleinsein ist.

Hast du dir manchmal ausgemalt, wie es gewesen wäre, ohne den Zwillingsbruder durchs Leben gegangen zu sein?

Nein, habe ich nicht. Ich bin aber ganz sicher, dass ich als Einling mein Leben nicht so gelebt hätte, wie ich es gelebt habe, eben weil es daraus hervorging, dass ich immerzu damit beschäftigt war, mich abzugrenzen. Und das gilt für uns beide. Ohne den anderen wären wir nicht die, die wir heute sind. Wir haben uns natürlich auch gegenseitig befruchtet. Hätte Pepe nicht sein Abitur gemacht, hätte ich mein Heizungsbauerdasein vielleicht nie aufgegeben und auf dem zweiten Bildungsweg mein Abitur nachgeholt. In der gegenseitigen kritischen Beobachtung liegt auch eine enorm positive Kraft fürs Leben.

Ursula hat euch nur im Netz angeschaut und war verwundert, dass ihr Zwillinge seid. »Die beiden haben doch einen vollständig anderen Blick«, sagte sie. »Auch wie sie auf oder in die Welt schauen.«

Würde Ursula uns live erleben, hätte sie ganz sicher mit uns ein Zwillingserlebnis. Aber sie hat etwas Wichtiges erkannt: Unser Blick ist tatsächlich sehr verschieden geworden, auch ganz allgemein unser Blick auf die Welt. Und genau das meine ich eben, es gibt von außen einen regelrechten Zwang, Unterschiede für sich selbst zu finden und zu etablieren, um überhaupt als Einzelner wahrgenommen zu werden.

Wie drückt sich eure Differenz in euren Filmen aus?

Das müssen andere beantworten. Am deutlichsten wird es vielleicht bei unseren »Jugoslawien«-Filmen, da sie thematisch am ähnlichsten sind. *Nach Saison* von Pepe ist in Mostar gedreht, ein Jahr nachdem wir, Johann Feindt und ich, in Sarajewo *Wundbrand* gedreht haben.

Die Filme kann man also — anders als ihre Macher — nicht verwechseln?

Nein, ich glaube tatsächlich, dass unsere Arbeiten uns klar zuzuordnen sind.

Wie würdest du den zentralen Unterschied beschreiben?

Der eine schaut den Baum an und sieht die Struktur der Rinde, der andere schneidet den Baum durch und schaut auf die offen gelegten Jahresringe.

*Kino ist auffallend häufig Brüdersache: Die Brüder Lumière haben
das Kino erfunden, es gibt die Dardenne-Brüder, die Coen-Brüder,
die Taviani-Brüder, die Marx Brothers, die Warner Brothers ... Siehst
du einen Zusammenhang zwischen Kino und Bruderschaft?*

In der Regel sind das Brüder, selten Zwillinge. In der Animation
gibt es die Quay Brothers und die deutschen Lauenstein-Zwil-
linge, aber das sind Ausnahmen. Kino ist eine Vereinigung verschiedener Qualitäten. Bei Brüdern gibt es oft eine Aufteilung,
also einer ist Autor, der andere Regisseur. Bei zwei talentier-
ten Geschwistern können solche Arbeitssymbiosen fruchtbar
werden, bei Zwillingen verhindert das meistens der Identitäts-
kampf.

Pepe hat 1994 für seinen Kurzfilm Schwarzfahrer *einen Oscar
bekommen. Mehr geht nicht. Wie war das für dich?*

Ich habe Pepe nie um sein Leben beneidet. Dafür war meines
viel zu aufregend.

Aber schon blöd, wenn jemand dir zum Oskar gratuliert, oder?

Klar, ist das blöd. Du wärst als »aspekte«-Moderatorin auch
nicht gerne mit einer Kollegin verwechselt worden, die den
Grimme-Preis bekommen hat. Ich hätte ihn dir gewünscht,
aber du hast ihn meines Wissens nie gekriegt, oder?

*Nee, stimmt, habe ich nicht. Eigentlich beschreibst du das Zwillings-
dasein als ewiges Drama, als lebenslangen Kampf.*

Ja, so ist es. Doch dieser Kampf manifestiert sich vor allem
durch die Mitwelt, die oft unfähig ist, Differenzen wahrzunehmen. Gesellschaftlich ist es ein großer Fehler, diese Zwillinge

immer nur süß zu finden und sie nicht als zwei eigenständige Persönlichkeiten zu behandeln. Allerdings haben wir beide oft auch profitiert von diesem »Fehler«. Immer wenn einer von uns einen künstlerischen Erfolg oder Misserfolg hatte, fiel die Sonne oder der Schatten auch auf das Haupt des anderen. Pepe und ich, das sind zwei Fußballmannschaften, die täglich gegeneinander antreten. Und – na ja – jede Mannschaft will das Spiel für sich entscheiden.

GÜLCAN
CETIN

Ohne Kopftuch fühle
ich mich nackt

■ »Punkt, Punkt, Komma, Strich, fertig ist das Mondgesicht.«
Im Kinderreim genügen vier Satzzeichen, um die Vorderseite
des Kopfes zu skizzieren. Das ist aber noch nicht das ganze Bild.
»Oben kommen Haare dran, Ohren, dass er hören kann.« Und jeder,
der schon einmal einen Friseurladen unglücklich verließ, weiß, wie
wichtig die Haare sind. Gerade noch fielen sie vom Scheitel bis zur
Schulter, plötzlich sitzt auf dem Kopf ein dauergewelltes Vogelnest
und das Gesicht darunter ist so verändert, dass man zweimal hinschauen muss, um sich überhaupt noch zu erkennen. Zum Gesicht
gehört ein Rahmen und zum Rahmen gehört noch mehr. So gibt ein
Zylinder dem Gesicht einen feierlichen, eine Krone einen majestä-
tischen, eine Schirmmütze einen lässigen Ausdruck. Schweres Gold
an den Ohren kann Gesichter veredeln, eine billige Perücke bewirkt
das Gegenteil.

Jean Seberg hätte in Jean-Luc Godards Filmklassiker *Außer
Atem* mit langen dunklen Haaren anstatt des legendären jungenhaften Kurzhaarschnitts nicht nur einen anderen Frauentyp verkörpert.
Auf der Leinwand wäre auch ein anderes Gesicht zu sehen gewesen. Und wiederum anders hätte Jean Seberg mit Kopftuch ausgesehen.

Das Kopftuch: Lange Zeit diente es Arbeiterinnen, Bäuerinnen, Küchenhilfen und Putzfrauen als Schutz gegen Wind, Schmutz und Schweiß. In den 1950er-Jahren avancierte es zum Accessoire eleganter Damen wie Greta Garbo, Grace Kelly und Jackie Kennedy. So modisch harmlos ist das Stück Stoff heute nicht mehr. Schon das Wort »Kopftuch« hat mittlerweile noch eine andere, eine politisch aufgeladene Konnotation. Es ist Gegenstand einer in westlichen Ländern seit Jahren geführten mühsamen Debatte, der sogenannten »Kopftuch-Debatte«. Die dreht sich um jene Tücher, die von muslimischen Frauen nicht aus ästhetischen, sondern aus religiösen oder kulturellen Gründen getragen werden. Eine dieser Frauen ist die 31-jährige Muslimin Gülcan Cetin, die wir zunächst auf Youtube kennenlernten.

Sie wurde in Hamburg geboren, hat eine Ausbildung zur technischen OP-Assistentin abgeschlossen und studiert Medizin mit dem Ziel, Chirurgin zu werden. Bekannt wurde Gülcan Cetin als Mitglied des Webformats »Datteltäter«, das sich als »Satire-Kalifat« bezeichnet und in Youtube-Videos antiislamische Vorurteile und Stereotype durch den Kakao zieht. Ebenso gern macht sich Gülcan Cetin in ihren digitalen Performances über die eigene islamische Community lustig, wofür sie von den einen gefeiert, von anderen beschimpft und beleidigt wird.

Als Luzia sie im Spätherbst 2021 im Berliner Stadtteil Wedding besucht, stolpert sie vor der Wohnungstür über große Kartons. Darin, erklärt Gülcan Cetin strahlend, sei am Tag zuvor ihre neue Spülmaschine geliefert worden, die sie eigenhändig angeschlossen habe. Gülcan Cetin trägt einen beigen Hijab. Darunter liegt ein rosafarbenes, raffiniert gefaltetes Tuch eng am Kopf. Die Farben der beiden Tücher sind Ton in Ton aufeinander abgestimmt, sie passen farblich zum Lippenstift und zur Bluse aus Cordsamt. Stilempfinden verrät auch die Einrichtung der kleinen Wohnung. Mit Pflanzen, Bildern und bunten Kissen liebevoll dekoriert, wirkt das Zimmer, in dem Gülcan Cetin arbeitet, schläft und gelegentlich Videos aufnimmt, keineswegs überfüllt, sondern offen und luftig. Vor dem Bett liegt ein Gebetsteppich, aus der Schublade eines Sekretärs quillt ein beeindruckendes Sammelsurium an Schminkutensilien. Zum Gespräch setzen wir uns an den kleinen, runden Tisch. ■

Können Sie bitte beschreiben, was Sie sehen?

Ich sehe eine Frau mit einem runden Gesicht, mit dunklen Augen und Augenbrauen. Und dann sehe ich ein Lächeln, wenn ich in den Spiegel gucke, sehe ich immer sofort dieses Lächeln. Außerdem trägt die Frau eine Kopfbedeckung, man kann nicht wissen, wie lang ihre Haare sind. Deswegen konzentriere ich mich jetzt im Spiegel noch mehr auf ihren Mund und ihre Augen.

Vielleicht sollten wir ergänzen, dass Ihre Ohren, Ihr Hals und die obere Hälfte der Stirn auch verdeckt sind.

Ja genau, stimmt. Manchmal sieht man den Haaransatz, wenn das Kopftuch nach hinten rutscht und natürlich, wenn ich im OP bin, dann sieht man mehr. Die OP-Haube lässt etwas von den Ohren frei und den Hals und dann sieht man, welche Haarfarbe ich habe.

Mögen Sie Ihr Gesicht?

Es ist tatsächlich so, ich mag mein Gesicht. Das war allerdings nicht immer so. Ich habe früher einmal zehn Kilo mehr gewogen und da war mir das alles zu rund und durch mein Kopftuch hatte ich ein Doppelkinn. Außerdem hatte ich damals Akne und viele Pickel und fand mich überhaupt nicht schön. Doch als ich dann abgenommen hatte und aus der Pubertät rauskam, gefiel mir mein Gesicht, weil es genauso wurde, wie ich es mir vorgestellt hatte. Meine Mutter sah früher auch so aus. Ich hatte ein Bild von ihr gesehen, auf dem sie sehr schön war, mein Vater hatte sie fotografiert, und ich dachte: Warum sehe ich nicht so aus wie sie? Meine Mutter war damals sehr schlank und sehr hübsch, und ich habe mich immer wieder mit diesem Bild identifiziert: Irgendwann möchte ich auch so aussehen.

Das heißt, Sie erkennen Ihre Eltern in Ihrem Gesicht?

Oh ja, sehr. Bis 16 sah ich meiner Mutter ähnlich und als dann irgendwann das Kindliche in meinem Gesicht weg war, da war ich so 20, sah ich aus wie mein Vater. Die Augen, das Lächeln, das Kinn, all das habe ich von ihm. Die Nase ist wohl eher von meiner Mutter.

Haben Sie Geschwister?

Ja, ich habe vier Schwestern. Die Leute sagen, wir sehen uns so ähnlich wie die Klonkrieger in *Star Wars*, aber meine Schwestern tragen kein Kopftuch, bis auf meine ältere Schwester, die trägt mittlerweile auch eins.

Und Ihre Mutter?

Die trägt ebenfalls ein Kopftuch.

*Können Sie sich erinnern, wie Sie sich als kleines Mädchen wahrge-
nommen haben?*

Da gab es verschiedene Phasen, in denen ich mich sehr unterschiedlich wahrgenommen habe. Bis ich in die Schule kam, war
es für mich selbstverständlich, ein türkisches Kind unter türkischen Kindern zu sein, und das war voll schön.

Haben Sie auch türkisch ausgesehen?

Ja, schon, eigentlich aber eher mongolisch, was natürlich komisch klingt, aber auf keinen Fall sah ich aus wie Laura, Micha-
ela und Yvonne. Ich sah aus wie meine Mutter, mein Vater,
meine Geschwister und unsere türkischen Nachbarn. Als ich
dann zur Grundschule ging, hörte das Gefühl der Zugehörigkeit abrupt auf. Meine Grundschulzeit war katastrophal, wirklich traumatisierend. Eine andere Mitschülerin und ich waren
die einzigen nicht deutschen Kinder und meine Lehrerin hat
mir immer das Gefühl gegeben: Ihr Türken habt hier nichts zu
suchen. Das ließ ich nicht auf mir sitzen und wollte unbedingt
zu dieser Klasse gehören. Für mich gab es kein »du bist türkisch, kurdisch oder sonst was«. Ich habe das als Kind nicht
verstanden, dass jemand nur, weil er anders aussieht, ausge-
grenzt wird. Alles an mir hat diese Lehrerin kritisiert, mein
Essen, mein Verhalten, meine Kleider. Und ich bekam immer
mehr das Gefühl, wir sind komisch. Als ich dann zunächst auch
keine Empfehlung fürs Gymnasium bekam, obwohl ich gute
Noten hatte, verstärkte sich mein Gefühl, anders auszusehen.

Haben Sie das nur so wahrgenommen oder wurde es Ihnen tatsächlich gespiegelt?

Letzteres, meine Klassenkameraden haben mir durchaus das Gefühl vermittelt, dass ich »anders« aussehe. In der 4. Klasse hatte ich mal Nasenbluten, da hat dann ein Junge über mich gesagt: Die hat voll die krassen Ölaugen.

Ich kenne diesen Ausdruck nicht, was bedeutet er?

Ölauge ist eine Beschimpfung für Leute mit Migrationshintergrund oder, anders gesagt, für Kanaken, die erdölglänzende Augen haben. Ich kannte den Ausdruck damals auch nicht, aber ich hatte halt als Einzige dunkle Augen, alle anderen um mich herum hatten helle, blaue oder grüne Augen, und ich habe mich gefragt: Warum habe ich nicht auch so blaue Augen wie Patrick, der neben mir saß. Na ja, und da fing das Gefühl an: Du bist fremd, du gehörst nicht dazu. Am liebsten hätte ich meine Identität versteckt. Ich erinnere mich noch genau, wenn ich zu meiner Freundin Jana ging und es war Essenszeit, hat mich ihre Mutter immer nach oben in ihr Zimmer geschickt.

Sie durften nicht mit am Tisch sitzen?

Nein, durfte ich nicht. Ich musste warten, bis Jana mit ihrer Familie gegessen hatte. Übrigens bin ich nicht die Einzige, die das erlebte, viele von uns erzählen das. Umgekehrt war das anders. Wenn Jana zu uns kam, aß sie natürlich mit uns am Tisch. Na ja, und in dieser fürchterlichen Zeit mochte ich mein Gesicht gar nicht.

Wie lange konnten Sie sich nicht mit Ihrem Aussehen identifizieren?

Ich habe viele Jahre gebraucht, um mich in meinem Körper nicht »fremd« zu fühlen. Erst mit 27 habe ich mich dann endlich akzeptiert. Das hatte damit zu tun, dass ich mit 25 bei einem Psychologen Hilfe geholt habe und darüber sprechen konnte. Das war auch die Zeit, in der ich begonnen habe, auf Youtube Videos zu machen, in denen ich meine Erfahrungen als türkische, muslimische Frau aufarbeitete. Diese Videos waren total wichtig für uns, weil wir über unsere eigene Kultur lachen konnten.

Noch mal zurück zu Ihrer Pubertät, wie haben Sie diese Zeit erlebt?

Die Pubertät war ganz schlimm für mich, da hatte ich Identitäts- und Geschlechterprobleme. Sie müssen sich vorstellen, mein Vater hat fünf Töchter und keinen Sohn. Also hat er mich wie einen Sohn erzogen. Ich habe Ihnen ja vorher schon in der Küche gezeigt, was ich handwerklich alles so draufhabe, und das hat mir alles mein Vater beigebracht, vom Fußbodenverlegen bis zum Tapezieren, vom Ölwechsel bis zum Anschließen von Waschmaschinen kann ich alles.

Und hat er Sie auch ein bisschen wie einen Jungen behandelt?

Nicht nur ein bisschen! Er hat mich komplett wie einen Jungen behandelt. Ich war ja auch tatsächlich ein Rebell und alles andere als ein braves Mädchen. Damals haben türkische Eltern ihre Töchter noch extrem anders erzogen als ihre Söhne. Die Jungs hatten viel Freiheit und Mädchen eher nicht. Mit dieser Behauptung falle ich meiner Kultur nicht in den Rücken, das ist einfach so. Mädchen muss man schützen, sie sollen als Jungfrau in die Ehe gehen, sie sollen sich nicht aufreizend und verführerisch zeigen. Und all das habe ich gehasst, ich habe es gehasst, ein Mädchen zu sein. Ich wollte ein Junge sein, dann würden sie mich anders behandeln, dann könnte ich ins Kino gehen, ohne Ärger zu bekommen. Als ich sah, was Ronja und Jana alles durften, wollte ich das auch. Das gab natürlich dauernd Streit mit meinem Vater.

Wenn Sie als Teenager so rebellisch waren, wie kam es dann dazu, dass Sie heute ein Kopftuch tragen?

Die Frage ist für mich schwer zu beantworten, weil sie mit einem schrecklichen Ereignis zusammenhängt, das ich aber hier nicht erzählen will. Ich war 16, als ich mich für das Kopftuch entschied. Auf der Fahrt in die Türkei ist etwas Schlimmes passiert, ich hatte Todesangst und habe ein Gelübde abgelegt: Wenn wir da alle heil rauskommen, werde ich ab jetzt Kopftuch tragen.

Haben Sie diesen Schwur je bereut?

Na ja, manchmal schon. Ich war sehr jung und wusste nicht, welche Nachteile diese Entscheidung mit sich bringt, sei es an der Uni, in der Klinik oder bei der Arbeitssuche. Und sicher hätte ich ohne Kopftuch auch weniger rassistische Erfahrungen gemacht.

Sind Sie religiös erzogen worden?

Ja, wir sind regelmäßig in die Moschee gegangen, lernten den Koran auf Arabisch, in der Originalsprache, was meinen Eltern wichtig war. Jedenfalls als wir in der Türkei angekommen sind, sagte ich: Mama, gib mir mal ein Kopftuch, ich will das hier in der Türkei ein bisschen üben.

Hat sich Ihre Selbstwahrnehmung durch das Kopftuch verändert?

Überhaupt nicht, aber ich wusste, dass sich die Wahrnehmung der anderen Leute verändert hat. Die meisten sahen in mir jetzt nur noch die Muslimin. Ich selbst sehe mich als moderne, feministische Frau, die ihre eigene Meinung hat und gerne mal feiert und einen breiten Freundeskreis hat. Für mich war es wichtig, dass mein beruflicher Werdegang unabhängig von meiner Religion verläuft. Ich sehe überhaupt keinen Widerspruch zwischen emanzipiert und muslimisch, das geht beides. Ich bin das beste Beispiel dafür.

Haben Sie das Kopftuch schon mal abgelegt?

Ja, einmal für zwei Wochen für ein Schulpraktikum in der zehnten Klasse. Da war ich Praktikantin in einer großen Rechtsanwaltskanzlei. Ich stand ohne Kopftuch an der Bushaltestelle und wartete auf den Bus. Und ich sage Ihnen, das waren die schlimmsten fünf Minuten, die man sich vorstellen kann. Ich rannte nach Haus und holte das Kopftuch.

Was war denn so schlimm an dieser Situation?

Ich habe mich nackt gefühlt. Ich dachte, alle Leute schauen mich an, alle wissen, dass ich mein Kopftuch abgelegt habe. Es war ein scheußliches Gefühl, als ob jemand meine ganzen Geheimnisse ausgebreitet hätte.

Das heißt, auf dem Weg zur Kanzlei haben Sie Kopftuch getragen und in der Kanzlei nicht?

Ja genau, bevor ich hineinging, habe ich es ausgezogen. Drin habe ich mich dann wieder wohlgefühlt.

Wann legen Sie heute das Kopftuch ab?

Nur zu Hause oder bei meinen Freundinnen und, wie gesagt, im OP. Da trage ich eine Haube.

Verändert sich Ihr Gesicht, je nachdem, wie Sie das Tuch binden?

Sagen wir, die Wirkung meines Gesichts verändert sich. Ich kann, je nachdem, wie ich das Tuch trage, altmodisch und traditionell aussehen oder modisch und modern. Ich habe meinen eigenen Stil entwickelt.

Tragen Sie das Tuch auch mal als Turban?

Ab und zu im Sommer, aber eher selten, denn das alarmiert dann die Scharia-Polizei.

Wer ist denn damit gemeint?

Ich meine damit eine muslimische Minderheit, die sich als Hardcore-Muslime sieht und jedem Muslim vorschreiben will, wie er zu leben hat. Sie kommentieren auch meine Videos und monieren, dass mein Kopftuch nicht »islamnormgerecht« ist, dass ich als Frau gefälligst Kinn und Hals abdecken soll und so weiter. Das ist die Haram- oder Scharia-Polizei.

Ziehen Sie in der Öffentlichkeit viele Blicke auf sich? Vielleicht gerade, weil Sie sich verhüllen?

Nein, das glaube ich nicht. Wohl eher, weil viele mich als Gülcan von den »Datteltätern« erkennen.

Wenn Sie zu Hause das Kopftuch ablegen, welche Frau sehen Sie dann im Spiegel?

Dieselbe.

Dieselbe wie die mit Kopftuch? Gibt es für Sie gar keinen Unterschied?

Ich habe mich das auch oft gefragt, weil man ja drinnen und draußen verschiedene Rollen spielt.

Welche Rolle spielen Sie denn draußen, in der Öffentlichkeit?

Im Grunde die einer Protestierenden. Ich protestiere gegen das Vorurteil, alle Frauen, die Kopftuch tragen, seien dumm, unterdrückt und zwangsverheiratet. Ich bin nichts davon. Ich bin 31, unverheiratet, ich warte auf keinen Mann mit Goldkette, habe keinen BMW und auch keinen Obstladen. Ich bin keine Gebärmaschine und auch kein Taugenichts. Wer zahlt denn meine Miete? Wer geht denn für mich arbeiten? Ich mache das alles selber, ziehe mein Ding durch und stehe zu meinen kulturellen Wurzeln. Wenn ich nicht emanzipiert bin, wer dann? Mich nervt diese ganze Aufregung wegen einem Stück Stoff. Ich fände es schön, wenn keine einzige Frau gezwungen werden könnte, Kopftuch zu tragen, aber auch jede Frau, die Kopftuch tragen will, aus welchen Gründen auch immer, es tragen könnte.

Im Islam gelten die Haare als besonderes Zeichen der Weiblichkeit, deshalb sollen die Frauen ihre Haare bedecken. Fühlen Sie sich mit offenen Haaren erotischer?

Quatsch! Erotisch fühle ich mich in Dessous, das geht Ihnen bestimmt genauso. Es sind doch die Blicke und Gesten, die verführerisch sein können, und die Art, wie man redet, lacht, sich bewegt. Die ganze Körpersprache macht doch Erotik aus, viel mehr als Haare. Und ganz ehrlich, manche Frauen finde ich mit Kopfbedeckung attraktiver.

Durch das Verstecken der Haare steht das Gesicht viel mehr im Fokus der Blicke, oder?

Ja, das stimmt und je nachdem, ob und wie man sich schminkt, wirkt das geschminkte Gesicht mit Kopftuch anders als ohne Kopftuch. Ich bin jetzt gerade kaum geschminkt, aber wenn ich einen knallroten Lippenstift trage oder mir Smokey Eyes mache, wirkt das in einem »eingerahmten« Gesicht stärker.

Dann ist doch die spannende Frage, was dieser Rahmen mit einem Gesicht macht?

Das kann ich nur indirekt beantworten. Beispielsweise war ich vor einer Woche auf einem Geburtstagsfest, da waren viele Frauen, die ich sonst nur mit Kopftuch kenne. Bei diesem Fest habe ich sie plötzlich ohne gesehen. Ich habe mir diese Frauen angeschaut und dachte: Wow, die eine hat grüne Haare wie ein Punk, die andere trägt einen krassen Kurzhaarschnitt. Beides hat mich überrascht. Haare spezifizieren deinen Charakter, das

Kopftuch nicht, das neutralisiert eher, es ist irgendwie objektiv. Als ich die Frauen ohne Kopftücher gesehen habe, fand ich sie nicht interessanter, aber ich konnte sie besser kategorisieren. Ich fand diese Frauen weder hübscher noch weniger hübsch, ich habe lediglich Facetten ihrer Persönlichkeit gesehen, die ich nicht erwartet hätte.

Gibt es für Sie so etwas wie ein privates Gesicht, das Sie nur zu Hause zeigen?

Ja, das gibt es schon, ohne Kopftuch zeige ich mich nur meiner Familie und meinen Freundinnen. Männern würde ich mich nicht ohne Kopftuch zeigen, außer meinem Vater und meinen Onkels.

Ein anderes Thema: In Ihren Videos setzen Sie Ihre Mimik ausgesprochen temperamentvoll ein. Sie sind eine wahre Gesichtsakrobatin.

Das stimmt, ich arbeite sehr viel mit Mimik. Das kommt aber sicher auch daher, dass ich es gewohnt bin, im OP oft ausschließlich mit der Augensprache zu kommunizieren. Außerdem werde ich als kopftuchtragende Frau häufig in eine Ecke gedrängt, in die ich nicht will. Also bringe ich bei meinen Video-Auftritten mein ganzes Gesicht zum Sprechen: Augen, Augenbrauen, Mund, Stirn. Dann vergessen die Leute, dass ich ein Kopftuch trage, und hören mir zu. Es kommt aber noch etwas anderes hinzu, die türkische Kultur arbeitet generell sehr stark mit Gestik und Mimik, auch im Fernsehen. Da wird enorm theatralisch agiert und das habe ich studiert und übernommen.

Das ist tatsächlich ein kultureller Unterschied. In meiner Zeit als Fernsehmoderatorin habe ich betonte Mimik ausdrücklich vermieden. Mir würde da also nicht viel einfallen. Was ist denn Ihr mimisches Repertoire?

Na ja, die Kopfhaltung sagt doch schon mal sehr viel. Je nachdem, ob man den Kopf leicht schief legt, nach unten schaut oder nach oben schaut, hat das jeweils eine andere Bedeutung. Man kann verächtlich oder empört durch die Lippen blasen, du kannst Freude zeigen oder Skepsis, Trauer, Zweifel, Wut, Ironie, all das kann man mit Mimik zeigen. Du ziehst die Augenbrauen hoch, kneifst die Augen zusammen oder reißt sie auf oder du rollst mit den Augen und schaust nach rechts oder nach links. Wenn jemand ein Kopftuch trägt, sind die Leute – wie gesagt – auf das Gesicht fokussiert, da muss dann auch was passieren in diesem Gesicht, ich kann ja nicht, was viele machen, nachdenklich oder lasziv durch meine Haare fahren. Davon abgesehen, ist die nonverbale Kommunikation im OP geradezu lebenswichtig. Manchmal müssen wir unter uns Kollegen sieben Stunden lang kommunizieren, ohne zu reden. Da das Gesicht ja hinter der Maske versteckt ist und man auf dem Kopf eine Haube hat, bleiben ja nur die Augen. Passen Sie auf, wir machen jetzt ein kleines Spiel. Ich setze eine FFP2-Maske auf und führe Ihnen das mal vor, okay?

Wie schaue ich jetzt?

Verschmitzt?

Richtig!

Und jetzt?

Erstaunt.

Stimmt!

So, und was will ich jetzt ausdrücken?

Ich würde sagen Ratlosigkeit.

Genau!

Jetzt kommt was Schwieriges, ich bin gespannt, ob Sie darauf kommen.

Ich denke mal, Ihre Augen sagen: Lass das sein! Das geht gar nicht!

Sehen Sie, es funktioniert! Und da wir schon dabei sind, zeige ich Ihnen jetzt noch mal was anderes, nämlich wie sexy es sein kann, wenn ich das Kopftuch langsam aufmache. Sie dürfen sich dabei gerne als Soundtrack die James-Bond-Melodie vorstellen. Also erst einmal löse ich das äußere Tuch, darunter liegt direkt auf meinen Haaren noch ein dünneres Tuch. So, dieses dünne Tuch ziehe ich jetzt auch noch aus und jetzt sehen Sie den Dutt am Hinterkopf. Den wickle ich jetzt auf und Tatatata, so sieht Gülcan Cetin mit offenen Haaren aus.

Irre! Sie sind eine komplett andere Person mit diesen tollen langen dunklen Haaren und der blonden Strähne.

Wissen Sie was? Ich bin gerade ziemlich aufgeregt. Irgendwie fühle ich mich beobachtet.

Ist Ihnen das jetzt zu intim?

Ja, das könnte sein. Es ist zu intim. Ich habe das Gefühl, ich bin nicht mehr die selbstbewusste Gülcan, die Kämpferin. Ich fühle mich unsicher und bewege mich auf wackeligem Boden. Wenn Sie mich jetzt etwas fragen, weiß ich nicht, ob ich eine Antwort finde. Mit diesen offenen Haaren könnte ich mich niemals vor die Kamera stellen. Undenkbar auch unser Mimik-Spiel, das wir gerade gemacht haben, dafür wäre ich jetzt viel zu schüchtern. Mit Kopftuch ist das anders: Da habe ich eine große Klappe und die brauche ich, um im Leben weiterzukommen. Und das Kopftuch hilft mir dabei. Ich bin laut und will gesehen werden, weil ich Angst habe, übersehen zu werden. Und deswegen bleibt das Ding drauf.

JOHANNES HOLFELD

Ich glaube, jeder Tätowierte
ist eine heimliche Rampensau

■ Vor Jahren erzählte die Performancekünstlerin Valie Export in einem Interview von ihrer Idee, sich am Mund ein Tattoo stechen zu lassen. Es sollte einen Speiserest darstellen und aussehen, »als hätte ich schlampig gegessen«.

Es blieb bei der Idee. Selbst eine hartgesottene Provokateurin wie Valie Export schreckte davor zurück, unentwegt mit dem Satz »Du hast da was« angesprochen zu werden.

Das Gesicht ist, zumindest in der westlichen Kultur, der prominenteste unverhüllte Teil unseres Körpers. Alles, was wir seiner Fläche hinzufügen, Lippenstift und künstliche Wimpern, silberne Nasenringe oder eben Tattoos, ist sichtbar.

Tattoos unterhalb der Halskragengrenze sind heute gang und gäbe. Sie zieren Dekolletés, Schulterblätter, Bäuche, Arme und Beine, spitzen an den Handgelenken aus Arztkitteln und Herrenanzügen hervor. Jeder fünfte Deutsche trägt irgendwo am Körper ein Tattoo, es genießt eine soziale Akzeptanz, die es vor einem Jahrhundert noch nicht besaß.

So kam der Wiener Architekt Adolf Loos 1908 in seiner Streitschrift *Ornament und Verbrechen* zu dem strengen Urteil: »Der Papua tätowiert seine Haut, sein Boot, seine Ruder, kurz alles, was ihm erreichbar ist (…) Er ist kein Verbrecher. Der moderne Mensch, der sich tätowiert, ist ein Verbrecher oder ein Degenerierter.« Oder ein Matrose, könnte man hinzufügen.

Ein Tattoo im Gesicht zu tragen, das allerdings wagen auch im 21. Jahrhundert nur sehr wenige. Denn es ist nicht nur ein schmückendes Element oder ein persönliches Statement, es unterläuft die kommunikative Funktion des Gesichts. Die erste Botschaft des tätowierten Gesichts ist keine emotionale, es sagt nicht: Ich bin fröhlich, traurig, ernst oder nachdenklich. Seine Botschaft lautet: Ich bin ein artifizielles Produkt. Oder anders gesagt: the medium is the message. Die Gesichtstätowierung verschleiert die persönliche Identität, weshalb sie beispielsweise in Dänemark verboten ist.

In Deutschland ist sie erlaubt, dennoch war es für uns nicht ganz leicht, jemand mit einem Gesichts-Tattoo zu finden, zumal während des Corona-Shutdowns, der auch Tätowierungsstudios betraf. Der Zufall half. Eine Freundin, die von unserer Suche wusste, begegnete auf der Straße einem Mann, dessen voll tätowiertes Gesicht ihr auffiel. Sie sprach ihn an und er war sofort bereit, von uns kontaktiert zu werden.

Johannes Holfeld ist Friseur von Beruf, leitet einen großen Salon, mehr so aus dem Hintergrund, wie er sagt, und lebt – wenn er nicht gerade in seinem Bauwagen in Brandenburg ist – in Berlin am Prenzlauer Berg. Vor einigen Jahren nahm er als Kandidat bei der Casting-Show »Voice of Germany« teil. Betrachtet und bestaunt zu werden, scheint ihm folglich nicht unangenehm zu sein.

Als wir vor seinem Haus auf ihn warten, parkt neben uns ein schickes Auto. Entgegen unserer Erwartung ist der Blickfang des Mannes, der aussteigt, gar nicht sein Gesicht. Es sind seine Arme und Beine. Sie sind monochrom schwarz tätowiert, als wären sie wie

bei Ludwig, Kaspar und Wilhelm im Struwwelpeter in Tinte getunkt
worden. ■

Was sehen Sie, wenn Sie in den Spiegel schauen?

Das ist gar nicht so einfach. Also ich sehe mich selbst, mein
Gesicht, das mir sehr vertraut ist.

*Wissen Sie, was kurios ist? Sie sind nach zehn Gesprächen der Erste,
der uns antwortet: Ich sehe mich selbst.*

Vielleicht weil ich mein Gesicht sehr stark als zu mir gehörig
empfinde und ich trotz der Tätowierungen im Gesicht nicht das
Gefühl habe, dass ich anders aussehe, als es üblich ist.

*Na ja, Sie sehen schon — sagen wir mal — sehr besonders aus. Könn-
ten Sie Ihre Tätowierung beschreiben?*

Ich weiß nicht, ob das funktioniert. Bei mir hat sich das so ergeben, dass ich mich auf diese simplen Ornamente und das Symmetrische konzentriert habe, das hat mich total gepackt. Ich
habe weitgehend auf Farbe verzichtet, es gibt nur schwarz und
rot, mehr schwarz, alles ist sehr klar, keine Bilder, keine Motive,
eher eine Konstruktion, geometrisch aufgebaut.

Haben Sie dabei ein Konzept verfolgt?

Nee, nicht so richtig. Ich habe ja sehr früh angefangen, mit 15
habe ich das erste Tattoo bekommen.

Wo? An welcher Stelle?

Das war eine kleine grüne Echse am Bein, sieht man nicht mehr, die habe ich mir Mitte der 90er in Prag tätowieren lassen, da durfte ich mit meiner Schwester und ihrem Freund mitfahren und keiner hat gefragt, wie alt ich bin. Ich hab meine Knete zusammengekratzt und die Echse in der Größe genommen, die ich bezahlen konnte, deshalb ist sie nur klein.

Und die Echse ist jetzt verschwunden unter dem Schwarz?

Ja, aber die ist nicht weg, sie ist nur nicht mehr sichtbar.

Sie lauert unter dem Schwarz?

Weiß nicht, worauf sie lauern sollte, sie kommt bestimmt nicht wieder.

Merkt man beim ersten Mal, ob man dabeibleibt oder nicht, ist das erste Mal so eine Art Einstiegsdroge?

Diesen Vergleich mag ich gar nicht, aber klar habe ich sofort gemerkt, dass es mich gepackt hat, mit 13 hatte ich ja schon mein erstes Nasenpiercing, das mich auch fasziniert hat, und es war klar, dass das nur der Anfang war. Ich bin dann Sommer wie Winter nur mit kurzen Hosen rumgelaufen, damit man die Echse sieht, und die blieb dann auch nicht lange allein.

Wie lange hat das gedauert von der kleinen Echse bis zum durchtätowierten Körper?

Na ja, ich musste ja erst mal bis 18 warten, bis es erlaubt war, und dann ist das natürlich auch eine Geldfrage. Ich habe zunächst als Piercer gearbeitet und in dem Studio damals viele Motive und Stile gesammelt. Dann hat das ein paar Jahre stagniert und richtig los ging es mit der Geburt meiner Tochter. Da war ich Mitte 20 und an so einem Punkt: verheiratet, selbstständig, hatte meinen ersten Friseurladen eröffnet. Da hab ich mich gefragt: War's das jetzt? Bin ich jetzt erwachsen? Und da hatte ich Bock, zumindest die Unterarme tätowieren zu lassen. Als dann immer mehr dazukam, wurde die Sache unruhig, fast chaotisch. Da haben wir »aufgeräumt« und vieles überdeckt mit großen schwarzen Flächen. Ich wollte Klarheit reinbekommen und vor allem mehr Ruhe.

Wer ist wir?

Mein Tätowierer Hannes und ich … Irgendwann wurde uns klar, dass wir über den Punkt: »Wie weit geht man?« hinaus sind. Als der schwarze Rücken fertig war, sah der weiße Po halt echt merkwürdig aus, also haben wir den Po auch noch gemacht, und dann einfach nach und nach alles, den ganzen Körper.

Das heißt, es gibt keine Stelle, wo Sie nicht tätowiert sind?

Genau, keine.

Ihre schwarzen Arme und Beine beschäftigen uns. Sind die – sorry – mit einer Nadel gestochen?

Für größere Flächen gibt es breitere Nadelmodule, mit denen man leichter große Flächen füllen kann. In meinem Fall muss man den Körper eher als Gesamtes betrachten, dann stechen Arme und Beine gar nicht mehr so hervor, sondern fügen sich ganz stimmig in das Gesamtbild ein.

Und was hat Ihre damalige Frau dazu gesagt, dass ihr Mann immer schwärzer und schwärzer wurde?

Die war zu dieser Zeit nicht mehr lange meine Frau, aber das war nicht der Trennungsgrund.

Wie viele Sitzungen haben Sie dafür gebraucht?

Na ja, viele. Gut zehn Jahre lang ging ich jeden zweiten Freitag im Monat – außer im Sommer – zum Tätowieren.

Wenn wir das grob überschlagen, sind das rund 8000 Stunden. Wahnsinn!

Kann sein.

Arme und Beine ganzflächig schwarz zu tätowieren, ist schon eine heftige Entscheidung, aber – davon gehen wir mal aus – statt der Wade das Gesicht zu tätowieren, ist dann doch noch mal ein Schritt, schließlich ist es das Gesicht, mit dem wir unsere Persönlichkeit, unser Ich ausdrücken. Und wenn das Gesicht gestaltet ist, kann man es nicht mehr verbergen. War Ihnen das in voller Konsequenz klar?

Das war ein langer Prozess, das war ja nicht alles von einem Moment auf den andern da, das ist über Jahre gewachsen. Bei mir war das so, dass ich mich von innen nach außen gearbeitet habe, also da kroch etwas Kleines Richtung Hals und ragte dann aus dem Kragen hervor und ich konnte prüfen, wie ich damit klarkomme und wie die Reaktionen waren und ob ich mir selbst damit näherkomme, na ja, und irgendwann ging es vom Hals aufs Kinn rauf und dann die Wangen hoch. Und seit 2018 ist im Gesicht noch einiges dazugekommen – vielleicht auch aus Mangel an Alternativen.

Der Rest ist ja voll.

Genau, ich habe keinen weiteren Platz mehr gehabt. Ich habe mich da rangetastet, ob ich mich wohlfühle, und komischerweise haben sich die Stellen, die nicht tätowiert sind, eher fremd angefühlt. Also es war für mich immer stimmig, wenn etwas dazukam, so als hätte es da hingehört.

Sind Tätowierungen nicht auch Jobkiller?

Das war mal. Ich musste beruflich nie Rücksicht nehmen, deshalb wollte ich mich auch nicht an den Hemdabschluss halten und habe die Hände mittätowiert. Und inzwischen bekommt man, wenn man es nicht übertreibt, vermutlich jeden Job. Ich habe Polizisten gesehen, die am Unterarm tätowiert sind, oder in der Sparkassenwerbung ist die Filialleiterin tätowiert, sozusagen als Toleranzstatement der Bank. Also die frühere Drohung: So kannst du aber nicht mehr in einer Bank arbeiten, hat sich auch erledigt.

Manche Tätowierte kommen wie lebende Litfaßsäulen daher: Schau! Das bin ich! Inwieweit geht es darum, mit den Zeichen auf der Haut aus dem eignen Leben zu erzählen?

Sagen wir so, es gibt Leute, für die Tätowierungen tiefgründig, symbolträchtig und inhaltsschwer sein müssen, Tätowierungen ihre Berechtigung also erst bekommen, wenn sie an die geliebte Tante erinnern, die an Krebs gestorben ist. Und es gibt Leute, für die es reicht, wenn das Design cool ist. Für mich hat beides seine Berechtigung.

Ihre zwei Gesichtshälften sind symmetrisch gestaltet, spiegeln sich sozusagen. Wie sind Sie vorgegangen? Erst die eine Hälfte, dann die andere?

Nein, das hätte ich optisch nicht ausgehalten, nein, das ging immer parallel, jedes Ornament wurde in einer Sitzung gleichzeitig auf beide Seiten tätowiert.

Jetzt kommt sicher Ihre Lieblingsfrage: Tut das nicht höllisch weh?

Stimmt, das fragt mich wirklich jeder und ich kann nur sagen: Kommt darauf an, je nachdem an welcher Stelle. Wer sich entscheidet, die gesamte Brust- oder Rippenpartie zu tätowieren, muss mehr aushalten, als wenn bei mir im Gesicht zwei Stunden gezeichnet und zwei Stunden tätowiert wird. Da kann ich ganz gut die Zähne zusammenbeißen. Es gibt Leute, für die der Schmerz ein Fetisch ist, die ihn genießen. Zu denen gehöre ich nicht, das war nie mein Ding. Ich war immer sehr ergebnisorientiert. Hätte man mich gefragt, willst du eine Vollnarkose und danach ist alles fertig, hätte ich das sofort gemacht. Also ich brauche dieses Ritual, diese Schmerzprozedur nicht.

Mal ganz konkret gefragt: Je näher die Nadel ans Auge kommt, desto dünner ist dort die Haut, oder?

Also Kopf und Stirn sind eher schmerzhaft, aber da wurden bei mir ja nur kleine Sachen gemacht, deshalb ist das nur ein kurzer Schmerz, für eine halbe Stunde oder Stunde kann ich das gut aushalten, egal, wie weh das tut.

Welche Stelle im Gesicht ist die empfindlichste?

Ich würde sagen, die Linie über der Unterlippe war bei mir die sensibelste. Da musste man auch mehrmals drüberrutschen, dass die Linie bleibt, weil da sehr viele Nerven sind.

Können Sie sich rasieren?

Selbstverständlich. Wenn es verheilt ist – so nach einer Woche –, geht das ganz normal. Tätowierungen sind ein ungeheuer praktischer Schmuck, der bleibt, und man muss sich nicht mehr darum kümmern. Ich finde es sogar ästhetischer, wenn das Schwarz mit meiner Haut verwächst und mit der Zeit ein bisschen verblasst.

Werden die Stellen vorher betäubt?

Nein, es gibt nur ganz leichte Cremes, aber Tätowierern ist es verboten zu betäuben.

Gibt es einen Zustand für Sie, an dem Sie sagen würden: Jetzt ist es fertig?

Ja, den hatte ich schon ein paarmal, deshalb bin ich vorsichtig mit der Prognose, ich würde nichts mehr ausschließen.

Um es für die Leser und Leserinnen mal anschaulich zu beschreiben: Die Nase ist die einzig freie Stelle in Ihrem Gesicht und der Abstand zwischen Nase und Mund. Also die Nase könnte noch was abkriegen.

Ich glaube nicht, aber es wäre inzwischen nicht mehr glaubwürdig, wenn ich es ausschließen würde. Ich habe versucht, das Zentrum des Gesichts frei zu halten, weil ich glaube, dass hier die Mimik und der eigene Ausdruck am ehesten sichtbar sind.

Ich habe schon den Eindruck, und das merke ich auch an den Reaktionen, dass man mein Gesicht gut erkennen kann, obwohl es relativ voll ist. Es gibt ja tätowierte Gesichter, bei denen man nicht mehr weiß, wer sich dahinter verbirgt.

Das stimmt, Ihre Tätowierung wirkt nicht wie eine Maske.

Und wenn wir uns ein bisschen länger kennen, vergessen Sie die Tätowierung ganz. Die ist schnell nicht mehr da. So geht es mir auch, wenn ich in den Spiegel schaue, ich sehe mein Gesicht und nicht die Bilder auf meiner Haut. Das bekommt eine große Selbstverständlichkeit. Ich habe auch schon neue Tätowierungen im Gesicht bekommen, die nicht mal meine Mutter bemerkt hat. So nach einer Stunde sagte sie dann: Sag mal, ist da was anders?

Wie hat Ihre Mutter reagiert, als sie mitbekam, dass ihr Sohn Richtung Vollkörpertätowierung geht?

Na ja, die Familie hatte ja Zeit, sich daran zu gewöhnen, die ganze Entwicklung mitzumachen, es war ja nicht alles schlagartig da. Aber es kommt in der Familie unterschiedlich an, meine Mama findet es nicht toll, aber sie hat damit kein Problem, es verändert ihr Verhältnis zu mir in keiner Weise. Bei meinem Vater ist das anders. Der hat damit ernsthaften Stress, er hat auch schon formuliert, dass es ihm wirklich schwerfällt, mich anzugucken.

Ist es ihm auch peinlich, mit Ihnen gesehen zu werden?

Ja, schon, und wir haben auch deswegen und wegen ein paar anderen Baustellen ein sehr angespanntes Verhältnis und inzwischen fast keinen Kontakt mehr. Wenn ich merke, dass er sich extrem unwohl fühlt, tue ich das auch.

Und wie gehen Ihre beiden Kinder damit um?

Na, die sind ja damit aufgewachsen. Meine Tochter ist jetzt 13, die hat halt die intensive Phase mitbekommen, wenn ich sie nach meinem Tätowierungstermin von der Kita abholte, wusste sie genau, dass sie mich nicht überall anfassen kann. Für die andern Kinder in der Kita war das übrigens auch kein Thema. Das fing erst mit der Einschulung an, dass die neuen Kinder die Tätowierungen wahrgenommen und auch begriffen haben. Und mein sechsjähriger Junge findet das einfach cool, er interessiert sich für Piraten, will einen Totenkopf auf der Zunge und kapiert gar nicht, dass dabei etwas grenzüberschreitend sein könnte.

Hat Ihre 13-jährige Tochter schon mal den Wunsch geäußert, sich tätowieren zu lassen?

Klassische Frage: Werden Kinder von Kettenrauchern auch zu Kettenrauchern? Den Eindruck habe ich nicht.

Und würden Sie es erlauben?

Na, mit 13 nicht.

Sie waren auch erst 15.

Ich sehe meine Aufgabe als Vater darin, sie dabei zu begleiten, ihr Zeit zu geben, darüber nachzudenken, ob sie das wirklich will. Mir ist wichtig, dass sie Vertrauen zu mir hat, mit mir das besprechen will und dann zu einem guten Tätowierer kommt. Also sie muss die Entscheidung selber treffen, aber bis 16, 17 mindestens würde ich gerne Nein sagen. Zudem hat sie ja auch eine Mama, die die Entscheidung mittragen müsste.

Wie reagieren denn die Leute auf Sie hier in Berlin?

Ich bin sehr kiezverhaftet, ich bewege mich nur so im 800-Meter-Radius zwischen meinem Laden, Kita, Schule und Wohnung und die Leute kennen mich zumindest vom Sehen. Ich würde jedem empfehlen, der nicht angeguckt werden will, aufs Dorf zu ziehen, da glotzen alle eine Woche und danach ist das erledigt.

Gilt das auch für Brandenburg?

Auf dem Campingplatz gehöre ich zum Mobiliar, die kennen mich alle. Wenn ich ein Dorf weiterfahre, um dort einzukaufen, kann es schon sein, dass ich angeschaut werde, aber ich blende das weitgehend aus, das müssten Sie eher die Leute fragen, die mit mir unterwegs sind.

Gibt es keine feindseligen oder auch ängstliche Reaktionen?

Nein, eigentlich nicht.

Erstaunlich, man denkt, dass Sie gerade auf dem Land angemacht werden.

Ach wissen Sie, in Brandenburg sind ja auch fast alle tätowiert und die finden das dann vielleicht krass, wenn einer über ein gewisses Standardlevel hinausgeht, und klar wird man in eine bestimmte Schublade gesteckt, aber nach drei Sätzen merkt jeder, dass ich da nicht reinpasse.

Welche Schublade wäre das?

Ich bin halt nicht so eine Szenefigur, wohne nicht in einer WG und gehe auch nicht ständig auf Konzerte oder Festivals. Ich habe auch keine typischen Tattooposter an den Wänden und übe auch keinen Beruf aus, der in diese Richtung geht. Ich sehe mich eher als Familienvater und Unternehmer, passe nicht in so ein Raster und das merken die Leute relativ schnell.

Müssen Sie eigentlich nach jedem neuen Ornament den Personalausweis erneuern?

Also, mein aktueller ist veraltet, den müsste ich dringend erneuern, damit man sieht, dass ich es bin.

Für wen betreibt man eigentlich diesen ganzen Aufwand? Für sich? Für die anderen?

Wenn Leute sagen: »Ich mache es nur für mich«, haben die eigentlich das falsche Medium gewählt. Für sich kann man ja Bilder malen und in der Wohnung aufhängen. Ich glaube, jeder Tätowierte – und bei mir war das auch so – ist auch eine heimliche Rampensau, steht gerne auf einer Bühne. Ich habe es schon immer geliebt, mich zu verkleiden und auf irgendwelchen Urlaubsbühnen Karaoke zu singen. Hinzu kommt, dass ich dauernd umgezogen bin, viele Schulen besucht habe und immer der Neue war. Bis heute werde ich auf kein Klassentreffen eingeladen, weil mich keiner kennt. Und vielleicht ergibt sich daraus der Wunsch, dass man gesehen werden will, wahrgenommen werden will. Außerdem hat mich das Medium fasziniert. In meinem unsteten Leben ist diese Tätowierung so etwas wie eine Konstante, die ich gar nicht mehr ändern kann, die einfach gesetzt ist. Alles in allem also genau mein Medium.

Ein bisschen sehen Sie aus wie ein westlicher Maori.

Ja, das sagen viele, die keine Ahnung haben.

Danke.

Die einzige Gemeinsamkeit mit den Tätowierungen der Maori sind die Farbe Schwarz und die Symmetrie, aber die Maori-ornamente haben ganz andere Bedeutungen. Das sind Aussagen über ihre Herkunft, ihren Familienstand und so weiter. Man muss achtsam sein, dass man nicht – ohne es zu wissen – einfach etwas übernimmt. Das ist ein ganz anderer Kulturkreis und ich will mich nicht bei anderen Kulturen bedienen, also Motive von Stämmen oder Naturvölkern tauchen bei mir nicht auf.

Ihr Gesicht ist ein einziges Bilderrätsel. Die Stelle, auf die immer wieder der Blick fällt, ist dieses herzförmige Gesicht unter Ihrem Kehlkopf, das hat doch sicher eine Bedeutung?

Bei mir gibt es sehr viel Symbolik, aber ich mag es nicht plakativ, nicht jeder soll wissen, was gemeint ist. Das Motiv, das Sie ansprechen, haben wir ein bisschen zusammengebastelt: Ich fand ein Herz gut, um zu zeigen, dass Liebe aus mir sprechen soll, dann sind da die Augen von Buddha und die Nase ist die Flamme der Erleuchtung. Ich habe viel spirituelle Symbolik, weiß aber nicht bei allem, ob ich das heute noch gut finde. Ich denke, wir punkten das demnächst mal aus, weil ich mit dem Buddhismus im Grunde nicht viel zu tun habe.

Sind das Kreuze auf der Stirn?

Was der Betrachter sieht, hat auch viel damit zu tun, wie er selbst aufgestellt ist. Die einen erkennen zuerst die Kreuzsymbole, andere mit jüdischem Hintergrund stoßen vielleicht eher auf die Davidsterne am Hals.

Die Kreuze sind christliche Kreuze?

Ja, ich bin Christ, habe sogar mal kurz Theologie studiert, bin also relativ tief im Thema und habe auch deswegen christliche Symbolik tätowiert, weil sie mich immer schon fasziniert hat. Ich bin nicht religiös aufgewachsen, habe keinerlei christlichen Hintergrund, mich hat es erst relativ spät dahingezogen. Also vielleicht lässt es sich so beschreiben: Diese riesigen Tätowierungen sind ja wie eine Rüstung, ein Schutzschild und wie das bei Rüstungen so ist, versieht man die gerne mit machtvollen Symbolen, um dieser Rüstung mehr Kraft zu verleihen.

Würden Sie sich als Kunstwerk bezeichnen?

Nee, das wird natürlich oft gesagt, du bist wie ein lebendes Kunstwerk, aber so sehe ich mich nicht, auch Hannes, mein Tätowierer, versteht sich nicht unbedingt als Künstler. Er ist ein Handwerker, der sehr gut konstruieren kann, und er hat es gern, wenn man die Ideen mitbringt. Und die will er und kann er dann technisch perfekt gestalten und umsetzen. Also bitte nicht dieses »Du bist ein Kunstwerk«, dafür ist es viel zu sehr verwachsen mit mir selbst.

Aber Sie sind ähnlich teuer wie ein Kunstwerk, das hat doch ein Vermögen gekostet?

Ja, schon. Ich habe zwar einen guten Deal, aber bei den Dimensionen muss man ganz klar sagen: Das muss man sich leisten können, außerdem müssen die Leute für ihre Arbeit gut bezahlt werden.

Gibt es eine Stelle, ein Tattoo, das schiefgegangen ist?

Sagen wir mal so, wenn ich das Ganze noch mal machen würde, und ich weiß gar nicht, ob ich das noch mal auf mich nehmen würde, dann fände ich so eine Gesamtplanung schon toll. Wir mussten halt oft etwas aus dem entwickeln, was schon da war. Trotzdem gibt es nichts, was ich wirklich bereue.

Es gibt Studien, die belegen, dass die Farbe im Körper wandert und die Lymphknoten dieselbe Farbe bekommen wie die Tätowierungen.

Stimmt, meine sind schwarz.

Haben Sie keine Angst, dass diese Farben toxisch oder gar krebserregend sind?

Nein, habe ich nicht, das Thema beschäftigt mich nicht wirklich, aber könnte schon sein, dass ich auch ein paar ungesunde Farben in mir habe, jedes Jahr werden andere Farbinhalte verboten. Zeichentusche zum Beispiel, die früher verwendet wurde, ist definitiv nicht gesund, aber man weiß nur wenig über die gesundheitlichen Folgen, weil ja nur geforscht wird, wenn es wirtschaftlich profitabel ist. Eine Beruhigung habe ich aber: Mein MRT war gut, es sind keine Metalle in meiner Haut.

Fragen Sie sich manchmal, wie Sie und Ihre Tattoos im Alter aussehen?

Die Tattoos altern mit, die gehen ja nicht weg. Und sagen wir mal so, ich versuche Motive zu wählen, mit denen man würdevoll altern kann, also wenn ich mir die Alten von Naturvölkern wie in Borneo anschaue und ich sehe die Opis und ihre alten

Gesichter, faltig und voll tätowiert, dann finde ich die richtig schön.

Also ich hätte mich mit 30 schon gefragt, was denn die 65-Jährige dazu sagen wird, wenn ich ihr ein Tattoo aus ihrer Jugend hinter-lasse?

Für eine 30-Jährige ist das eine sehr reife Reflexion. Deshalb haben Sie auch keine Tätowierung und ich schon, denn ich habe mich das als 30-Jähriger nicht gefragt. Inzwischen mach ich das eher. Aber ich glaube, man ärgert sich im Alter höchstens über die falsche Motivwahl, die sich irgendeinem Trend verdankt. Erinnern Sie sich an die wunderschönen Tätowierungen knapp überm Hintern?

Sie meinen das Arschgeweih?

Genau, das Arschgeweih, seit einer dieses Wort rausgehauen hat, seit dieses Wort in der Welt war, war diese Tätowierung ein für alle Mal erledigt.

Was wohl aus den vielen Arschgeweihen geworden ist? Aber noch mal: Sie sind jetzt ein junger, durchtrainierter Mann, bei dem diese Ganzkörper-Tätowierung vielleicht hip rüberkommt, aber fragen Sie sich nie, wie Sie mal aussehen mit 80 als Pflegefall im Rollstuhl?

Also wenn ich mit 80 ein Pflegefall im Rollstuhl bin, weiß ich nicht, ob mich meine Tätowierungen noch tangieren. Die gehören doch jetzt schon so selbstverständlich zu mir und meinem Dasein, außerdem ist das vielleicht auch eine Gene-rationsfrage, ich werde ja nicht der einzige 80-Jährige sein, der tätowiert ist.

Wann ist denn Ihr nächster Termin?

Morgen.

Und was lassen Sie machen?

Kann ich noch nicht sagen, es wird nur etwas verändert, was und wie es genau wird, weiß ich noch nicht.

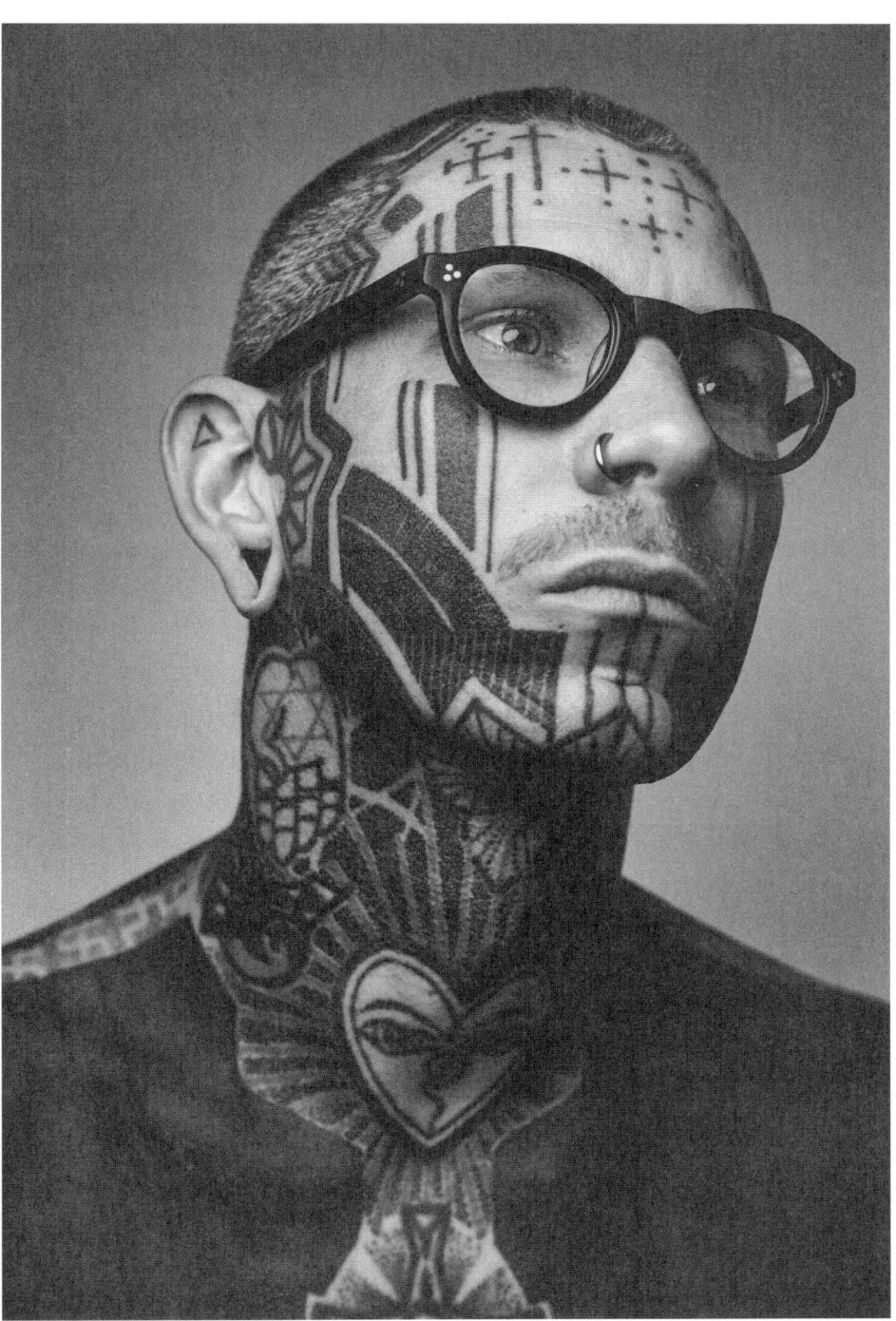

TANJA FISCHER

Natürlich spielt Sexualität in dieser Schönheitssache eine große Rolle

■ »Haut- und Lasercentrum« steht in großer Schrift an der straßenseitigen Hauswand des historischen Bauwerks mit frühklassizistischen Gesimsen, Erkern und Türmchen. Dass sich der Ort, an dem Frau Dr. Fischer und ihr Team im Dienst der ästhetischen Dermatologie tätig sind, von einer durchschnittlichen Hausarztpraxis in puncto Eleganz und Exklusivität unterscheidet, damit hatten wir gerechnet. Mit dieser Pracht allerdings nicht.

Über die Freitreppe an der Gartenseite gelangen wir in einen Saal mit illusionistischen Malereien an der Deckenkuppel, den Patientenwartezimmer zu nennen – was er seiner Funktion nach ist – wäre so, als würde man ein Olympiastadion als Bolzplatz bezeichnen. Seitlich geht es in einen noch pompöseren Saal, in dem ein großer schwarzer Flügel steht. Durch zwei dem Eingang gegenüberliegende Arkaden gelangt man in einen mit Ziertischen und Blumenvasen geschmückten Korridor.

Wir befinden uns im Palais Lichtenau. König Wilhelm II. ließ es, zehn Fußminuten von Schloss Sanssouci in Potsdam entfernt, im späten 18. Jahrhundert erbauen. Zu Beginn des 21. Jahrhunderts beherbergt es Behandlungsräume, in denen Gesichter gestrafft, geglättet und gelftet werden. Wo einstmals der Adel weilte, können sich heute Frau Müller und Herr Maier am Tresen neben den Arkaden anmelden. Auch die Arbeit am Gesicht wurde demokratisiert. Mag sie noch vor fünfzig Jahren der Hautevolee, den Reichen und Berühmten vorbehalten gewesen sein, so ist sie heute beinahe ein Volkssport. Kaum eine Branche boomt so wie die Schönheitschirurgie.

Während der Corona-Zeit boomte sie ganz besonders. Tagelange Videokonferenzen im Homeoffice zwangen Menschen zum permanenten Blick auf ihr Bildschirmgesicht, und je länger sie es sahen, desto weniger gefiel es ihnen. Faltenunterspritzungen machten im Pandemiejahr 2020 fast vierzig Prozent der Behandlungen aus, bei Männern stieg die Straffung der Augenpartie um erstaunliche 105 Prozent.

Die Schönheitschirurgie folgt dem liberalen Prinzip der Selbstbestimmung, das die Freiheit körperlicher Selbstgestaltung einschließt. Aber je mehr von ihr Gebrauch machen, je mehr Patienten und Patientinnen sich weltweit in den Wartezimmern von Dermatologinnen und Schönheitschirurgen einfinden, desto deutlicher zeigt sich, dass es mit der Freiheit nicht allzu weit her ist. Denn die Arbeit am Gesicht ist Normen unterworfen. Sie heißen: glatt, frisch, jung. Die Lippen voll und perfekt geschwungen, die Kinnlinie prägnant, die Nase gerade, die Proportionen harmonisch.

Der Druck, den dieses Normgesicht auch auf immer jüngere Frauen ausübt, irritiert mittlerweile die Branche selbst. In einem medizinischen Fachblatt äußerten sich kürzlich britische Schönheitschirurgen kritisch darüber, dass zunehmend junge Frauen oder sogar Mädchen mit fotogeshoppten oder von Beauty-Apps bearbeiteten Selfies ankämen und den Wunsch äußerten, nach der Behandlung genauso auszusehen. So wird das Gesicht zur uniformen Maske nach westlichem Vorbild. Afrikanerinnen sehnen sich nach europäischen

Nasen, Asiatinnen nach Augenpartien ohne Schlupflider. In Südkorea hat bereits jede zweite Frau unter fünfzig »was machen lassen«.

Eine Sprechstundenhilfe führt uns in das sogenannte Rosenholzzimmer. Frau Doktor bitte um ein paar Minuten Geduld, sie müsse noch ein Telefonat erledigen. Wir flanieren zwischen holzvertäfelten Wänden, alten Ölgemälden, Kronleuchtern und Barocksesseln und fragen uns, ob das Palais Lichtenau ein Ort ist, an dem Gesichter neu erschaffen oder in ihrer natürlichen Einzigartigkeit vernichtet werden.

Frau Doktor hat jetzt Zeit. Mit dem Aufzug fahren wir in ein oberes Stockwerk und nehmen im Büro der Chefin und Eigentümerin des Palais Platz. Das Telefonat dauert noch an, Tanja Fischer gibt uns gestikulierend zu verstehen, sie bemühe sich um seine Beendigung. Dann setzt sie sich uns gegenüber auf einen Hocker, die Füße in Sneakers, die Beine bequem geöffnet, die Frisur burschikos und das Gesicht keineswegs so perfekt, wie wir es vermutet hätten. Das Inbild einer Erfolgsfrau, die mit Mann und vier Kindern lebt und es in der Summe aus Tatkraft und Temperament auf mehr als hundert Prozent bringt. ∎

Was sehen Sie, wenn Sie in den Spiegel schauen?

Ich sehe eine Frau, die eigentlich ganz vergnügt aussieht und ihrem Alter entspricht, die mir aber langsam zur Fremden wird, weil ich mich der 20 näher fühle als der 60.

Sie gehen doch nicht auf die 60 zu?

Nein, aber ich habe die 50 überschritten und sehe ganz viele Makel an mir, die ich allerdings humorvoll hinnehme.

Makel? Welche meinen Sie?

Also, als Erstes ist der Abstand zwischen Nase und Mund bei mir zu groß, meine Stirn ist sehr hoch, was mir von meinen Kindern gerne vorgehalten wird. Dann habe ich schon recht viel Haut unter den Augen und am Hals.

Frau Fischer, wir finden, Sie sehen fantastisch aus. Machen Sie das nur mit viel Schlaf und Mineralwasser?

Ich sehe fantastisch aus? Das sehe ich selber ganz anders. Ich habe ein Jahr hinter mir, in dem ich sehr gebeutelt wurde und nach dem ich das Gefühl habe, ich bin zehn Jahre gealtert. Es gab viel Gram, Sorgen, Kummer, wenig Nachtschlaf, das sehe ich schon als Anspannung im Gesicht, vor allem um die Augen herum. Aber wissen Sie, ich bin in einer so privilegierten Lage, habe einen wunderbaren Mann, eine tolle Familie. Also was ich insgesamt sehe, ist eine glückliche Frau.

Sie als Expertin, was machen Sie an Ihrem eigenen Gesicht?

Seit meinem 28. Lebensjahr experimentiere ich ein bisschen an mir herum, vor allem mit Botox.

Wie? Sie spritzen sich das selber?

Ich mache alles selber, mal hier auf der Stirn, mal an der Kinnlinie, das Nofretete-Lifting ist auch sehr effektiv.

Was ist denn ein Nofrete-Lifting?

Mithilfe von kleinen Dosen von Botox an den Schläfen und an den Seiten des Gesichts bekommt man mehr Konturen. Ein bisschen an der Oberlippe und rechts und links am Hals bringt auch einiges. Bisher habe ich immer gedacht, ich lasse mich niemals operieren, aber inzwischen denke ich: neue Technik, neue Ärzte, neues Glück, neue Bedürfnisse.

Aber nehmen wir mal an, der liebe Gott ist gerade dabei, das zukünftige Gesicht der Tanja Fischer zu schaffen. Sie haben Gelegenheit, gerade noch in den Schaffensprozess einzugreifen und Ihre Wünsche zu äußern, welche wären das?

Na ja es wäre schön, wenn alles ein bisschen runder wär und nicht so schmal. Dann fände ich ein paar mehr Haare schön, ach nee, es geht ja nur ums Gesicht. Also etwas mehr Kiefer hätte ich auch ganz gerne, weil das schön und attraktiv macht.

Warum ist denn dieser Nase-Mund-Abstand so wichtig?

Da gibt es einen Parameter. Wenn der Abstand zu lang ist, wirkt man immer ein bisschen dämlich, ebenso wenn die Augen zu eng sind oder zu weit auseinanderstehen. Es gibt halt ein ästhetisches Maß, das auf der ganzen Welt gilt.

Sie haben sich für die Dermatologie entschieden. Was fasziniert Sie an der Haut?

Die hat mich immer schon fasziniert. Ich habe mein Leben lang gerne Pickel ausgedrückt, auch bei anderen. Und ich habe immer genau hingeguckt. Ich bin ein sehr taktiler Mensch, fasse andere gerne an. Ich sage immer, ich sehe mit den Händen. Und Haut – das darf man ruhig so sagen – als größtes Organ beinhaltet einfach alles. Man kann sehen, wie gesund jemand ist, man kann Krankheiten erkennen. Die Haut ist ein Spiegel der Seele. Man kommt leicht ran und die Bandbreite ist groß.

Wie sind Sie zur ästhetischen Medizin gekommen?

Ich war lange an der Charité und habe die gesamte dermatologische Schiene gemacht. Für mich ist sehr wichtig, dass ich nicht nur die Falten behandle, sondern auch den Tumor nebendran erkenne. Dann kam ich zur Lasermedizin und damit fing das Ganze an. Das war vor über 20 Jahren, da war ich noch sehr jung und habe mich wahnsinnig reingefuchst und gemerkt, was man mit Laser alles machen kann: Ich bekomme braune Flecken weg, rote Flecken weg, Haare, Äderchen, kann damit aber auch Krebsvorsorge machen. Hautkrebs war mein Forschungsgebiet. Jedenfalls landet man mit der Lasermedizin unweigerlich beim Thema Schönheit. Damals gab es noch keine Botoxkurse in Deutschland und in dieser Pionierzeit haben wir viel herumexperimentiert, auch in meinem eigenen Gesicht.

Hatten Sie keine Angst um Ihr Gesicht?

Nö. Ich hatte zwar mal schräge Gesichtshälften und Sprachstörungen, aber wir wussten ja, dass die Wirkung nicht lange anhält. Das Herumexperimentieren war auch sehr lustig. Mit Mitte 30 haben dann eine Kollegin und ich die erste ästhetische Sprechstunde in der Charité aufgebaut.

Sehen Sie den Gesichtern an, ob und was gemacht wurde, also hier ein bisschen Botox, da ein bisschen Filler?

Ja, das sehe ich.

Schauen Sie unbewusst danach?

Jein, ich glaube, manches kann man wirklich nicht sehen, weil es so gut gemacht ist.

Das gibt es?

Klar gibt es das. Ich zähle mich selber auch zu denen, die das können. Entscheidend ist die Gesichtsharmonie, die altert mit und wenn wir in die eingreifen, ist das wie Schrauben verstellen.

Als wir uns vor einer halben Stunde begrüßten, haben Sie da überlegt, na, was wurde denn bei den beiden Damen eventuell gemacht?

Nee, habe ich wirklich nicht. Ihre Gesichter sind zwar sehr unterschiedlich, aber bei Ihnen beiden stimmt die Gesichtsharmonie. Und man sieht ja eher, wenn etwas nicht stimmt. Und das fällt mir ganz klar eher auf als anderen.

Können Sie einem Laien beschreiben, was zu Ihrem Waffenarsenal der ästhetischen Dermatologie gehört?

Ich kann mit Lasergeräten alles wegmachen, was uneben ist. In der Faltentherapie spritzen wir mit Botulinumtoxin und Hyaluronsäure Zornesfalten weg, Lachfältchen, Knitterfalten auf der Oberlippe. Das machen wir rauf und runter. Sehr gut ist der Effekt an den Schläfen, weil das eine sichtbare Straffung bringt.

Und wenn das nicht reicht?

Dann kommen die Fäden ins Spiel. Bei der Fadentherapie kommt es erst mal darauf an, welche Fäden man nimmt. Es gibt ganz glatte Fäden, die werden wie ein Netz in der Haut ausgebreitet und geben einfach mehr Volumen.

Wo im Gesicht kommen die Fäden denn hin?

An die Grenze zwischen der Oberflächenhaut, der Epidermis, und dem Fettgewebe, der tieferen Haut. Es ist ein bisschen so, als würde man einen Braten spicken. Neben den glatten Fäden gibt es solche, die schraubenförmig aussehen, und es gibt Fäden mit Haken, mit denen man ein leichtes Lifting machen kann. Sie müssen sich das so vorstellen, als wolle man einen kleinen Tannenbaum in eine Hülse stecken. Nach vorne geht das ganz leicht, aber beim Rausziehen stellen sich dann die Haken auf, und wenn ich das Metallstück rausziehe, stellen sich die kleinen Häkchen widerborstig im Gewebe auf, was dann einen absoluten Liftingeffekt ergibt. Wichtig: Alle Fäden, mit denen wir arbeiten, lösen sich 100 Prozent wieder auf.

Wird das mit Narkose gemacht?

Nein, nein, das tut gar nicht so weh. Eine Betäubungscreme reicht.

Soviel wir wissen, soll Eigenfett ein toller Filler sein?

Stimmt, weil es sehr gut verträglich ist und kaum allergische Reaktionen auslöst. Beim Fetttransfer nimmt man Fett zum Beispiel aus dem Po oder aus dem Bauch – das Fett soll noch leben – und geht dann mit feinen Nadeln, die nicht dicker sind als Stricknadeln, in das Fett hinein und holt kleine Inselchen raus. Dann spritzt man das eigene Fett wieder ins Gesicht.

Wie riskant sind solche Eingriffe?

Bei allem, was ich im Gesicht mache, achte ich darauf, dass es wieder abbaubar ist, wir stimulieren, polieren, regenerieren so, dass sich bei den Eingriffen das Rad zurückdrehen lässt. Das heißt, ich mache vorwiegend Sachen, die beherrschbar sind. Das Gemeine an dieser ganzen Schönheitssache: Man macht einen Plan, aber es ist einfach nicht wirklich vorhersehbar, was passiert. Und irgendwann stellt sich die grundsätzliche Frage, ob, wenn mein Waffenarsenal ausgeschöpft ist, nicht ein Facelifting besser wäre. Überall dort, wo zu viel Haut ist, muss man irgendwann schneiden.

Sie selbst schneiden nicht?

Ich schneide nicht, aber ich habe sehr gute Operateure und plastische Chirurgen. Die machen die Oberlider, die Unterlider, die machen Minilifting. Da müssen Leute ran, die häufig schneiden und erfahren sind.

Teilen Sie die Beobachtung Ihrer Kollegen, dass immer jüngere Frauen kommen?

Ja, sie werden tatsächlich immer jünger und immer mehr junge Mädchen wollen sich die Lippen aufspritzen lassen. Ich habe jetzt ganz klar entschieden: Unter 18 spritze ich keine, auch nicht, wenn die Mutter mitkommt oder ich die Mutter jahrelang kenne. Ich habe in meinem Team Kollegen, die das machen, ich mache es nicht.

Welche Rolle spielen die sozialen Medien für die Wünsche der Mädchen?

Eine zentrale. Das Schönheitsideal von Kindern und Jugendlichen ist bestimmt von Instagram und TikTok, Fotoshop und Filtern. Kinder denken, die Beine auf dem Foto sind wirklich so dünn, und wissen nicht, dass die Bunte da mal schnell einen flotten Filter drübergelegt hat und dadurch die Beine länger und schlanker wirken. Und dass das Gesicht gar nicht so glatt sein kann, wie es auf dem Foto aussieht, checken die natürlich auch nicht. Ich merke das sogar bei meiner 16-jährigen Tochter. Sie bekommen Vorgaben, die nicht stimmen, die sie aber erfüllen wollen und niemals erfüllen können.

Wer gibt diese Ideale eigentlich vor?

Ich glaube schon, dass die Influencer dabei mit ausschlaggebend sind, und wir dringend Influencer brauchen, die auf den Tisch hauen und sagen: So nicht. Die neuesten Trends vor allem auf TikTok kommen aus Korea.

Wir dachten, das asiatische Schönheitsideal wäre vom westlichen beeinflusst. Viele asiatische Frauen lassen sich doch als Erstes ihre Mandelaugen wegoperieren.

Das stimmt, sie wollen unbedingt unsere »Kuhaugen«, übrigens ist diese OP das häufigste Geschenk, das Mädchen in Korea zum Schulabschluss bekommen. Mittlerweile bestimmen die Asiaten komplett den Markt. Technisch und ästhetisch. Bei asiatischen Frauen geht es weniger um Falten als um das Face Shaping, also die Gesichtsform. Und die muss operiert werden. Früher war das ovale Gesicht ihr Ideal, aber seit circa zehn Jahren hat sich das gedreht. Das heutige Vorbild ist das V-Gesicht, das sogenannte kleine Gesicht, das den Körper länger und dünner erscheinen lässt. Viele lassen ihre Kiefer operativ abschleifen, damit das Kinn mehr der Form eines Vs entspricht. Die koreanischen Chirurgen gehen über die Grenzen hinaus, die wir in Europa nicht überschreiten. Und das ist gefährlich. In Korea gibt es auch die meisten Erblindungen, weil durch das Spritzen Arterien verschlossen werden, um nur ein Beispiel zu nennen. Also das ist ein ganz ungesunder Markt. Die wollen uniform aussehen, alle hellhäutig, mit riesigen Rehaugen, dünnen Körpern, kleinen Näschen und Schmollmund.

Wie die Manga-Figuren. Haben wir Sie richtig verstanden, dass das alles zurückwirkt auf das hiesige Schönheitsideal?

Komplett! Gerade Kinder und Jugendliche fahren auf diese koreanischen Gesichtsbilder ab, ob in Filmen oder Comics, in der Mode, in der Popmusik, in allem.

War früher nicht mal Brasilien führend?

Das ist vorbei. Interessant ist, dass jedes Land seine eigenen Vorstellungen hat – die russischen Frauen möchten mehr Vorbau, die Brasilianerinnen mehr Hintern –, es gibt also individuelle Schönheitsvorlieben, aber das ästhetische Gefühl, was als schön empfunden wird, das ist überall gleich. Sie zeigen einem vierjährigen Mädchen Bilder von zwei Frauen, die eine, ich sage es jetzt bewusst platt, ist schön, die andere nicht schön. Und Kinder auf der ganzen Welt zeigen auf die Frau, die als schön gilt.

Hängt das mit der legendären Symmetrie zusammen?

Eben nicht. Entscheidend ist die Gesichtsharmonie, was nicht dasselbe ist wie Symmetrie. Also nehmen Sie Claus Kleber vom Heute Journal, der asymmetrischste Mann auf dem Bildschirm. Der ist doch ein attraktiver Kerl! Wenn Sie aber seine zwei Gesichtshälften spiegeln, sind das zwei Männer, so verschieden sind die. Claudia Schiffer dagegen ist total symmetrisch und zweifellos sehr hübsch, während Cindy Crawford ausgesprochen asymmetrisch und trotzdem wahnsinnig schön ist. Will sagen, die Symmetrie, die lange als d a s klassische Kriterium für Schönheit galt, ist nicht das Entscheidende. Es ist die Harmonie. Und die erkennen auch Kinder. Und wenn die Proportionen nicht stimmen, sieht man, dass zum Beispiel falsch gespritzt wurde.

Können Sie uns mal eine ganz typische Behandlungsgeschichte erzählen?

Ja, gerne. Also sagen wir, die Patientin ist 55. Sie merkt, sie verändert sich, und ist nicht mehr zufrieden damit, wie sie aussieht. Sie kommt zu mir und als Erstes gebe ich ihr einen Spiegel – so wie Sie es mit mir gemacht haben – und frage: Was nervt denn, was stört Sie? Ich habe nicht geguckt, wie alt sie ist, hab mir aber schon ein Bild gemacht, wie alt ich sie schätze. Wenn ich sie auf 60 geschätzt habe, sie aber erst 49 ist, zeige ich der Patientin meine Enttäuschung ganz offen. Da war aber viel Sonne, sage ich dann, Sie sind ein bisschen vorgealtert.

Ist Sonne so schlimm?

Ja! 80 % der Falten kommen von der Sonne und je früher man ihr aus dem Weg geht, desto weniger Falten bekommt man.

Sehen Sie denn dieselben Problemzonen wie die Patientin oder ganz andere?

Das ist genau der Punkt, ich frage mich dann, was stört mich in ihrem Gesicht und haben wir eine Deckungsfläche. Ist ihr grimmiger Blick auch das, was mich stört, oder sind es eher die Mundwinkel? Wichtig ist, dass man auf einen gemeinsamen Nenner kommt, und ich verstehe, was mein Gegenüber von mir will. Ich mache die Leute durchaus aufmerksam auf das, was mir auffällt, aber ich würde mir nie anmaßen zu sagen: Hier geht's lang.

Sie haben sicherlich auch ältere Patientinnen als 55. Ist es irgend-
wann schlicht zu spät, um etwas machen zu lassen?

Nein, ist es nicht. Es ist definitiv nie zu spät. Wenn man Lust auf sich hat, Lust, etwas machen zu lassen, geht das immer. Ich hatte kürzlich eine 80-jährige Dame, die zu mir sagte: Ich lass mir vom Alter nicht alles bieten, und das ist auch mein Lebens-motto. Die entscheidende Frage ist nur: Was ist möglich? Manchmal bringen ja schon Kleinigkeiten sehr viel. Wenn sich jemand mit 90 schneiden lässt, heilt das genauso schnell. Bei allen mechanischen Eingriffen, egal ob beim Chemical Peeling, beim Fraxseln oder bei der Dermabrasion, also Abschleifung der Haut, wird Kollagen stimuliert. Und diese Kollagenakti-vierung geht auch mit 90. Das heißt aber nicht, dass ich eine 80-Jährige auf eine 40-Jährige trimmen kann. Das geht nicht und das will ich natürlich auch nicht.

Wenn ich jünger aussehe, wirke ich wieder begehrenswerter. Ist die
Hoffnung auf mehr Sex auch für viele ein Grund, sich unters Messer
zu legen?

Schauen Sie, dass ein 80-jähriger Mann noch mit Frauen ausgeht, finden wir alle ganz selbstverständlich. Aber einer 80-jährigen Frau unterstellt man, sie habe gar keine Sexualität mehr. Das finde ich gemein. Natürlich spielt Sexualität in dieser Schönheitssache eine große Rolle. Schönheit macht attraktiver, ist ja klar. Rolf Eden, den ich gut kenne und schätze, wird zu sei-nen Dates getragen, aber eine alte Frau ist nur noch eine Oma, und das ist ungerecht.

Viele Menschen hoffen sicherlich, nach einem ästhetischen Eingriff glücklicher zu sein. Können Sie diese Erwartungen erfüllen?

Teils, teils, das muss man herausfinden. Weil ich Menschen liebe, liebe ich genau das. Geht es um den braunen Hautfleck oder geht es um mehrere Baustellen, weil das ganze Leben eine Baustelle ist? Ich liebe meinen Beruf auch deshalb, weil ich weiß: Das, was ich mache, macht Menschen glücklicher. Und das ist schön und dafür bin ich dankbar, und ich freu mich natürlich über Jubel-Mails und euphorische SMSen. Das ist mein Lebenselixier.

Schicken Sie manchmal Patienten und Patientinnen zum Psychologen?

Ja klar, natürlich, wenn Frauen zu mir kommen und sich zu fett fühlen, also an Anorexie leiden oder Bulimie, dann weiß ich, ich bin die Falsche, die brauchen eine Therapie. Also einen, der auf der traurigen Schiene ist, den kriegt man noch hin, aber bei einem, der krank ist, psychische Probleme hat, hat man keine Chance. Da helfen keine Schönheits-OPs und eigentlich darf man diese Patienten gar nicht behandeln. Aber genau das herauszufinden, ist ganz schwierig. Ich hatte vor Kurzem eine Frau, die hatte einen ganzen Baum unter ihrem Arm, eine Pilzart, die unter der Haut lebt. Das war so ein Grenzfall. Es gibt Menschen, die sind gerade in einer schwierigen Phase oder viele Frauen merken in den Wechseljahren, dass sie sich verändern, ihre Attraktivität nachlässt. Diese Patienten muss ich ganz anders behandeln. Und ich habe Patienten, zu denen sagte ich, Sie kriegen von mir nichts mehr gemacht, wenn Sie sich nicht ein bisschen liebhaben. Viele Leute sind auf Partnersuche und man will keinen, der immer nur mürrisch ist und alles negativ sieht. Einer, der dauernd nur mit sich beschäftigt ist, strahlt etwas ganz anderes aus als einer, der Falten hat, aber mit sich im Reinen ist. Der ist viel attraktiver.

Machen Sie manchmal auch Eingriffe gegen Ihre Überzeugung?

Das kommt schon mal vor. Sagen wir mal, einer hat wunderschöne Lippen und will sie noch dicker haben, und ich sage, nein, die sind schön so. Wenn der dann darauf besteht und ich mich weigere, weiß ich, er verlässt meine Klinik unglücklich und geht zu einem anderen, der dann vielleicht etwas Groteskes daraus macht. Dann sagt mir meine Lebenserfahrung, der Patient hat meistens recht, er kennt sich ja am besten, also steche ich da rein und hebe die Lippe ein bisschen an. Fast immer erarbeiten wir uns das gemeinsam. Einmal kam ein Mann mit einem riesigen Muttermal, das danach schrie, weggemacht zu werden, weil jeder hinguckte. Aber er war gar nicht deswegen gekommen. Er sagte stolz, das sei sein Schönheitsfleck. Da merkte ich mal wieder, obwohl Schönheit weltweit ähnlich empfunden wird, zeigt sie sich für jeden Einzelnen ganz individuell.

Sie sprechen oft von Patienten im männlichen Plural, wie viele Män-
ner kommen zu Ihnen?

Die Quote war immer bei 10 Prozent, jetzt sind es 15 Prozent. Ich habe auch viele Transgender und weiß manchmal gar nicht, was ich sagen soll: Herr oder Frau. Oft ist es in meinen Sprechstunden sehr lustig, wir haben viel Spaß und natürlich muss ich eine Lehrerin ganz anders spritzen als einen, der sich wild schminkt und vielleicht als Diva sein Geld verdient.

Was ist denn der häufigste Wunsch bei Männern?

Schon auch die Zornesfalte und Schlupflider, die ich ja selber nicht mache, aber für die ich Ärzte empfehlen kann.

Kommt es vor, dass Frauen Fotos von Stars mitbringen und sagen: So will ich aussehen?

Ja, das kommt schon mal vor, eher bei jüngeren Frauen, die mir auf Instagram oder TikTok zeigen: So will ich es! Das ist aber eher selten.

Bringen Frauen auch manchmal gemorphte Selfies auf dem Smart-phone mit, weil sie aussehen wollen wie ihr Filter-Ich?

Ja, dass Frauen ihre Fotos mit Filter und Beauty-Apps bear-beiten, kommt immer häufiger vor. Mir ist es allerdings lieber, wenn sie Jugendbilder von sich mitbringen, dann kann ich sehen, wie sie mit 30 ausgesehen haben, das ist eine für mich wertvolle Info.

In der Pandemie sind die Schönheitsbehandlungen im Jahr 2020 nachweislich gestiegen. Auch bei Ihnen?

Auf alle Fälle. Also ich denke, der Zuwachs macht bestimmt 10 Prozent aus. Es wurde viel um den Mund herum gemacht, auch wegen der Maske, mit der man diese Eingriffe gut verstecken konnte. Vor allem aber waren Augen, Ober- und Unterlidstraf-fungen gefragt, die sind deutlich angestiegen.

Was hat sich in den letzten Jahren in Ihrer Branche verändert?

Früher hat man schneller und radikaler geschnitten – vor allem bei den Frauen zwischen 40 und 70. Also früher war mehr klassisches Facelift. Doch dann hat man gemerkt, Prävention ist besser. Jetzt fängt man früher an, um gar nicht erst die Falten zu kriegen.

Was sind denn die »guten« kleinen OPs?

Das Oberlidlift. Da wird das Zuviel an Fett und Zuviel an Haut weggeschnitten, mit Botox kriegt man das nicht hin. Nach der OP ist der Blick viel wacher und man sieht nicht mehr so müde aus. Bei Problemen mit den Unterlidern sollte man zu Koryphäen gehen, das müssen Leute machen, die darin Routine haben. Eine ganz dankbare Operation, aber sehr schwer. Ich habe nach Unterlidliftings sehr viele unglückliche Patienten, weil sich die Partie unter den Augen verziehen kann. Dann gibt es mittlerweile auch ein minimalinvasives Stirnlifting, da zieht man mit kleinen Schnitten im Haaransatz die Haut nach oben. Dann gibt es das Bullhornlift, bei dem man nicht die Lippen aufspritzt, sondern den Abstand zwischen Mund und Nase mit einem kleinen Schnitt verringert. Dadurch werden die Lippen leicht nach oben gezogen.

Der Titel unseres Buches heißt Sich sehen. *Sehen Sie als Ärztin die Patientin nach der Behandlung anders, als sich die Frau selbst sieht? Also gehen die Blicke auseinander?*

Das ist eine super Frage, weil ich mir oft nach der Behandlung überlege: Sehe ich die Frau jetzt so viel anders? Klar sieht sie frischer aus, aber sehe ich sie so viel anders als vorher? Und oft denke ich: Nein, eigentlich sehe ich sie nicht anders als vorher. Aber wenn wir einen guten Job gemacht haben, dann finden sich die Patienten selbst jünger und fühlen sich auch so. Bei manchen Patientinnen sehe ich fast nichts und die sind super-

glücklich: Frau Fischer, was Sie da geschafft haben, ist groß-
artig!

*Das heißt, zu der faktischen Veränderung kommt immer auch das
subjektive Gefühl dazu, wie sich die Patientin nach dem Eingriff
fühlt?*

Ja ganz genau, die psychologische Komponente ist für die Frage,
wie sich eine Frau nach ästhetischen Eingriffen sieht, sehr
wichtig. Ebenso wie die Frage: Wie sehen mich die anderen?
Oft sagen Freundinnen einfach nur: Na, warst du beim Friseur?
Dabei hat sie sich die Augen machen lassen.

*Ist es nicht eher umgekehrt, dass die Schönheitseingriffe nicht gese-
hen werden sollen? Viele streiten es heftig ab. Schönheits-OPs sind
immer noch ein großes Tabu.*

Ja, das stimmt auch, darüber spricht man nicht. Ganz anders als
in Frankreich, Russland oder Amerika, wo OPs ein Statussym-
bol sind. Dort heißt es: Ich habe bezahlt und will etwas sehen
für mein Geld und es zeigen. In Deutschland ist das anders, da
versteckt man das lieber.

*Auch wenn Sie selber nicht schnippeln, greifen Sie dennoch mit Ihrer
Arbeit in den natürlichen Alterungsprozess Ihrer Patientinnen ein,
auch wenn sie »nur« Botox spritzen.*

Ich frage mal dagegen: Tragen Sie eine Brille? Gehen Sie zum
Zahnarzt? Färben Sie sich Ihre Haare? Wieso lassen Sie Ihre
Sehkraft nicht natürlich verfallen? Also ich bitte Sie, wir greifen die ganze Zeit in die Natur ein mit Hormonen, Medikamen-
ten, Maßnahmen. Brille und Zähne gelten nicht als problematisch, aber Falten wegmachen, d a s ist ganz schlimm. Das finde

ich ungerecht und sehr deutsch, weil hierzulande immer alle wissen, was man darf und was man nicht darf. Wenn einer eine dicke Nase hat, bekommt er die Psychotherapie bezahlt, aber den Höcker abzutragen, kriegt er nicht bezahlt, das ist aber manchmal die Lösung. Letztlich geht es um das psychologische Wohl des Patienten. Alles, was körperlich oder psychisch nicht schadet, ist für mich in Ordnung.

Entschuldigen Sie, dass wir insistieren, aber es gibt doch Gesichter, die nach OPs schrecklich oder sogar entstellt aussehen, wie sehen das die Betroffenen?

Also dazu gibt es interessante Studien. Nehmen wir mal das Lippenphänomen. Eine Frau, die sich die Lippen aufspritzen lässt, denkt direkt nach dem Eingriff: Oh Gott, das ist ja viel zu viel. Sie beschwert sich und sagt, das muss wieder weg. Doch nach nur drei Tagen hat sie sich daran gewöhnt, ruft empört in der Praxis an und sagt, das war zu wenig, da müssen wir nachlegen, und will mehr. Das heißt, die Frauen mit extrem aufgespritzten Lippen sehen ihre eigenen dicken Lippen nicht mehr. Da passiert etwas im Hirn, dass sie das nicht mehr sehen oder es sogar schön finden. Und ganz natürlich. Hinzu kommt, dass es ihnen auch niemand sagt.

Was tun Sie in so einem Fall?

Ich bin da ein ganz gutes Korrektiv. Bei einer Dame spritze ich einfach nur ein bisschen Kochsalz oder steck nur die Nadel rein, weil ich weiß, die ist süchtig, aber wenn ich weitermachen würde, wie sie es sich wünscht, würde es grotesk werden. Aber sie braucht nun mal diese Schwellung und dieses spezielle Gefühl.

Klingt wie bei Drogen- oder Alkoholabhängigen.

Ja, es gibt einen Suchtfaktor, der noch nicht wirklich untersucht wurde. Er sorgt dafür, dass die kognitive Verarbeitung zwischen Hirn und Auge gestört ist. Die Leute sehen das einfach nicht mehr.

Gibt es denn nicht auch Patientinnen, die das Drama bei sich selber sehen und auch erschrocken und enttäuscht sind?

Nee, äußerst selten. In 22 Jahren habe ich es ein einziges Mal erlebt, dass eine Dame sagte, ich würde am liebsten alles raus-nehmen und wüsste gerne, wie ich eigentlich wirklich aussehe. Sie war die Einzige. Die meisten wollen immer mehr und bei manchen Kollegen kriegen sie das auch.

Würden Sie der Beobachtung zustimmen, dass das eigenwillige Gesicht verschwindet und sich so eine Art Durchschnittsgesicht durchsetzt?

Früher hätte ich gesagt, ja, aber heute beobachte ich eine Art Gegenbewegung. Nehmen Sie Lady Gaga mit ihrer großen Nase. Je normativer es zugeht, desto mehr Leute gibt es, die dann in die Abweichung gehen und anders aussehen wollen.

Oder auch auf Bildern so aussehen wollen, wie sie in Wirklichkeit aussehen. In Hollywood lassen immer mehr Schauspielerinnen wie Kate Winslet vertraglich verbieten, dass ihr Foto am Computer retu-schiert oder mit Fotoshop manipuliert wird.

Das ist ein ganz zentraler Punkt. Das eine ist, was wir in echt sind und was wir in echt machen lassen. Das andere ist, wie digitale Bilder von uns hergestellt und verteilt werden. Und das ist fatal. Man erkennt die Leute oft gar nicht mehr wieder. Auch eine Michelle Pfeiffer kann nicht so aussehen wie auf den Fotos, die von ihr zirkulieren.

Gerade das Instagram-Face kennt weder Individualität noch Diversität. In Italien gibt es eine Initiative, die auf diese Uniformierung reagiert und das menschliche Gesicht als immaterielles Weltkulturerbe schützen lassen will. Wie finden Sie die Idee?

Die Idee finde ich lustig, weil diese Forderung überspitzt auf den Punkt bringt, was gerade passiert. Ich glaube aber, das wird Gott sei Dank nie nötig sein. Ich bin überzeugt, dass der große Pulk ganz gesund weitermarschieren wird. Aber weil es so grotesk ist, was auf dem Gebiet passiert, ist so eine Antibewegung genau das Richtige, um uns alle wachzurütteln.

Sie kennen uns jetzt seit einenhalb Stunden und natürlich interessiert uns, welche Eingriffe Sie uns empfehlen würden.

Ich würde mir nie anmaßen, Ratschläge zu geben. Ich würde immer fragen: Was stört Sie? Ich habe das Gefühl, Sie laufen sehr rund, alles stimmt.

Ist meine Nase nicht zu dick?

Nee, Frau März, Ihre Nase wäre mir nicht aufgefallen. Sie ist schön harmonisch, Sie haben schöne Wangen, Sie haben wache Augen.

Würden Sie an meinem Mund etwas machen? Er ist sehr schmal.

Nee, am Mund nicht, an den Mundwinkeln vielleicht, aber die sind schwer zu behandeln. Wenn Sie entspannt sind, wirken Sie durch diese Mundwinkel irgendwie traurig. Und Frau Braun, was stört Sie denn? Ich habe mir schon ein Bild gemacht und sag das nachher auch ganz ehrlich, aber vorher möchte ich wissen: Was Sie stört.

Diese Ringe am Hals und dass alles im Gesicht nach unten sackt.

Haben Sie etwas Slawisches in der Familie?

Nein, viel Schwäbisches, vom Slawischen weiß ich nichts.

Weil Ihre Wangenknochen so hoch sind und das ist erst mal ein Vorteil fürs Altern. Bei Ihnen ist es schwierig, weil Sie so schlank sind und aufpassen müssen, dass Sie nicht zu hager werden im Gesicht.

Und das Gesicht immer länger wird, meinen Sie das?

Sie haben eine sehr schöne Kontur, Sie zu operieren, wäre ein Verbrechen. Aber das Gesicht ein bisschen aufzupolstern, es etwas fülliger zu machen mit ein bisschen Hyaluron und an zwei, drei Stellen am Hals ein bisschen Botox, das würde schon viel bringen.

CLAUDIA OBERT

*Manche können nach der OP
auf der Geisterbahn arbeiten*

■ Geliftet? Ich? Wie kommen Sie denn darauf? Ich habe einfach tolle Gene geerbt. Ungefähr so antworten die meisten Frauen, wenn sie nach ihrem auffallend glatten Gesicht gefragt werden. Schönheitschirurgische Eingriffe haben den Nimbus einer heimlichen Affäre. Man gönnt sie sich – und schweigt. Wir ahnten, dass es schwierig sein würde, eine Frau zu finden, die über ihr Lifting spricht. Ganz im Vertrauen berichtete die eine oder andere von der Faltenentfernung am Hals oder an den Augenlidern. Aber in einem Buch wollte sich keine damit wiederfinden. Dann stießen wir auf Claudia Obert.

Claudia Obert, 60 Jahre alt, ist in erster Linie Geschäftsfrau. Sie besitzt in Hamburg und Berlin Boutiquen für Damengarderobe, Schuhe und schicke Accessoires. In zweiter Linie gehört sie zu jener Boulevardprominenz, deren Leistung darin besteht, sich und ihr Privatleben ins Rampenlicht zu rücken; inklusive Affären und Skandalen. Der Erfolg solcher Promis beruht zum einen auf der Überschreitung bürgerlicher Schamgrenzen, zum anderen auf der Vermarktung eines schrillen Images. Beides trifft auf Claudia Obert zu. Sie hat es von der Boutiquenbesitzerin zur Protagonistin des

Reality-TV gebracht, sie trat in Unterhaltungsshows wie »Promis unter Palmen« oder »Promi Big Brother« auf.

Ihr Image? Irgendwas zwischen schlagfertiger Schickse und cleverer Luxus-Lady, deren Leben um drei Dinge kreist: Champagner, Sex und Geld. Oder, wie Claudia Obert es selbst formuliert: »Bechern, bumsen, Business.«

Man kann sie für ein wenig vulgär halten. Man kann auch sagen, Claudia Obert ist ein Profi jener witzelnden Vulgarität, die in der medialen Trash-Kultur gefragt ist. Und in dieser Kultur haben eben auch Schönheits-OPs die Nebenfunktion einer Story, an der die Öffentlichkeit teilhaben soll. Im November 2020 postete Claudia Obert auf Instagram ein Video, das sie frisch geliftet und gerade aus der Narkose erwacht zeigt. Mit schwacher Stimme und kühlender Augenmaske grüßt sie in die Kamera. Auch das Ziehen der Operationsfäden und das Entfernen der sogenannten Lifting-Klammern vertraute sie den sozialen Medien an. Wir hatten also Grund zu der optimistischen Annahme, sie wäre bereit, mit uns zu sprechen.

Das war sie auch. Nur lassen sich mit Claudia Obert schwer Termine vereinbaren, die zeitlich weiter entfernt als achtundvierzig Stunden liegen. In zwei Wochen? »Ich weiß doch nicht«, sagt sie am Telefon, »wo ich in zwei Wochen bin.« Vielleicht in Berlin, vielleicht in Sankt Moritz, Miami oder auf Ibiza. Wo halt gerade Party ist oder die Geschäfte ihre Anwesenheit erfordern. Offensichtlich ist sie eine Frau, die sich nicht festlegen lassen möchte. Sie legt lieber selbst fest, und so teilt sie an einem Donnerstag im November 2021 überraschend per Whatsapp mit, sie sei am darauffolgenden Samstagmorgen in Berlin anzutreffen, im Schlosshotel Grunewald.

Die zum Hotel umgebaute wilhelminische Prachtvilla gilt als noble Adresse. Wer hier nächtigt, will seine Ruhe und gehobenen Komfort. Ruhe verströmt Claudia Obert bei der Begrüßung im Hotelfoyer weniger, eher die Effizienz der routinierten Macherin. Wo andere sich Zeit für Übergänge lassen, ist sie schon beim nächsten Satz, bei der nächsten Handlung. Wir nehmen in den geräumigen Polstersesseln eines holzgetäfelten Kaminraums Platz, Claudia Obert winkt einem Kellner, erzählt vom herrlichen Hotel-Pool, den sie täglich aufsuche, und gibt zwischendrin zackig die Bestellung auf. Keinen Champagner, sie trinkt Ingwerwasser. ■

Können Sie bitte beschreiben, was Sie im Spiegel sehen?

Ich sehe eine Nase, die eigentlich zu groß ist, eine Cäsarennase. Na ja, Leuten mit einer solchen Nase sagt man ja nach, dass sie willensstark und zielbewusst sind. Dann sehe ich einen perfekten Kussmund, bei dem aber die Lippen langsam schmaler werden. Da ist nicht mehr genug Kollagen drin. Dann sehe ich rechts und links von der Nase zwei ausgeprägte Falten und zwei sehr hübsche Augen. Die lassen allerdings nach, also die Sehschärfe lässt enorm nach, ich brauche wirklich starke Brillen zum Lesen.

Sie kennen die Vorzüge und die Nachteile Ihres Gesichts ziemlich genau, oder?

Ich mache ja auch einiges. Ich stehe auf dem Standpunkt: Gepflegte Falten sind besser als ungepflegte. Was ich da schon draufgeschmiert habe! Davon könnte ich mir drei Bentleys kaufen. Ich bin ein Pflegejunkie. Heute um 16 Uhr bekomme ich eine Gesichtsmaske und eine Massage. Ich gehe einmal die Woche ins Hamam, da rubbeln sie dir alles runter. Die Kaviarcreme von La Prairie, das ist meine Hausnummer.

Die ist schon ziemlich teuer.

Das können Sie sagen! Aber ich bekomme den riesigen Bottich zum Einkaufspreis, der reicht für sechs bis acht Wochen.

Und kostet?

Also normal 1000 Euro.

Und ist er es wert?

Natürlich nicht. Aber ich liebe es, mir das Zeug ins Gesicht zu schmieren, ich creme mich auch zwischendurch immer mal wieder ein. Ich liebe diese Konsistenzen, die sind wie flüssige Seide für die Haut, wie mein Lieblingschampagner. Wenn du dich alle paar Stunden eincremst, kittest du die Falten zu. Fassen Sie mal meine Hand an, wie Babyhaut.

Stimmt, ganz zart. Was geben Sie durchschnittlich im Monat für Kosmetik und Pflege aus?

5000 Euro kommen da schon zusammen, mit Massagen, Pediküre, Maniküre, Waxen und dem ganzen Scheiß. Mein Parfüm kostet allein schon 500 Euro. Klar, das ist ein kleines Vermögen, aber ich sage immer: My body is my temple. Ich mache auch jede Woche eine Schönheitsbehandlung mit Niddeling.

Das müssen Sie uns erklären. Was ist denn Niddeling?

Da wird das Gesicht mit einer Art Brausekopf massiert, in dem ganz kleine Nadeln stecken. Die perforieren die Haut so ein bisschen, das regt die Kollagenproduktion an. Die winzigen Löcher werden dann mit verschiedenen Produkten eingecremt. Ist ein toller, aber kurzfristiger Effekt. Ach so, und meine Zähne, die habe ich gerade zweimal bleachen lassen. Also, ich tue schon viel für mich. Das ist aber auch notwendig, die Haare werden weniger, die Füße werden immer breiter, ich habe den Ansatz zu einem Hallux, das kotzt mich total an. Der Hals ist noch gut. Aber ich sag mal so: Der Zahn der Zeit nagt sogar an einer Claudia Obert.

Das klingt ein bisschen, als hätte das Altern Sie überrascht.

Bis fünfzig war ich aber auch tipptopp! Ich habe Bilder von meinem fünfzigsten Geburtstag, da gibt's nichts auszusetzen. Da hatte ich auch noch eine ganz heiße Lovestory mit einem acht Jahre jüngeren, ganz tollen Mann, sehr leidenschaftlich. Aber das war eigentlich die letzte Lovestory. Also, ich finde, ich sehe immer noch gut aus, wenn ich zurechtgemacht bin. Sonst sehe ich aus wie eine ganz normale Frau, fast wie 'ne Putzfrau. Es lässt halt alles nach. Die Spannkraft der Haut lässt nach, am ganzen Körper. Ein paar Altersflecken habe ich auch schon weglasern lassen. Das Gesicht wird halt langsam zu einer Gesichtsbaracke. Wenn ich geschminkt wurde, habe ich jedes Mal gehört: Du hast doch das Geld, jetzt mach mal was.

Wogegen sollten Sie was machen?

Na die Schlupflider, Krähenfüße, Fältchen um die Augen und die Zornesfalte, das ganze Programm. Jeder, der mich geschminkt hat, hat gemeckert: Da wird jetzt gebotoxt und hier bei den Labialfalten wird Hyaluron reingespritzt und ein paar Tupfer in die Lippen. Ich wollte aber auf keinen Fall, dass sie die volle Munition reinhauen. Ich mag es nicht, wenn man aussieht, als würde man gleich platzen.

Wann haben Sie mit diesen Eingriffen begonnen?

Ungefähr vor einem Jahr, kurz nach dem Stirnlifting.

Gab es einen Grund oder einen Auslöser für das Lifting?

Der Auslöser war Jan, mein Visagist in Hamburg. Wenn ich bei ihm war, hat er gemurrt: Ich habe keinen Bock mehr, diese Schlupflider zu schminken. Und dann sagte mein Freund, der Doktor Bschorer: Nur das Schlupflid zu machen, bringt nichts. Wenn schon, dann richtig, ich mache dir ein Stirnlift.

Hatten Sie keine Angst, dass Sie hinterher entstellt aussehen könnten?

Bei manchen geht's ja auch daneben, die können nach der OP auf der Geisterbahn arbeiten. Ich hätte bei jedem anderen Arzt echt Angst gehabt, aber nicht bei meinem Freund. Ich kenne den schon seit dreißig Jahren. Er war Oberarzt in Hamburg und in der Hamburger Morgenpost stand ein Artikel über ihn. Es ging um ein Kind, das von einer Bulldogge zerfleischt worden war und sofort zu ihm auf den OP-Tisch kam. Er hat das Gesicht dieses Kindes wieder komplett hergestellt. Und zufällig war er mein Nachbar, bis dahin hatten wir gar keinen Kontakt. Aber ich war so gerührt, ich hatte Tränen in den Augen und bin spontan mit einer Flasche Champagner hoch und habe ihm gratuliert. Seitdem sind wir dickste Freunde. Der hat ein solches Wahnsinns-Talent zum Operieren. Einmal gab es einen Handwerker. Der hat über dem Kopf mit einer Flex gearbeitet, und die ist ihm aus der Hand gerutscht …

Oh nein, bitte nicht …

Und hat aus seinem Gesicht die Nase glatt rausgeschnitten. Die lag auf dem Boden. Da hat sein Kumpel geistesgegenwärtig die Nase genommen und ist mit ihm ins Krankenhaus nach Schwerin gefahren. Mein Arztfreund war gerade dabei, seinen Pieper auszuschalten, als es hieß: Professor Bschorer, bitte kommen Sie noch mal. Ich kriege immer noch Gänsehaut. Dann ist er zurück, sieht das Elend und hat 36 Stunden am Stück operiert.

Wahnsinn!

Und hat die Nase wieder eingesetzt. Man muss sich das vorstellen, dass sämtliche Arterien wieder funktionieren. Er musste die mit Elektroschocks sozusagen anbluten. Keine Ahnung, wie er das gemacht hat, dass das Blut wieder durch das tote Fleisch fließt. Jedenfalls hatte der Mann am Ende wieder seine Nase im Gesicht.

Er macht also mehr Unfallchirurgie als Schönheits-OPs?

Ja, Beauty-OPs macht er nur wenige.

Was genau hat er denn nun bei Ihnen gemacht?

Also, er hat auf dem Kopf zwischen beiden Ohren einen Schnitt gemacht und alles hochgezogen, aber zuerst hat er die Falte am Auge rausgeschnitten. Das war mir schon ein Horror, dass einer mit dem Skalpell an meinem Auge rumschneidet, wenn der keine ruhige Hand hat, schneidet er das Auge kaputt, Horror.

Er hat zuerst die Lider operiert?

Nein, ich sag doch, das war alles eine einzige OP, die Lider über dem Auge, die Krähenfüße unter dem Auge, also sämtliche Augenfalten und dann ab der Stirn die Haut nach oben beziehungsweise nach hinten gezogen, was natürlich einen guten Effekt hat. Dann hat er alles zugetackert und die Wunde vernäht. Natürlich hat er auch Haut weggeschnitten, keine Ahnung, wie das geht. Ist die Haut nicht verbunden mit der Fettschicht? Ich will das alles gar nicht so genau wissen, ich bin kein Arzt. Ich habe ihm voll vertraut, von ihm würde ich alles machen lassen. Aber wirklich nur von ihm.

Wie lange hat der gesamte Eingriff gedauert?

Keine Ahnung, ich habe geschlafen.

Aber so ungefähr, waren es ein paar Stunden oder eher ein ganzer Tag?

Ich habe nicht auf die Uhr geguckt, aber es war keine große Sache. Irgendwann wurde ich wach und hatte eine Infusion in der Hand für weiß Gott was. Ich hatte nicht ein einziges Mal Schmerzen, vielleicht waren Schmerzmittel in der Infusion.

Wie war es, als Sie sich zum ersten Mal nach der OP im Spiegel sahen?

Es war alles leicht verschwollen, aber nicht krass, wirklich nicht krass. Nur die Klammern auf dem Kopf, aber nicht blutunterlaufen und keine blauen Stellen. Die Fäden und die Nähte hat man auch nicht gesehen. Und wenn, wär's mir auch egal gewesen. Ich wäre auch grün, blau und gelb in meinen Laden gegangen, so was ist mir wurscht. Ich war zwei Nächte im Krankenhaus und danach ging's sofort wieder voll los. Ich habe schon im Krankenhaus herumtelefoniert.

Wenn es so einfach war, warum haben Sie dann nur ein Stirnlift gemacht und nicht gleich ein komplettes Facelift?

Das ist was anderes. Wenn du in der unteren Gesichtspartie alles nach hinten ziehst, dann siehst du wirklich gemacht aus. Dann bist du verzogen, das will ich auf keinen Fall. Es reicht, in die Furchen über dem Mund oder neben der Nase Hyaluron reinzuspritzen, also die Falten aufzufüllen. Das verändert nicht das ganze Gesicht. Also vor Hals und Kinn schrecke ich erst mal zurück. Wenn es mich mit siebzig stört, lasse ich es vielleicht machen.

Als Sie wieder unter die Leute gegangen sind, wie war deren Reaktion?

Alle haben gesagt: Du siehst aber gut aus! Und wenn mich jemand krass fragt, dann sage ich, ich habe mich liften lassen. Ich habe damit kein Problem, das ist wie zum Friseur gehen oder zur Maniküre. Ich habe das ja auch auf Instagram gepostet.

Wie viele Followerinnen und Follower haben Sie?

159 000, das ist nicht viel. Ronaldo hat 160 Millionen, aber ich finde, ich bin spannender als Ronaldo.

Ist Ihr Marktwert durch Ihr neues, frisches Gesicht gestiegen? Hat es Auswirkungen auf Ihre Fernsehkarriere?

Nee, null. Was da interessiert, ist der Unterhaltungswert, das sind meine Sprüche und meine Diktion. Es gibt 100 000, die besser aussehen als ich oder bessere Titten haben und ein besseres Gesicht. Aber die hocken da wie Barbiepuppen und warten auf gutes Wetter. Die kann man alle gleich nach Hause schicken. Also im Fernsehen zählt natürlich das Bild und einigermaßen ansehnlich bin ich ja. Aber ob ich die Haare links geföhnt habe oder rechts, ist scheißegal. Und ob ich eine Falte mehr oder weniger habe, auch. Ein Kumpel hat mal gesagt: »Was ich an dir so schätze: Du kannst noch den ernstesten Sachverhalt ins Lächerliche ziehen. Wenn ich in die Wüste müsste und dürfte nur einen Menschen mitnehmen, dann dich. Dann wäre wenigstens Spaß garantiert.«

Sehen Sie sich als Entertainerin?

Ich sehe mich als Clown.

Aber ein Clown hat auch eine traurige Seite.

Das stimmt. Glauben Sie bloß nicht, ich wäre nie traurig. Mein Vater ist gestorben, dann meine Mutter, also meine Kapazitäten für Traurigkeit und schlechte Gefühle sind ausgeschöpft.

Hat das Stirnlift Sie innerlich verändert? Fühlen Sie sich wie eine andere Person?

Nein, nein, nein! Ich sage doch, das war wie zum Friseur gehen. Das ändert doch nichts an meiner Personality. Wenn man einen neuen Busen kaufen könnte, würde ich das auch machen. Aber mich verändert so was nicht. Ich würde mir wirklich gern den Busen machen lassen, wie es einige meiner Hamburger Freundinnen gemacht haben. Aber ich habe Angst, das muss doch wahnsinnig wehtun. Vielleicht mit 78. Es hat ja auch zehn Jahre gedauert, bis ich das Stirnlift habe machen lassen. Ein Doktortitel, der würde vielleicht was an mir verändern. Aber ich verdanke alles meiner Art, ich war schon als Dreijährige so wie heute. Bei unserem letzten Gespräch in der Küche hat meine Mutter gesagt: »Du hast immer gemacht, was du wolltest, schon mit drei warst du so unmöglich wie heute.« Und ich habe gesagt: »Gott sei Dank, deshalb räumst du immer noch die Spülmaschine aus.« Da lache ich mich heute noch kaputt drüber.

Können Sie sich an Ihr Kindergesicht erinnern?

Bestens kann ich mich erinnern. Ich war total süß! Ich habe viele Kinderbilder, mein Vater war Hobbyfotograf, ich war zum Fressen süß. Die Leute standen vor meinem Kinderwagen wie vor dem siebten Weltwunder und haben mich begafft. Meine Mutter konnte nähen, ich hatte Kleidchen mit Spitze und ein rosarotes Kostümchen, sogar ein Mäntelchen mit Nerzbesatz. Ich sah aus wie eine süße Puppe.

Blieb das Süße und Hübsche auch in der Pubertät?

Das hat sich noch verstärkt, ich war wirklich eine kleine Lolita. Die Kerle waren hinter mir her wie der Teufel hinter der armen Seele, aber ich hinter denen auch. Ich war mir bewusst, dass ich scharf bin wie eine Axt, und habe das auch total genossen, bis mir der Männerkonsum irgendwann zu doof wurde. Alles, was ich in meinem Leben exzessiv betrieben habe, wurde mir irgendwann zu blöd. Die Rumreiserei, ein Wochenende Dubai, das nächste Istanbul, dann New York, dann Shanghai, Rio oder Moskau. Oder das Porschefahren, jeden Tag den Tank leer rasen, meine Güte, nee. Ich habe so viele Obsessionen gehabt in meinem Leben und geblieben ist nur eine: Ich bin Feinschmeckerin und Feintrinkerin.

Haben Sie den Eindruck, nach dem Lifting begehrenswerter zu sein?

Quatsch, das hat damit gar nichts zu tun. Also ich glaube, den Männern graust es vor gar nichts, ob man da Schlupflider hat oder nicht. Aber ehrlich gesagt, auf Sex habe ich schon lange keine Lust mehr.

Echt?

Fragen Sie mich nicht, wieso. Ist halt so. Dass ich so unkontrolliert auf das andere Geschlecht zugegangen bin, das war eine rein hormonelle Sache. Nach dem Motto: mein Körper, das Raubtier. Nach den Wechseljahren hat sich das geändert, und ich bin ehrlich gesagt gottfroh, dass ich nicht mehr hinter jedem Hosenbein her bin. Das ist ja auch anstrengend. Ich bin überhaupt nicht mehr eitel wie früher. Wenn ich damals in den Beachclub bin, habe ich mich eine Dreiviertelstunde aufgemotzt. Heute würde ich am liebsten so rumrennen wie jetzt, Haare zum Schwänzchen zusammengebunden und ungeschminkt. Ich muss mich sogar zwingen, zum Friseur zu gehen und mich schminken zu lassen. Da habe ich null Bock mehr drauf.

Was ist dann Ihr Problem mit dem Altern? Wovor haben Sie Angst?

Ich habe Angst, dass mir der Tatendrang abhandenkommt, davor habe ich echt Angst. Ich habe ein paar Menschen in den Tod begleitet und unmittelbar miterlebt, wie die Kräfte schwinden. Wie nichts mehr geht, wie man nicht mehr aufstehen will oder überhaupt nur trinken. Meiner Mutter, die genauso gerne getrunken hat wie ich, hat am Ende nicht mal mehr der Champagner geschmeckt.

Aber fühlen Sie sich denn besser durch das Lifting?

Mitunter ja, ich sehe halt einfach besser aus. Aber ganz ehrlich, ich bin ein solcher Fels in der Brandung, ich habe ein solches Selbstbewusstsein. Ich kann mit den ältesten Jeans und barfuß am Strand rumhängen und lerne die geilsten Typen kennen. Ich brauche keine 200 000 Klunker, um auftrumpfen zu können. Es sind 50 000 andere Weiber unterwegs, die genauso hübsch sind wie ich. Ich bin natürlich schon sehr gepflegt. In der Liga, in der ich unterwegs bin, kommt es schon darauf an, ob man gepflegt ist. Aber letztendlich zählen unterm Strich nur das Gehirn und die Personality. Man muss ein Performer sein, nicht so ein Häschen.

Und das Performen liegt Ihnen ganz besonders, oder?

Schon, ja, deshalb bin ich ja im Fernsehen in diesen Serien und mache den Bullshit mit. Die Leute denken, ich bin nicht ganz tango. In meinem Laden in Hamburg kam neulich eine rein, die war entsetzt. Frau Obert, was geben Sie öffentlich nur für eine Figur ab, Sie gehen da freiwillig in diese Serien, da müsste man mich kidnappen. Wie können Sie nur! Ich habe mir überlegt, ob ich diesen Laden überhaupt noch betrete.

Und was haben Sie der Dame geantwortet?

Ich habe gelacht. Nicht so streng, bitte! Wenn ich am Samstag im Laden bin, ich habe ja inzwischen meine eigene Sektmarke und habe in einem Monat 300 Flaschen verkübelt, dann unterhalte ich die Leute. Eine hat gesagt: »Ich bleibe jetzt hier, das ist ja besser als im Ohnsorg-Theater.« »Was?«, hab ich gebrüllt,

»Ohnsorg-Theater? Also bitte, ich hoffe doch, ich bin besser.«
Ach wir haben so viel Spaß.

*Wenn Sie als Entertainerin mit und ohne Falten Erfolg haben, dann
stellt sich schon die Frage, für wen Sie das Lifting eigentlich gemacht
haben.*

Für mich habe ich es gemacht.

Nicht für die Männer oder für andere Frauen?

Also, ich habe mich noch nie in der Konkurrenz zu anderen
Frauen gefühlt, noch nicht ein einziges Mal. Leben und leben
lassen ist mein Motto seit meiner Kindheit. Und ehrlich gesagt,
bin ich echt froh, wenn mal eine toller ist als ich. Ich suche
immer den Kontakt zu den tolleren Frauen, ich will mich eher
in deren Glanz sonnen, als selbst die Tollste zu sein, an der alle
kleben.

Erkennen Sie in Ihrem Gesicht Ihre Eltern?

Neee. Eine berühmte deutsche Milliardärin hat mich mal gefragt: Kommen Sie nach Ihrem Vater oder nach Ihrer Mutter?
Da habe ich gesagt, ich komme nach …

*Entschuldigung, wir haben Sie nicht verstanden, das ging in Ihrem
Gelächter unter.*

Ich habe gesagt: »Ich komme nach Onassis!« Gott sei Dank sehe
ich nicht aus wie Onassis. Aber mal im Ernst, man ist nicht das
Abbild seiner Eltern. Ich bin das Abbild von zehn Millionen
Jahren, die Menschheit ist alt und die Gene kommen nicht nur
von Vater und Mutter, das bilden sich alle ein.

Aber sehen Sie Ihrem Gesicht Ihre Lebenserfahrungen an? Bilden die sich irgendwie ab?

Nein, nicht im Gesicht, auf der Seele.

Ist Ihr Gesicht nicht gezeichnet von den sogenannten Spuren des Lebens?

Wenn sich die in meinem Gesicht zeigen würden, könnte ich nicht mehr unter die Leute. Ich bin ja keinem Ärger aus dem Weg gegangen.

ROBERT
SEETHALER

*Für mich ist der Blick
das Intimste zwischen Menschen*

■ Die meisten Mädchen verbringen während der Pubertät sehr viel Zeit vor dem Spiegel, wir machten es auch. Wir wollten herausfinden, ob wir schön waren. Was an unserem Gesicht als schön gelten konnte und was nicht so gelungen war. Unser Vergleichsmaßstab waren vor fünfzig Jahren allerdings nicht Tausende Gesichter auf Instagram, sondern ein Dutzend Klassenkameradinnen. Einige waren unbestreitbar hübscher, einige weniger. Mit diesem Befund hätten wir zufrieden sein und die fanatischen Selbststudien vor dem Badezimmerspiegel einstellen können.

Aber wie bei vielen anderen, die sich im Übergangstumult der Pubertät befinden, blieben Zweifel. Denn um Schönheit geht es hier ja nur vordergründig. Was wir in diesem Alter tatsächlich erforschen, ist unsere Richtigkeit als Person — so seltsam es klingt. Wir wollen wissen, ob es für das Wesen, das uns aus dem Spiegel ansieht, einen Platz in der Welt gibt, der sich als richtig bezeichnen lässt. Die Unsicherheit gegenüber dem eigenen Gesicht ist die Stellvertreterin einer Art existenzieller Gesamtunsicherheit. Warum sehe ich aus, wie ich aussehe? Warum bin ich die, die ich bin? Warum bin ich überhaupt hier? Ohne diese alten Kinderfragen gäbe es vermutlich weder Religion noch Kunst und Philosophie. Sie überführen die Unsicherheit in eine Erzählung, geben ihr eine Ausdrucksform.

Die Idee, mit Robert Seethaler zu sprechen, hatte mehrere Gründe. Zum einen übt er zwei Künste aus, bei denen das Gesicht eine scheinbar gegensätzliche Bedeutung hat. Als Schauspieler agiert er vor Publikum, was im Kern nichts anderes bedeutet, als sich und sein Gesicht öffentlich zu zeigen. Als Schriftsteller sitzt er allein in einem Zimmer, niemand sieht ihm beim Schreiben zu, niemand beobachtet sein Gesicht.

Zum anderen ist dem geborenen Österreicher Robert Seethaler die Erfahrung existenzieller Unsicherheit und einer grundsätzlichen Fremdheit von Kind auf bekannt.

Er wurde mit einem starken Sehfehler geboren, auf einem Auge hat er minus 18, auf dem anderen minus 19 Dioptrien, das ist nahe der Blindheit. Dennoch besuchte er als junger Mann die Schauspielschule im Wiener Volkstheater, spielte zahlreiche Bühnen- und Filmrollen. Oder gerade deshalb?

Wie ist das Verhältnis zum eigenen Gesicht, wenn man es ohne hochgradige Sehhilfen im Spiegel kaum erkennen kann? Spannende Fragen seien das, sagte Robert Seethaler, als wir ihm unser Projekt schilderten und um ein Treffen baten. Aber er war skeptisch. Von Interviews im typischen Zeitungsstil, diesem mechanischen Abgefragtwerden und Antwortenmüssen, halte er nämlich nichts. Er überlegte lange, schließlich sagte er zu.

So erschien der schmale, sehr große Robert Seethaler an einem regnerischen Frühlingstag 2021 in Luzias Wohnung. Den Weg von Kreuzberg, wo er seit Langem lebt, hatte er zu Fuß zurückgelegt, »ein bis eineinhalb Stunden«. Für einen Mann, der gern allein ist, nicht der Rede wert. Nach dem Gespräch lief er wieder zu Fuß nach Hause. ■

Könnten Sie bitte beschreiben, was Sie im Spiegel sehen?

Nein, nein, bloß nicht. Den stell ich gleich wieder weg. Das ist mir zu intim, sogar vor mir selbst zu intim, das ist unerträglich.

So schlimm, warum denn?

Moment, das ging mir jetzt ein bisschen zu schnell. Ich kann nur sagen, dass ich nie in den Spiegel schaue oder versuche es zu vermeiden. Es ist mir einfach nicht angenehm, schon gar nicht, wenn mir jemand dabei zuschaut. Ich rasiere mich sogar ohne Spiegel.

Wir müssen uns nicht rasieren und wir kennen Tage, an denen wir auch lieber nicht in den Spiegel schauen. Ganz vermeiden lässt sich das aber nur schwer.

Ich schaue einfach nicht hin.

Auch nicht, als Sie gerade mit dem Aufzug hochgefahren sind?

Ich habe nicht mal gesehen, dass da ein Spiegel drin ist. Ist da ein Spiegel? Klar, es gibt Augenblicke, wo man nicht ausweichen kann, wo der Blick zufällig in einen Spiegel fällt. Und das Schreckliche ist vielleicht die Angst, verrückt zu werden bei dieser plötzlichen Konfrontation mit dem, wie soll ich sagen, mit dem wirklichen Selbst. Es gibt diesen Schockmoment: Das bin ja ich! Als wäre man plötzlich aus Raum und Zeit gefallen, aus allem herausgefallen. Ich stottere herum, weil ich es nicht genauer beschreiben kann. Es ist nicht intellektuell nachvollziehbar, sondern wirklich ein tiefer Schreck.

Wir sitzen hier an einem großen Tisch mit ein paar Metern Abstand zueinander. Wie gut sehen Sie unsere Gesichter?

Nicht sehr gut, aber das macht nichts. Sie wissen ja wahrscheinlich, dass ich von Geburt an sehr schlecht sehe, ich war lange Zeit auf der Grundschule für Blinde und Sehbehinderte in Wien. Normalerweise trage ich dicke Brillen, aber jetzt Kontaktlinsen. Sie dürfen meine Gesichtsbewegungen nicht missverstehen. Das ist nicht neurotisch, aber ich muss manchmal zu Ihnen hin blinzeln, um überhaupt etwas wahrzunehmen. Ich muss die Lichteinflüsse ausschalten und mir ein Löchlein schaffen. Oft wäre ich gern ein Lemur im Urwald-Dunkel, der im Verborgenen sitzt und mit großen Augen hinausguckt. So hab ich mich eigentlich immer empfunden. Ich wurde ja mehrfach operiert an den Augen und hatte eine Netzhautablösung, das ist mein Lebensthema, das Sehen beziehungsweise das Nichtsehen. Für mich ist der Blick das Intimste, was Menschen untereinander austauschen können, intimer als jeder sexuelle Akt.

Dann ist es aber schon aberwitzig, dass ausgerechnet Sie …

… Schauspieler werden. Ich weiß, es ist eigentlich vollkommen idiotisch, wenn man sich den Blicken aussetzt, so verletzt, wie ich mich fühle. Aber es hatte schon auch seinen Sinn. Gesehen zu werden, ist für mich wirklich schwer auszuhalten, außer natürlich, ich kriege es nicht mit. Und auf der Bühne, dachte ich mir zumindest, stehe ich in diesem prallen Rampenlicht und sehe gar nicht, dass ich angeschaut werde. Und aus welchen Gründen auch immer war das die Hoffnung oder die Illusion, die mich in die Schauspielerei trieb. Ist aber nicht gut gegangen. Ich stand da auf der Bühne wie eine offene Wunde, ständig verletzt, ohne die Verletzung überhaupt richtig zu spüren.

Aber auf der Bühne hat es der Schauspieler ja nicht nur mit den Blicken des Publikums zu tun, sondern erst mal mit den anderen Schauspielern. Wie viel konnten Sie denn von deren Mimik erkennen? Für das Spielen ist es doch wesentlich, darauf zu reagieren.

Vielleicht war ich ja nie ein guter Schauspieler. Oder vielleicht gerade deshalb, weil ich eben nicht so erwartbar reagiert habe. Außerdem bin ich ja nicht blind und jetzt mit den Kontaktlinsen geht es gut. Trotzdem, mit dem Spielen auf der Bühne habe ich vor zwanzig Jahren aufgehört, weil es mich zerfressen hat. Ich war krank und ich meine das im wortwörtlichen Sinn. Ich habe mich als sehbehindertes Kind irgendwann mal ins Rampenlicht gestemmt, in der absurden Hoffnung, mich darin verstecken zu können. Ich stand da aber entsetzlich beschämt. Und es war meine Rettung, dass ich mich auf das zurückbesinnen konnte, was ich gewohnt war. Nämlich meine kleine, eigene, ganz persönliche Erfahrenswelt, und dann habe ich zu schreiben begonnen. Ich muss mich nicht mehr ausstellen und zeige trotzdem viel mehr von mir, als ich es je vorher als Schauspieler gekonnt hätte. Das ist eine kleine Befreiung.

Glücklicherweise! Aber Schauspieler sind Sie ja trotzdem noch, nämlich Filmschauspieler, und da zeigen Sie sich der Kamera. Wie geht es Ihnen damit?

Beim Filmen fühle ich mich beschützter, da steckt die Technik dazwischen. Es guckt im Moment des Spielens niemand zu, es gibt kein Publikum. Das ist der Unterschied.

Kleine Zwischenfrage: Werden Sie oft für einen ganz bestimmten Typus gecastet?

Ja.

Und für welchen?

Ich kann eher sagen, für welchen nicht. Ich bin nun mal sehr groß, da kommen die meisten Hauptrollen für mich nicht infrage. Mit einer Liebesgeschichte brauche ich gar nicht anzufangen, wenn ich mich wie ein Fragezeichen zur Partnerin beugen muss, das wird nichts. Sie müssen meine Schauspielerei aber im richtigen Verhältnis betrachten. Ich schreibe jetzt seit siebzehn Jahren, das sind siebzehnmal rund 300, also 5000 Tage. Und in der gleichen Zeit habe ich vielleicht 50 oder 100 Tage gedreht.

So berechnet stimmt das natürlich. Aber keine Arbeit lässt sich rein statistisch bemessen. Es geht schon auch um Ihr Prestige, und Sie haben immerhin 2015 in Ewige Jugend *von Paolo Sorrentino mitgespielt, der den Europäischen Filmpreis bekam. Das ist schon was.*

Ja, das war gut, da spielte ich einen Bergsteiger. Merkwürdigerweise scheine ich so etwas auszustrahlen, als Österreicher kenne ich die Berge natürlich, aber ich bin überhaupt kein Bergfex. Ich bin viel zu feingliedrig dafür. Aber Sorrentino hat mich offenbar so gesehen.

Wie haben Sie sich auf die Rolle denn vorbereitet?

Ich musste den Text auf Englisch lernen.

Wir gehen ganz naiv davon aus, dass Schauspieler auch vor dem Spiegel üben.

Also nur die schlechten stellen sich vor den Spiegel. Man entwickelt das aus sich heraus, es geht doch darum, die Rolle mit seiner Seele zu füllen und nicht mit Grimassen. Herrje, jetzt reden wir schon wieder von der Schauspielerei. Gerade habe ich Ihnen vorgerechnet, dass es sich um 50 Tage in den vergangenen 20 Jahren handelt!

Gut, der Punkt geht jetzt definitiv an Sie! Wir hätten da noch eine andere delikate Frage an den Mann Robert Seethaler. Ihnen ist schon bewusst, dass Sie ein schönes Gesicht haben?

Das beschämt mich, wenn Sie so was sagen.

Warum?

Weil ich das nicht weiß und auch nicht glauben kann. Ich hab auch noch nie einen Film von mir angesehen.

Wirklich?

Noch nie. Das klingt jetzt vielleicht ein bisschen kokett, manchmal war ich doch irgendwo bei einer Premiere oder so. Aber wenn es sich irgendwie vermeiden lässt, dann nein, nein, bloß nicht.

Weil?

Weil ich es nicht will. Ich kann das nicht sehen. Ich schäme mich in Grund und Boden. Die Scham ist ein ständiges Kratzen an der Seele, ein Zersetzen. Wenn ich sage: Ich schäme mich in Grund und Boden, dann meine ich das so.

Das Wort »beschämt« haben Sie vorhin schon verwendet. Es ist tat-sächlich ein schwer zu beschreibendes Gefühl. Können Sie trotzdem versuchen zu erklären, was genau Sie mit Ihrer Scham meinen?

Sie ist mein ständiger Begleiter. Ich habe gelernt, mit ihr umzu-gehen. Sie hat mich zu Zeiten überfallen, als ich sie nicht ein-mal benennen konnte. Das war als Schauspielschüler, da war ich aggressiv oder ängstlich oder krank. Aber dahinter steckte nichts als Scham. Jetzt kenne ich sie, ich habe sie sozusagen eingeladen. Sie geht mir zwar auf den Geist, aber so ist es eben. Ich setze mich heute auch nicht mehr allen schambesetzten Situationen aus.

Das hört sich so an, als sei Scham ein weiteres großes Lebensthema für Sie.

Ist es auch.

Aber Scham wofür?

Sie kennen doch sicher auch Schamgefühle?

Und ob! Und zwar Scham für alles Mögliche, peinliche Situationen, öffentliche Auftritte, von denen man sofort danach weiß, dass man sie versiebt hat. Oder, das kennen Sie vielleicht auch, Wissenslücken, die im Gespräch mit Hypergebildeten auffliegen. Wirklich, wir wissen, wovon bei Scham die Rede ist. Oder wenn man sich im Fernsehen sieht und entsetzt feststellt, höchstens zu fünfzig Prozent so toll auszusehen, wie man irrsinnigerweise annahm. Das ist durchaus beschämend.

Immerhin! Stellen Sie sich vor, es wären nur zehn Prozent. Das ist weniger beschämend als bescheuert, ehrlich gesagt.

Wenn wir Sie jetzt zwingen würden, einen Film von sich anzuschauen, was wäre daran bescheuert?

Das kann ich eben gar nicht so in Prozenten ausdrücken oder ermessen. Ich schäme mich nicht für etwas Bestimmtes, für meine Nase oder meine Ohren. Es ist viel unkonkreter. Es ist, als würde ich mich für mein ganzes Sein schämen. Dieses Gefühl begleitet mich, ich muss mich gar nicht sehen dafür, aber es wird ganz leicht getriggert. Ich habe einmal in einem Roman geschrieben, die Scham und die Lust sind Geschwisterchen, die Hand in Hand durchs Leben gehen.

Das war in Ihrem Roman Der Trafikant.

Genau. Und es stimmt auch. Die Scham kann etwas Lustvolles sein, gute Schauspieler gehen damit mehr oder weniger bewusst um, indem sie sie ausstellen und sozusagen ihr Mäntelchen öffnen.

Nennen wir es einmal Seins-Scham: Wird sie durch das Sichsehen irgendwie noch befördert?

Das kann eine Initialzündung sein, wie der Spiegel im Aufzug. Der kann das auslösen, aber nicht nur. Ich gehe manchmal spazieren und plötzlich wird mir bewusst, das bin ja ich! Und das ist etwas Fürchterliches. Das ist ein Flash, der fast der Todesangst nahekommt. Vielleicht ist es aber auch schon Todesangst, und vielleicht liegt sie im eigenen Gesicht. Ich weiß es nicht.

Wir ahnen, was Sie meinen. Könnte man sagen, Sie schämen sich nicht für Ihr Gesicht im konkreten Sinn, also für Nase, Mund oder sonst etwas. Sondern für das, was das Gesicht symbolisiert, nämlich das Ich und seine Existenz.

Ja, in die Richtung geht es wohl. Der Begriff Seins-Scham, den Sie gerade verwendet haben, ist nicht unbedingt falsch. Ich selbst nenne es eher Gesichtsscham.

Ist sie unter anderem der Grund, weshalb Sie nicht gern in den Spiegel schauen?

Das meinte ich vorhin mit Initialzündung. Die Begegnung mit dem Spiegelbild weckt diese Gesichtsscham, und das ist kein Gefühl, um das ich mich reiße.

Und wie geht es Ihnen, wenn Sie Fotos von sich sehen?

Das geht besser. Mit der Abstraktion komme ich besser zurecht, und das Foto ist ja eine Abstraktion oder eine Kunst. Fotos von mir sind mir nicht angenehm, aber sie sind aushaltbar.

Uns ist aufgefallen, dass Sie auf Fotos einen sehr direkten Blick in die Kamera haben, und dadurch ist Ihre Sehbehinderung überhaupt nicht zu erahnen.

Ich glaube, das ist auch im Leben so. Weil ich so schlecht sehe, muss ich auch nicht ausweichen. Wahrscheinlich kann ich den Blick sogar besser halten als andere Menschen. Er verläuft für mich im Diffusen, ohne dass es mein Gegenüber merkt. Es ist schwer, den Blick zu halten, das können nur die allerwenigsten.

Sie kennen bestimmt die Performance The artist is present *von Marina Abramović von 2010. Sie saß jeden Tag sieben Stunden, insgesamt waren das 736 Stunden, auf einem Stuhl im New Yorker Museum of Modern Art und Besucher konnten sich ihr gegenüber hin-setzen. Sie schaute ihnen bewegungslos in die Augen, mehr passierte nicht.*

Ja, und viele sind in Tränen ausgebrochen. Es war eine Konfrontation mit sich selbst. Man sieht ja im anderen nur, was man sehen möchte oder gerade nicht sehen möchte. Gesichter sind nichts anderes als Projektionsflächen. Und wenn jemand nicht reagiert wie Frau Abramović, dann glauben die Menschen, sich selbst zu erkennen, oder tun das vielleicht wirklich für einen Moment.

Apropos erkennen, eine ganz andere Frage: Erkennen Sie in Ihrem Gesicht die Gesichter Ihrer Eltern?

Ja, natürlich. Aber vielleicht sage ich das bloß, weil man es gewohnt ist, auf diese Frage mit Ja zu antworten. Und da kommt bei mir sofort ein Misstrauen auf, ob ich nur beipflichte, um Sie zufriedenzustellen und dieses Gespräch voranzubringen. Wenn ich ganz ehrlich bin, weiß ich es nämlich nicht.

In Ihrem Roman Der letzte Satz *sagt Alma Mahler zu ihrem Mann Gustav: »Ich bin das, was du sehen würdest, wenn du mich wirklich ansehen würdest.« Heißt das, er erkennt sie nicht, weil er nur sieht, was er sehen möchte?*

Ja, ungefähr so. Wenn du endlich mal deine blöden Projektionen und Wünsche und Träume, deinen ganzen Narzissmus zur Seite legen könntest und gucken würdest, wie ich hier sitze. Beschreib mich mal, wie sehe ich aus? Siehst du, was ich gerade denke? Machen wir doch mal ein kleines Experiment hier am Tisch. Wenn ich Sie jetzt bitten würde, mir zu beschreiben, was Sie sehen.

Ich?

Ja, ich schaue ja nach rechts, zu Ihnen, Ursula.

Na, Sie sind gut. Den Handspiegel haben Sie vorhin sofort wegge-schoben, weil er Ihnen zu intim ist. Und jetzt soll ich das für Sie über-nehmen?

Sie weichen aus, ist ja auch Ihr gutes Recht. Weil es eben kaum aushaltbar ist. Ich frage Sie aber noch mal.

Sie haben es so gewollt. Aber nicht zornig zur Tür rausrennen, wenn Ihnen das Ergebnis nicht gefällt.

Das ist Ihr Risiko.

Also auf den ersten Blick haben Sie ein klassisches ovales Männerge-sicht, man könnte mit Ihnen gut Werbung machen.

Werbung? Wofür denn?

Keine Ahnung, Rasierwasser für den Dreitagebart, Oberhemden, Städtewerbung ginge auch. Für Ihr Alter haben Sie relativ wenig Falten.

Und was denke ich gerade?

Das weiß ich nun wirklich nicht. Aber was mir schon seit einer Stunde auffällt: In Ihrem Gesicht gibt es eine Zweiteilung zwischen oben und unten. Ihre Augenpartie ist klarer, irgendwie erwachsener als die Mundpartie, die kommt mir etwas kindlicher vor. Oh Gott, Sie gucken jetzt schon beschämt, aber Sie wollten es wissen.

Nee, ich gucke nicht beschämt. Mich berührt eher, dass Sie etwas versucht haben, was schwer auszuhalten ist. Was darf ich sagen, was nicht, wie kann ich ehrlich antworten, ohne ihn zu verletzen. Und jetzt kichern Sie.

Dann hat es ja manchmal auch Vorteile, wenn man sich nicht anschaut. Sigmund Freud beispielsweise hat gesagt, die Psychoanalyse ist nur möglich, wenn man sich nicht sieht.

Ich glaube tatsächlich, dass es so ist. Für mich ist das Nichtsehen der Rückzug in ein Sicherheitsgebiet. Das ist seit meiner Kindheit so, ich nehme die Brille ab und bin in Sicherheit, viel mehr als mit scharfem Blick. Es kommt mir sogar so vor, dass ich nur dann wirklich gut sehe, wenn ich die Augen schließe. Das klingt jetzt …

… etwas paradox.

Aber es ist die Wahrheit, zumindest ist es meine Wahrheit.

SIBYLLE LEWITSCHAROFF

In meiner erdachten Existenz hatte ich mein Gesicht, aber ins Schöne gewendet

■ Der Schriftsteller Edgar Allan Poe schrieb einmal, ihm graue es vor Spiegeln, vor dem anderen, dem Doppelgänger, der ihn ansähe.

Ob Grauen oder nicht – eine flüchtige Irritation beim Blick in den Spiegel kennt vermutlich jeder. Man ist plötzlich zu zweit, als reales Wesen und als dessen Gegenüber.

Es gibt eine Tätigkeit, die dieser Verdoppelung ähnelt. Vielleicht ist Tätigkeit das falsche Wort, wenn man darunter praktische Handlungen versteht. Denn diese Tätigkeit geht nur im Kopf vor sich, für Außenstehende ist sie unsichtbar. Gemeint ist das Tagträumen, Sigmund Freud nannte es »vorbewusstes Phantasieren«. Tagträume unterscheiden sich von Nachtträumen in einem wesentlichen Punkt: Wir können sie steuern. Wenn wir im Schlaf träumen, sind wir Zuschauer des Films, den das Unterbewusstsein uns vorspielt. Im Wachzustand agieren wir als Regisseur, wir beeinflussen die Handlung unseres Kopfkinos, wir bestimmen das Casting und fast immer geben wir uns die Hauptrolle. Wir spielen uns selbst – allerdings in einer glanzvollen Version. Denn Tagtraumdoppelgänger sind in der Regel um einiges schöner, verführerischer, selbstbewusster, erfolgreicher, glücklicher. In Tagträumen sausen wir vor jubelndem Publikum steile Skipisten hinab, stehen als Starsopranistinnen auf der Bühne, nehmen den Literaturnobelpreis in Empfang, obwohl wir uns in Wahrheit keine zwei Schritte auf Skiern halten können, beim Singen keinen Ton treffen und in Stockholm noch nie jemand unseren Namen gehört hat.

In Tagträumen sieht man sich in einer idealisierten Wunschversion. Tagträume sind immer größenwahnsinnig und deshalb etwas peinlich.

Wir wissen, wovon wir reden. Wir hätten uns als Jugendliche lieber beim Klauen erwischen lassen, als zu verraten, was wir so vor uns hinfantasieren.

Ursula sah sich in ihrem jugendlichen Kopf als Adoptivtochter von Pierre Brice, dem wunderschönen Winnetou-Schauspieler. Sie lebte bei ihm in Paris. Er brachte sie morgens an der Hand zur Schule, holte sie mittags wieder ab und führte sie zum Mittagessen in ein Bistro, wo sie vom Kellner mit lautem Hallo begrüßt wurde. Dass sie in der Realität kein Wort Französisch sprach, war für die Tagtraumgeschichten unwesentlich. Luzia wiederum erschuf sich etwa im gleichen Alter eine Fee, die sie durch den Identititätskuddelmuddel ihrer Pubertät lotste. Die Fee wusste, ob es wichtiger war, einen schönen Busen oder gute Schulnoten zu haben. Ob sie wie Janis Joplin oder wie Mutter Theresa werden sollte, ob es sich besser in Rom oder New York leben ließ.

Kaum jemand verrät seine Tagträume, sie gehören zum Intimsten, was wir geheim zu halten suchen. Aber ob Menschen ganz grundsätzlich Tagträumer sind, das lässt sich erspüren. Bei Schriftstellern und Schriftstellerinnen kann man davon ausgehen, vor allem bei jenen wie Sibylle Lewitscharoff, in deren Literatur das Fantastische eine besondere Rolle spielt. In ihrem gesamten literarischen Werk bedient sich die Büchnerpreisträgerin der unbegrenzten Freiheiten der Imagination. In ihren Romanen ereignen sich Wunder. Löwen können sprechen und Tote begeben sich aus der Unterwelt in die Diesseitswelt der Lebenden.

Als wir mit Sibylle Lewitscharoff kurz vor Weihnachten 2020 am Tisch ihrer Küche saßen, wollten wir zunächst nur wissen, wie sie ihr Gesicht sieht und beurteilt. Und wie oft in unseren Gesprächen war es der Schlüssel zu einem anderen Thema. ∎

Können Sie bitte beschreiben, was Sie im Spiegel sehen?

Ich sehe heute eine zwar gut frisierte Dame, aber vom Antlitz her etwas mürbe, müde, nicht geschminkt, keine Augenbrauen betont wie sonst, die Lippen nicht nachgezogen, was ich gerne tue. Insofern sehe ich sehr naturhaft aus, a bissle langweilig.

Ein häusliches Gesicht sozusagen.

Ein häusliches Gesicht mit guter Frisur, weil ich gestern beim Friseur war.

Sind Sie generell mit Ihrem Spiegelbild zufrieden?

Also das kommt sehr auf die Verfassung an. Das ist immer unterschiedlich. Jetzt werde ich noch dabei beobachtet, das ist sowieso noch mal anders. Sagen wir mal so: Ich habe zwei bis drei Modi. Es gibt durchaus Augenblicke, wo ich verliebt in den Spiegel schaue und es toll finde, was mir da entgegenlacht, wenn ich gut geschminkt bin und gut gelaunt, bin ich sehr zufrieden. Dann gibt es den Schreckensmoment, wo ich denke: Also heute siehst du aus wie ein verdorbenes Brötle, echt furchtbar. Und es gibt die Zwischenformen. Aber ich würde sagen, die Bandbreite zwischen dem Annehmen, wie ich aussehe, und dem Verwerfen, die ist ziemlich groß, das schwankt sehr und früher war das noch stärker.

Wenn Sie im Alltag an Spiegeln vorbeikommen, schauen Sie sich reflexhaft an?

Das tue ich wenig, weil ich kurzsichtig bin, ich sehe da so verwaschen aus, das bringt nix.

Kommunizieren Sie mit dem eigenen Spiegelbild?

Wie? Sprechen? Nein! Ich rede zwar manchmal mit mir, aber eher unflätig: du taube Nuss, jetzt hast du wieder nichts hingekriegt, so was mache ich schon, aber nicht mit dem Spiegelbild.

Können Sie sich an den Moment erinnern, an dem Sie Ihr Gesicht zum ersten Mal bewusst gesehen haben?

Nein, ich weiß nur, dass ich als Kind sehr zufrieden war mit dem, wie ich auf Menschen wirkte. Mir wurde immer gesagt, dass ich ein hübsches Kind sei. Dass man mich wohlwollend betrachtet hat, da war ich mir sehr sicher. Ich weiß nicht mehr, wer das alles gesagt hat, meine Eltern, meine Großmutter, mein Vater vor allem, der liebte mich. Und wenn ich Fotos sehe, muss ich sagen, das stimmt. Ich war ein hübsches Kind. Und ich war nicht vorlaut, eher ruhig und besonnen, und habe eher zugehört. Das ist bei Kindern ja interessant, wenn sie nicht gleich rumkrähen, sondern so etwas wie stille Geheimnisse hüten. Dann sieht vielleicht auch ein Kindergesicht interessant aus. Kurzum, ich fühlte mich als Kind als ein gut gelungenes Kind.

Ihr Vater war Bulgare. Ihre Mutter Deutsche. Haben Sie je in Ihrem Gesicht nach den Spuren der Herkunft gesucht?

Ich habe bulgarische Anteile, kam mir immer bulgarisch vor, nur zufällig in Schwaben geboren. Die Leute auf der Schwäbischen Alb sehen auch so ein bisschen aus wie ich, dunkelhaarig, mit dunklen Augen. Manche dachten, ich käme von dort, von der Schwäbischen Alb. Von meiner Mutter habe ich gar nichts, sehe überhaupt nicht aus wie sie. Meine Mutter war groß, blond, blauäugig und sehr schlank, sah total anders aus als ich.

Was würden Sie als den bulgarischen Faktor in Ihrem Gesicht bezeichnen?

Ich habe keine starke Ähnlichkeit mit dem Vater, bin ihm aber näher als der Mutter. Mein Bruder sieht viel bulgarischer aus, er ähnelt sehr dem Großvater. Zuschreibungen gab es sicherlich wegen meines Nachnamens. Mit dem bin ich schon in der Schule aufgefallen. Es war eine Zeit, in der ich das einzige Mädchen war mit einem fremden Namen. Das gab es in den 50er-, 60er-Jahren nicht so oft. Selbst die Flüchtlinge, die aus Ostpreußen kamen, hatten deutsche Namen. Insofern war das immer Thema. Im Guten.

Sie waren elf, als sich Ihr Vater das Leben genommen hat. Können Sie sich an sein Gesicht erinnern?

Absolut. Es ist unbestritten, das sage nicht nur ich: Er war ein sehr schöner Mann mit einem sehr ebenmäßigen Gesicht und vollen dunklen Haaren.

Können Sie ihn in Ihrer Fantasie altern lassen?

Nein, kann ich nicht.

Aber Sie können nach all den Jahren Ihren Vater von damals innerlich noch vor sich sehen?

Ja, absolut, und immer wenn Patienten von meinem Vater meinen Bruder oder mich gesehen haben, sagten sie: Na so was, das hätten wir besser erwartet. Wir waren ganz hübsch, aber nicht so schön wie der Vater.

Wie hat sich Ihr Leben als Elfjährige ohne Vater verändert?

Nach dem Tod meines Vaters habe ich ein Paralleluniversum meiner Existenz betreten. Ich habe mir eine Geschichte aufgebaut, an der ich permanent weitergedacht habe, wenn ich in der Schulbank saß und keine Lust hatte, dem Lehrer zuzuhören, vor dem Einschlafen, permanent habe ich ein anderes Leben geführt, ein bis ins Detail ausgedachtes Leben.

Sie waren ein anderer Mensch?

Ja, ich war eine andere mit meinen Zügen, nur verschönt, aber erkennbar, mit einer völlig anderen Vita und vollkommen anderen Fähigkeiten. Ich habe zum Beispiel fantastisch Klavier und Geige gespielt. Ich habe Indianerkriege angeführt, ich habe ein Konzentrationslager befreit, habe also ein ungemein turbulentes Neben-Leben geführt und das Wesentliche daran war, fantastisch auszusehen, es aber nicht zu wissen und auch nicht einzusetzen, sondern immer wieder verblüfft zu sein, mich so zu sehen in meiner erdachten Existenz.

Also das Alternativ-Ego war nicht narzisstisch, eher heroisch?

Heroisch ja, aber auch narzisstisch. Also ich, die sich die Figur ausgedacht hat, war natürlich narzisstisch. Die Figur war es nicht, die war ausgesprochen edel, hilfreich und gut bis zur Selbstaufgabe. Sie war schön, ohne es zu wissen, und vollbrachte ungeheure Heldentaten. Und das Tolle an der Geschichte ist, sie wurde mit den Jahren immer stärker ausgebaut, mein Tagtraum-Ich wurde älter und älter, über 45 kam es jedoch nie hinaus.

Erinnern Sie sich noch an alle Details der Geschichte?

Absolut. Es war zu besetzt für mich, ich konnte nicht einschlafen, ohne eine Etappe neu zu beleben, in ein neues Kleid zu schlüpfen, und das dauerte jeweils mindestens eine halbe Stunde und das ist ja lang.

War das Subjekt dieser Geschichte ein ICH?

Das ist eine gute Frage. Kann ich eigentlich nicht sagen. Ich habe mich agieren sehen vor meinem inneren Auge, habe mir die Sätze vorgestellt, die ich sage, also das war eindeutig ich, aber in einer ganz anderen Gestalt. Ich war zwar gleich groß, aber ganz schlank, hatte mein Gesicht, aber ins Schöne gewendet.

Was war denn schöner?

Das Profil war noch besser, das leicht Flächige war weg, es war schmaler, die Augen waren etwas größer, Mund und Nase waren gleich. Der Eindruck war intensiver, allein das Gesicht erzeugte dieses In-den-Bann-Ziehen, Sprechen war nicht nötig, nur Aussehen. Es ist kurios, dass ich in meinem wirklichen Leben eine Schwatztante war, in meinem imaginierten Leben habe ich fast nicht gesprochen, nichts erklärt, ich habe viel getan und anderen befohlen, was sie tun sollen. Es war sehr machtvoll.

Und dieses Paralleluniversum hat angefangen, als Ihr Vater gestorben ist. Sehen Sie da einen Zusammenhang?

Ja, es muss einen geben, den ich aber nicht kenne. Aber zeitlich ist das eindeutig. Ich habe sechs Wochen nach seinem Tod damit angefangen. Vorher gab es diese Figur nicht. Ich glaube, ich habe mir eine Art Ersatz geschaffen. Denn ich hatte plötzlich ganz andere Eltern. Ich habe mir eine irre Elternkonstellation ausgedacht. Mein Vater war ein Abkömmling der Rothschilds – da können Sie jetzt gerne lachen –, der von der Familie verstoßen wurde und in Amerika als Ethnologe gearbeitet hat und sich eine schöne Indianerin zur Frau nahm, was in seiner Familie mehr als Zorn erregte, und er wurde ausgestoßen. Und ich kam zur Welt und mein Bruder, der jünger war, kam auch zur Welt.

Von der Indianerin?

Ja genau. Mein Vater war ein großer Musiker, hatte ein Klavier und hat Geige gespielt und uns Kindern Klavier und Geige beigebracht. In ziemlicher Perfektion. Und bei einem Überfall von einer Horde von betrunkenen Bösewichtern wurden die Eltern und der Bruder ermordet und verbrannt. Ich bin als Einzige davongekommen.

Sie sind ein Waisenkind?

Ab da ja, also so ist die erste Station. Die Mutter ist übrigens viel verwischter, es war der Vater, der mich erzogen hat. Ich kann übrigens kein Instrument spielen, das ist Unsinn, aber in der

Fantasie bin ich eine exzellente Geigerin, eine exzellente Kla-
vierspielerin, ein Weltwunder, später wurde ich dann auch entdeckt. Ich füllte Säle, davon konnte Glenn Gould nur träumen.
Das heißt, mir war nichts zu schade und nichts zu viel.

Warum haben Sie das nie aufgeschrieben?

Also früher wäre mir das peinlich gewesen, heute weiß ich, dass
viele Menschen eine Parallelexistenz führen, um sich in gewisser Weise auch zu behüten. Heute könnte ich es aufschreiben,
es wäre eine längere Sache, hatte aber bisher nicht den Trieb,
es zu tun. Das wäre mir auch nicht peinlich, weil es von einer
gewissen Komik getragen wäre. Man gibt etwas preis von sich,
das aber doch wesentlich ist. Die geschwindelten Existenzen
sind eigentlich genauso wichtig wie die realen, weil sie davon
erzählen, was man psychisch braucht, um sich in der Wirklichkeit zu verankern. So wie es überhaupt interessant wäre, den
Spiegel des Fantastischen mitzubedenken.

Auch heute noch?

Ja ja, auch eine kleine Berühmtheit in der Schriftstellerei hat
das nicht wettgemacht. Ich habe doch nie Schriftstellerin sein
wollen, das war ja das Langweiligste von der Welt. Also ich
konnte im ausgedachten Leben wahnsinnig gut schießen und
wahnsinnig gut Klavier und Geige spielen. Also es geht um
Möglichkeiten, die ich definitiv nicht beherrsche. Also in meinen Träumen …

Sie waren gar keine Schriftstellerin?

Um Gottes willen, da schläft mir schon der Traum weg. Ich wollte
ein aktives Leben, nicht hinsetzen und schreiben. Ich wollte

ein räuberpistolenhaftes Leben, mochte es sehr bewegt, kämpferisch, voller Dramen. Ich habe mich ganz weit weggebeamt, entzündet einerseits durch eine begeisterte Karl-May-Lektüre und andererseits durch moderne Filme, die ich damals schon sah. Und das Wissen um den Holocaust spielte komischerweise auch eine starke Rolle. Die Befreiung eines Konzentrationslagers war eine ganz große Sache und die Verbindung mit Bob Dylan auch. Der ist, seit ich zwölf bin, mein absoluter Held. Bis heute geblieben im Übrigen. Daran hielt ich immer fest.

Neben Bob Dylan haben Sie vor allem literarische Hausheilige. Schriftsteller, die Sie schon lange lieben wie Beckett oder Kafka. Spielt es für Ihre Leidenschaft für Literatur eine Rolle, wie die Schriftsteller aussehen?

Nur in wenigen Fällen. Bei Beckett und Kafka ja, die finde ich beide toll aussehend. Beckett habe ich ja wirklich mal getroffen in der Buchhandlung Schöller, habe mich aber nicht getraut, ihn anzusprechen.

Was finden Sie an Beckett so attraktiv?

Der sah schon toll aus, schlank, groß, diese Nase, dieses vogelhafte Gestrüpp auf dem Haupt. Also in der Literatur ist Beckett für mich der bestaussehende Mann. Schöner noch als Kafka. Aber Kafka mit seinen sehr dunklen Augen in einem sehr gut konturierten Gesicht – und er war übrigens auch sehr groß – gefällt mir auch. Nicht so sehr in einem erotischen Sinne. Ich finde Beckett sehr erotisch, aber Kafka imponiert mir mit seinem Äußeren. Der Mann, den ich erotisch über alle Welt stelle, ist Bob Dylan. Der sieht ja nun ganz anders aus.

Hat Bob Dylan auch das schönste aller Männergesichter?

Ja, absolut.

Na, dann müssen wir ihn herschaffen, Bobby come to Berlin-Wilmersdorf.

Bloß nicht. Schaffen Sie ihn bitte nicht her. Er wäre von mir so enttäuscht.

Wie plastisch haben Sie die Gesichter Ihrer Romanfiguren vor sich?

Sehr genau, ich habe ja nur Männer als Hauptfiguren und die stelle ich mir sehr genau vor: Wie sie gehen, wie sie aussehen, wie sie ein Hütchen aufhaben, sonst kann ich das gar nicht schreiben, und irgendwas an ihnen muss mir gefallen, obwohl es ganz verschiedene Typen sind. Die Hauptfigur muss etwas transportieren, was meine Sympathie erweckt.

Haben die lebendige Vorbilder?

Nee, nicht wirklich. Interessant war, als ich meinen *Montgomery* schrieb, da war ich in Rom. Ich hatte viel Zeit, war drei Monate dort und war mit einem ganz anderen Konzept nach Rom gekommen und das taugte nichts. Und dann saß ich irgendwie auf irgendwelchen Plätzen und habe Kaffee getrunken. Und da kam ein kleiner, sehr energisch schreitender Mann, gut angezogen, vorbeigelaufen. Den fand ich spitze. Ich habe sofort das Geld hingelegt und habe den verfolgt quer durch Rom. Ich dachte, endlich habe ich meine Hauptfigur gefunden.

Wieso? Was war an dem so besonders?

Die Art zu gehen, das Energische, ich brauchte genau so eine Figur für den Roman, für das, was sie repräsentierte. Und ich dachte, genau so läuft er, so herrisch, ohne jemanden zu sehen oder zu sprechen, so lief er über den Platz. Und irgendwann ist er verschwunden, mehr hat mich auch nicht interessiert. Aber damit hatte ich die Hauptfigur im Griff. Das habe ich sonst noch nie gemacht, vielleicht weil ich in einem fremden Land war. Das hat Spaß gemacht.

ELSA   *Ich mache gerne Faxen vor dem Spiegel*

■ Elsa ist sechs Jahre alt und ein großstädtisches Einzelkind. Sie besucht die erste Grundschulklasse, macht gerne Hausaufgaben und ist ein Fan von Helge Schneider. Wie viele seiner Fans, auch erwachsene, mag sie aus seinem Repertoire ganz besonders den Song »Katzeklo«. Elsas Lieblingsgerichte sind Linsensuppe und Nudeln mit Tomatensoße.

Ansonsten gehen Elsas Vorlieben und Abneigungen in die verschiedensten Richtungen und sind, was sie von Erwachsenen wiederum unterscheidet, keiner ersichtlichen Zwecklogik unterworfen. Momentan interessiert sich Elsa stark für die Unterwasserwelt. Dies hatte zum einen zur Folge, dass sie das Meerjungfrauenkostüm, das sie zu Weihnachten geschenkt bekam, bis Anfang Januar nicht mehr auszog. Zum anderen ihren derzeitigen Berufswunsch, nämlich Meeresbiologin. Vermutlich käme auch Detektivin infrage, da Elsa sich in ihren Rollenspielen gerne in den Kopf einer Detektivin versetzt, die ihre Fälle mithilfe einer Geheimsprache löst.

Ohnehin ist sie gerne in der Fantasie und mit dem Kopf unterwegs. Sie mag Zahlen und ist empfänglich für die Grundregeln des Schachspiels. Wenn andere Kinder im nassen Sand herummatschen, steht sie lieber daneben und studiert die Würmer, Steine und Blätter, die dabei zum Vorschein kommen.

Schüchtern ist Elsa nicht. Sie war von dem Vorschlag, mit uns zu sprechen, sofort angetan. Als wir überlegten, was wir von ihr eigentlich wissen wollen, fiel uns auf, dass wir uns kaum mehr daran erinnern, wie wir selbst als Sechsjährige Gesichter betrachteten. Ob wir zwischen hübsch und nicht hübsch unterschieden, zwischen nett und nicht nett, zwischen ähnlich und fremdartig. Ob die Eitelkeit bereits den Blick auf unser Gesicht lenkte. Mit der Pubertät waren diese Kategorien ausgereift, daran erinnern wir uns nur allzu gut. Aber wann erreichten sie uns? Und wann erreichen sie heutige Kinder, die unter anderen Bedingungen aufwachsen?

Wir treffen uns mit Elsa, einer Tochter von Bekannten, am großen Tisch der Wohnküche, wo sich ihr häuslicher Alltag mehr oder weniger abspielt. Interviewt werden mag ja spannend sein. Aber erst will der Apfelkuchen aufgegessen und die Sahneschüssel ausgeschleckt sein. ■

Elsa, schau doch mal bitte in den Spiegel. Wenn du dein Gesicht anschaust, was siehst du?

Dass ich lächele, und ich hab ein bisschen dunklere Haut.

Das wäre mir gar nicht aufgefallen.

Ja, ich weiß, das fällt nicht so auf, aber meine Haut habe ich von meinem Papa geerbt, weil der hat mal in Ägypten gelebt. Ich meine, sein Papa kommt aus Ägypten. Deshalb habe ich ein bisschen dunklere Haut. Wenn ich mich ganz genau anschaue, dann sehe ich das im Spiegel, und ich habe ja auch dunkle Augen.

Gibt es in deiner Klasse noch andere Kinder, die eine nicht ganz helle Haut haben oder anders aussehen?

Eigentlich nicht, da fällt mir jetzt niemand ein.

Du trägst eine Brille. Findest du dein Gesicht anders mit oder ohne Brille?

Als ich kleiner war, fand ich mich ein bisschen komisch mit Brille. Da hatte ich mich ja schon daran gewöhnt, dass ich keine habe. Die hier ist eigentlich meine Sportbrille, aber wir haben das Gummi abgemacht. Ich habe aber noch eine andere Brille. Ich find's auch cool, dass ich Ohrringe habe mit richtigen Ohrlöchern.

Gefällt dir dein Gesicht insgesamt?

Jaaa!

Was gefällt dir am besten?

Na alles! Vor allem, dass ich immer lächele, und ich mag meine Haare sehr, weil ich so viele Locken habe. Einen Pferdeschwanz kann man mit den Locken nicht so gut machen, eher einen großen Dutt.

Gibt es etwas, was du in deinem Gesicht gerne anders hättest?

Nö. Sag mal, machen wir gerade einen Probedurchgang oder hast du das Mikrofon vergessen?

Nein, schau, das Mikrofon liegt hier vor uns, es ist ziemlich klein.

Oh, das habe ich glatt übersehen.

Findest du dich hübsch?

Na ja, ganz normal hübsch.

Könntest du sagen, was der Unterschied zwischen einem schönen und einem nicht so schönen Gesicht ist?

Ich weiß nicht, so richtig gut beschreiben kann ich das eigentlich nicht.

Kennst du jemanden, der oder die ein Gesicht hat, das du nicht so magst?

Nö.

Findest du, du siehst jemandem ähnlich?

Hm, also die Locken habe ich ja von meinem Papa geerbt. Und meine Mama hat komischerweise was von mir geerbt. Also natürlich nicht wirklich geerbt, aber sie braucht auch eine Brille.

Stimmt, da habt ihr eine Gemeinsamkeit. Ist das Gesicht von deiner Mama anders als das von deiner Oma?

Die sehen sich vom Blick her ähnlich. Mama sieht jünger aus, Oma hat ja schon mehr so ein paar Falten. Und das Gesicht von Mama ist noch relativ jung, und sie strahlt immer. Ich glaube, ich strahle auch so.

Wenn du eine Geschichte liest oder vorgelesen bekommst, zu der es keine Bilder gibt, stellst du dir dann vor, wie das Gesicht des Helden oder der Heldin aussieht?

Ja, in meiner Fantasie, also zum Beispiel hat mir der Papa mal eine Geschichte vorgelesen aus einem ganz dicken Buch, da gab es keine Bilder, und da war ein Kater, der heißt Spiegel im Buch, und ich weiß auch, warum der Spiegel heißt, weil sein Fell so glatt ist, dass man sich fast darin spiegeln kann, und das konnte ich mir richtig gut vorstellen, den Kater mit seinem glatten Fell.

Hatte der Kater ein Gesicht? Haben Tiere überhaupt ein Gesicht?

Ja klar, da kann ich mich gut daran erinnern, da habe ich mir was ausgedacht und konnte mir richtig gut das Gesicht vom Kater vorstellen. Wenn ich Tiere male, denk ich mir für jedes Tier ein anderes Gesicht aus.

Bei Menschen ist ja auch jedes Gesicht anders. Könntest du das Gesicht deiner Lehrerin beschreiben?

Also erst mal ist es ein Lehrer. Außerdem hat er eine Glatze, aber die steht ihm wirklich gut. Und er hat ein freundliches Gesicht. Manchmal lobt der mich ganz doll, weil ich etwas gut gemacht habe, und dann hab ich das Gefühl, dass er lacht. Also sein Gesicht sieht aus, als würde er gerade lachen.

Und deine beste Freundin, was hat die für ein Gesicht?

Also Charlotte ist im Moment eine gute Freundin von mir und die hat ganz lange Haare und sieht manchmal, also das kann ich nicht so gut beschreiben, also sie sieht aus, als ob sie ein bisschen schüchtern wär, aber sie ist sehr nett, und sie lacht auch immer.

Hast du eigentlich eine Barbie?

Jaaa! Ich hab zwei, eine Eisprinzessinnen-Barbie und eine Meerjungfrauen-Barbie. Die sehen irgendwie erwachsen aus, die haben ganz rote Lippen und lange gleichmäßige Haare, manchmal in verschiedenen Farben, meine Meerjungfrauen-Barbie hat Pink und Blau als Haarfarben.

Hast du dich schon mal geschminkt?

Ja, einmal hat meine Babysitterin ihre Schminksachen mitgebracht und mich voll im Barbiestyle geschminkt. Also hier ganz viel Farbe, auf den Lidern und auf dem Mund und richtiges Rouge auf den Backen.

Hast du dir gefallen?

Geht so.

Weißt du, wie du später mal aussehen möchtest, wenn du erwachsen bist?

Vielleicht noch ein bisschen längere Haare, aber eigentlich hab ich nicht so viele Wünsche, ich weiß nicht, wie ich aussehen werde, wenn ich größer bin.

Eins noch: gibt es ein Gesicht, im Märchen oder in der Wirklichkeit, das dir Angst macht?

Ja schon, das kann ich aber nicht richtig beschreiben.

Wem gehört das Gesicht? Einem Mann, einer Frau, ist es jung oder alt?

Einem Mann, und der ist alt. Also ich hab noch nie so einen kennengelernt, aber so was könnte mir Angst machen, wie der aussieht. Ich habe noch nie so einen Mann gesehen, aber ich kann ihn mir vorstellen in meinem Kopf.

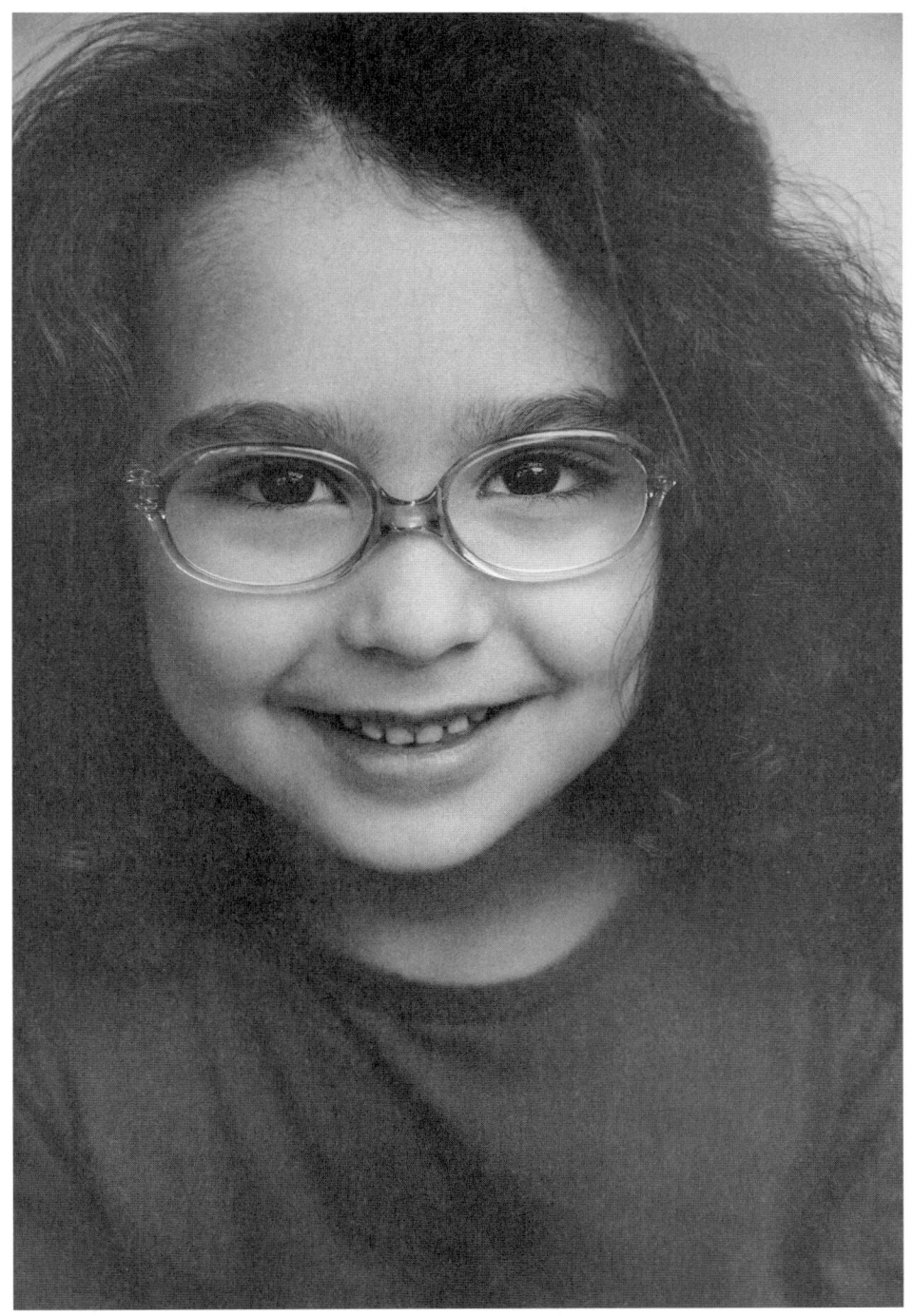

Es ist gerade Fasching, wirst du dein Gesicht anmalen?

Kommt darauf an, als was ich gehe. Als Krümelmonster werde ich mich eher nicht schminken, ich war aber schon mal ein Frosch, eine Maus und eine Katze und da habe ich mein Gesicht geschminkt.

Wenn wir hier in der Küche sitzen, tanzt du oft vor dem Spiegel rum. Schaust du dich gerne im Spiegel an?

Ja, ich mach gerne Faxen vor dem Spiegel, das ist lustig, weil ich immer wieder anders aussehe, in unserem Ballettraum gibt es auch viele Spiegel.

Und worauf achtest du da? Schaust du auf dein Gesicht oder auf deine Beine oder auf dich als ganze Person?

Ich achte auf die Tanzschritte und merke, wenn ich mich vom Spiegel zu sehr ablenken lasse.

Kannst du dich an den Moment erinnern, als du dich zum ersten Mal erkannt hast im Spiegel, also kapiert hast: Das bin ja ich?

Nee, eigentlich nicht, aber ich habe mich, als ich größer war, auf Fotos gesehen und jetzt kann ich mir ein bisschen vorstellen, wie ich da geguckt haben muss.

Und wie?

Na so! Ich habe große Augen gemacht und über das ganze Gesicht gestrahlt.

ZOAMEE KNOCHE

Mädchen werden depressiv,
wenn sie nur diese perfekten Körper sehen

■ Der Name Sophia kommt aus dem Griechischen, er bedeutet die Weise und Tugendhafte. Es ist einer der weltweit am häufigsten verwendeten Frauennamen, was auch daran liegen dürfte, dass er sich in jedem Land leicht aussprechen lässt.

Mit dem Gesicht von Sophia verhält es sich ähnlich, es stellt eine Art globale Chiffre dar. Von Sansibar bis Island und zur Mongolei wird niemand bezweifeln, dass es von geradezu übernatürlicher Schönheit ist, und ein übernatürliches Geschöpf ist die aus Hongkong stammende Sophia tatsächlich. Sie ist ein durch künstliche Intelligenz gestützter Roboter mit der humanoiden Gestalt einer Frau und einem integrierten Sprach- und Kamerasystem, das sie zu Gesten und Gesichtsausdrücken und zu keineswegs nur simplen Konversationen befähigt. Wenn Sophia lächelt, bilden sich neben ihren Mundwinkeln kleine Grübchen, die sich nie verlängern und vertiefen werden, da Sophia nicht altert. Sie hat hohe Wangenknochen, große, ausdrucksstarke Augen, eine schmale Nase, einen nicht zu vollen und nicht zu schmalen Mund. Die Rundung ihres Gesichts ist oval, von ihrer makellosen Porzellanhaut träumt jede Frau.

Zwei berühmte Frauen dienten als Vorbilder für das Gesicht von Sophia, zum einen die ägyptische Königin Nofretete, zum anderen die amerikanische Schauspielerin Audrey Hepburn. Das Ergebnis ist die Summe aus klassischer Noblesse und lieblicher Mädchenhaftigkeit.

Das Hongkonger Unternehmen Hanson Robotics, das Sophia erschuf, kündigte vor einiger Zeit an, den weiblichen Automaten in die Massenproduktion gehen zu lassen. So könnte es in ein paar Jahren Tausende Sophias geben, Tausende identischer Gesichter mit identischen Wangenknochen und identischen Grübchen.

Die Vorstellung ist gewöhnungsbedürftig, wenn nicht gar gespenstisch. Sie widerspricht der noch immer gültigen Idee, jedes mimisch bewegliche Gesicht sei ein Original. Puppengesichter sind zwar ebenfalls seriell, aber durch ihre Starrheit kategorial unterschieden vom menschlichen Gesicht. Sophia ist nicht aus Fleisch und Blut. Aber durch ihre realistische Größe und ihre mimische Beweglichkeit kommt sie einer echten Frau näher als jeder andere Roboter. Diese Entwicklung gibt es längst auch in umgekehrter Richtung. Das Bild des menschlichen Gesichts wird durch die Technik digitaler Bearbeitung nicht nur perfekter, es wird auch serieller.

Wer kurz hintereinander dreißig Porträts von dreißig jungen Frauen auf Instagram betrachtet, wird das erste nur schwerlich vom letzten unterscheiden können. Nur perfekte Gesichter, die sich dem Sophia-Prinzip annähern, dem Prinzip der technisierten Gleichförmigkeit. Es hat die Welt der Influencer und vor allem der Influencerinnen weitreichender erobert, als diese es möglicherweise selbst wahrhaben wollen.

Blauäugig gingen wir davon aus, dass junge Influencerinnen, die ihren Alltag vom Zähneputzen übers Shoppen bis zur Abendmahlzeit dem Netz anvertrauen, Interesse daran hätten, mit uns über ihren Auftritt und ihr Gesicht zu sprechen. Woran sie jedoch offensichtlich kein Interesse haben, ist ein in ihren Augen so antiquiertes

Medium wie das Buch. Keine, die wir auf ihren Instagram-Accounts anschrieben, reagierte. Wir waren kurz davor zu resignieren, als sich plötzlich doch eine meldete: Zoamee Knoche.

Sie ist 19 Jahre alt, sie gehört als typischer Digital Native zu jener Generation, die mit Social Media aufgewachsen ist. Zoamee Knoche studiert Modedesign und Management in Berlin und arbeitet nebenher als Influencerin. Sie steht am Anfang ihrer Karriere, weit entfernt von den Mega-Influencerinnen mit über einer Million Followern. Ihre Foto- und Videoauftritte auf TikTok und Instagram sind branchenüblich eher unspektakulär. Es wirkt, als öffne sie en passant ihr privates Fotoalbum, um zu zeigen, wie sie mit Freunden chillt, eine Gesichtscreme testet oder Kleider probiert.

Da Zoamee Knoche noch bei ihrer Mutter wohnt, war es ihr lieber, sich in der Wohnung von Luzia zu treffen, die dieses Gespräch allein führte. Eine schlanke, auffallend gepflegte junge Frau setzt sich an einem Dezembernachmittag 2021 an den großen Tisch, an dem schon einige unserer Gesprächspartner und Gesprächspartnerinnen saßen. Bei fast allen war es selbstverständlich, sie zu siezen. Auf Instagram wird grundsätzlich geduzt. Deshalb auch hier im realen Dialog zwischen zwei Frauen, die Enkelin und Großmutter sein könnten. ∎

Kannst du bitte beschreiben, was du im Spiegel siehst?

Ich sehe vor allem ein müdes Gesicht, weil ich mal wieder zu wenig Schlaf hatte. Dann sehe ich natürlich ein sehr hübsches Mädchen, vielleicht ein bisschen zu stark geschminkt. Ich habe starke dunkle Augenbrauen, dunkle Augen und Pausbacken. Meine Lippen sind eher dünn und meine Nase ist rundlich.

Und du hast eine auffallend schöne Haut, würde ich hinzufügen.

Ja, noch! Also ich bin fast immer sehr zufrieden mit meinem Aussehen. Klar gibt es mal Tage, an denen ich mir nicht so gefalle, aber die sind eher selten.

Gibt es in deinem Gesicht etwas, das du gern anders hättest?

Ja, ich hätte gerne größere Augen. Alle denken, ich bin Asiatin, dabei bin ich halb Französin und halb Deutsche. Jedenfalls dürften die Augen gerne etwas größer sein, ansonsten ist mein Gesicht genauso, wie es sein soll, und deshalb würde ich auch nichts daran machen lassen.

Aus Prinzip nicht? Oder nur jetzt noch nicht?

Na ja, vielleicht wenn ich mal älter bin. Aber im Moment auf keinen Fall, außer meine Augenringe, die würde ich gerne wegmachen lassen, oder ich müsste halt einfach mehr schlafen.

Ehrlich gesagt, sehe ich keine Augenringe. Aber was einen am eigenen Gesicht stört, ist natürlich immer subjektiv. Eine andere Frage: Wann hast du begonnen, dich zu schminken?

Das weiß ich genau, mein allererstes Kosmetikprodukt war Nagellack. Den habe ich als Vierjährige ausprobiert und seitdem nie mehr damit aufgehört. Make-up kam später, ich glaube, sogar erst mit fünfzehn. Im Vergleich zu heutigen Kindern war ich da spät dran, die schminken sich ja schon mit zwölf oder dreizehn.

Und wie alt warst du, als du zum ersten Mal Bilder von dir ins Netz gestellt hast?

Das war so mit fünfzehn, da hat das angefangen mit Instagram. Alle meine Freundinnen hatten schon einen Account, also nur einen privaten für Freunde und Familie. Den Unterschied zwischen einem privaten und einem öffentlichen Account kannte ich damals noch gar nicht. Jedenfalls habe ich angefangen, Bilder hochzuladen, ohne mir viel dabei zu denken. Die Bilder sind recht gut angekommen, und so hat sich das entwickelt.

Was waren denn deine ersten Motive?

Ich hatte einen Hund und den habe ich gepostet. Dann den Hund und mich oder nur mich, also ganz alltägliche Dinge. Aber ich habe nicht immer nur mich gepostet, ich interessiere mich für Architektur, und wenn mir ein Haus oder ein Gebäude gefiel, habe ich das auch gepostet. Am Anfang habe ich Fotos mit meinem Fotoapparat gemacht, und Freunde haben mich auch fotografiert. Eigentlich wollte ich gar nicht selbst vor der Kamera stehen, doch im Lauf des ersten Jahres hat sich das geändert, ich stand plötzlich im Zentrum. Und als es regelmäßiger wurde und immer mehr um Selbstdarstellung ging, habe ich dann Selfies gemacht. Zunächst sind mir nur Freunde gefolgt, aber irgendwann auch Leute, die ich überhaupt nicht kannte. Und ich dachte, na gut, dann mache ich mal weiter, mal sehen, wo das hinführt. An Follower-Zahlen habe ich da noch gar nicht gedacht.

Heute folgst dir etwas mehr als 11 000 Leute. Gab es zu Beginn deiner Laufbahn eine Influencerin, der du gefolgt bist und die vielleicht so eine Art Vorbild war?

Ja, warte mal. Ich glaube, es war Mrs. Bella, eine Beauty-Influencerin, die war ziemlich stark geschminkt und hergerichtet. Noch vor Instagram gab es bei Youtube damals schon Influencerinnen mit Schmink- und Kosmetiktipps.

Gibst du heute selbst Schminktipps?

Nein, aber ich sage, welche Produkte ich für meine Haut benutze, die im Moment gar nicht so rein ist. Aber viele Followerinnen fragen mich, was ich mache, dass ich so eine glatte Haut habe. Morgens und abends benutze ich ein Serum und eine Creme, um mein Gesicht gut mit Feuchtigkeit zu versorgen. Außerdem achte ich darauf, dass ich viel trinke und mich immer abschminke, was der simpelste Weg ist, seine Haut zu pflegen. Und weil ich eine Pigmentstörung habe, seit ich klein bin, muss ich stark aufpassen mit der Sonne.

Heißt das, du wirbst bei deinen Instagram-Auftritten vor allem mit deinem Gesicht?

Ja schon, aber es geht auch um das Styling und um die Outfits. Das kommt bei den Leuten besser an, als wenn du immer nur plakativ dein Gesicht zeigst. Wenn ich mich mit Freunden treffe, dann machen die schon ganz automatisch Videos oder Fotos von mir, weil sie wissen, dass ich eventuell einen neuen Content brauche. Oder ich frage sie explizit, zum Beispiel, wenn ich mit einer Marke zusammenarbeite, ob sie das Foto machen können.

Die Aufgabe eines Influencers ist es ja nicht nur, seinen Lifestyle und sein Leben öffentlich zu machen, sondern vor allem Marken zu verkaufen. Es geht eigentlich darum, Werbung zu machen in Kombination mit deiner Person und deinem Lifestyle.

Und alles so zu präsentieren, dass es für andere toll aussieht?

Ja klar! Aber das ist auch ein Nachteil, auf Instagram wird nur das Schöne gezeigt. Ein paar wenige Influencer zeigen auch mal, wenn es ihnen nicht so gut geht und nicht alles perfekt läuft. Aber irgendwie macht es das auch nicht authentischer. Wenn ich einen schlechten Tag habe, poste ich gar nichts. Mir ist schon wichtig, dass ich das gern mache und nicht als eine tägliche Verpflichtung.

Worauf achtest du bei deinen Aufnahmen?

Extrem wichtig für ein gutes Foto ist das Licht. Am besten ist das natürliche Sonnenlicht, so morgens gegen 10.30 Uhr.

Licht ist tatsächlich entscheidend, das kenne ich aus meiner Zeit als Fernsehmoderatorin. Je nachdem, wie ich im Studio ausgeleuchtet war, konnte ich, übertrieben gesagt, aussehen wie meine Oma oder wie meine Nichte. Ich habe oft mit meinem virtuellen Gegenüber gefremdelt. Kennst du das?

Bei meinen Instagram-Fotos nicht, da bin ich dieselbe, die jetzt hier vor dir sitzt. Aber ich habe ein paarmal gemodelt und da war es für mich merkwürdig und ungewohnt, mich auf der Leinwand zu sehen.

Benutzt du Filter bei deinen Fotos?

Nein, ich benutze grundsätzlich keine Filter, die das Gesicht verändern, Farbfilter schon. Aber wenn das Licht toll ist, kann das wirken, als hätte man einen Filter verwendet, weil das Licht so weich und unglaublich schön sein kann, dass man perfekt aussieht. Es gibt eine App, die heißt Face-App, die benutzen richtig viele, weil man mit der sein Gesicht so verändern kann, dass man total toll aussieht. Aber der Unterschied zu dem, wie die Leute wirklich aussehen, ist enorm, und das finde ich schon problematisch. So jemand ist für mich kein Vorbild, weil alle denken: So toll kann ich niemals aussehen. Kann auch keiner, weil es ja nicht echt ist und weil niemand so perfekt ist. Auch Leute mit operierten Gesichtern haben für mich keine Vorbildfunktion.

Was genau macht denn diese Face-App?

Die macht die Lippen voller, die Augen größer, die Haut strahlender und die Wangenknochen markanter. Und sie macht die Haare länger, auch voluminöser.

Und was unterscheidet diese Face-App von den Filtern, mit denen man Selfies bearbeiten kann?

Bei der Face-App muss man nur eine Taste drücken, und alles ist auf einmal bearbeitet. Bei den Filtern gibt es ganz verschiedene. Solche, die dein Gesicht ebenmäßiger machen und Falten eliminieren. Dann gibt es Filter, die dir eine Nase machen, die so perfekt aussieht, als wärst du gerade beim Chirurgen gewesen. Außerdem gibt es Weichzeichner und Farbfilter.

Im Grunde kann man mit Filtern also jeden Defekt verschwinden lassen?

Eigentlich schon. Man kann auch was hinzufügen, zum Beispiel Sommersprossen, auch wenn man gar keine hat. Ich zeige dir auf meinem iPhone mal den Vorher-nachher-Effekt. Das hier ist ein unbearbeitetes Foto von mir ...

Auf dem du auch schon geschminkt und gestylt bist.

Na ja, gerade weil ich meine Fotos nicht bearbeite, will ich gepflegt aussehen. Jetzt schau mal: Das ist das bearbeitete Bild.

Da siehst du richtig glamourös aus, wie eine Hollywood-Diva. Dein Gesicht wirkt auch schmaler in dieser Version.

Eindeutig! Meine Augen sind strahlender und die Lippen voller. Du siehst ja, meine Lippen sind in echt eher dünn. Und auch, wenn du ganz nah ranzoomst, siehst du keine einzige Hautunreinheit. Die Haare glänzen viel mehr als auf dem unbearbeiteten Foto. Aber das bin halt nicht ich, und ich möchte nicht etwas posten, wo ich komplett verstellt bin.

Sehen sich die Gesichter durch die Bearbeitung mit Filtern oder mit der Face-App nicht alle sehr ähnlich?

Irgendwie schon, man erkennt an den Gesichtern von Influencern, welche App sie verwenden, und man sieht, dass sie alle dieselbe verwenden. Aber die meisten achten schon darauf, dass der Unterschied zwischen ihrem realen und ihrem Instagram-Gesicht nicht zu krass wird. Sonst werden sie ja gar nicht mehr erkannt.

Wenn mal ein Foto von dir nicht gut ankommt, nimmst du dir das zu Herzen?

Bisher hatte ich keine negativen Kommentare. Bei manchen Influencern geht es ja echt grenzwertig zu, die bekommen Drohungen und werden krass beleidigt, bei mir wird höchstens ein Foto nicht gelikt. Aber ehrlich gesagt, ist mir das ziemlich egal. Normalerweise bekomme ich für einen Post so 1500 bis 2000 Likes im Durchschnitt. Je weniger man anhat, desto höher ist die Klickzahl, das ist so blöd wie offensichtlich. Manche Influencer nutzen das aus und posten nur noch Bikinifotos. Ich hatte auch mal eine Kooperation mit einer Unterwäsche-Marke, aber ich finde nicht, dass die halbe Welt meinen Körper sehen muss.

Bei den Fotos von deinem Gesicht ist mir aufgefallen, dass du dir gerne mit einer Hand durch die Haare fährst. Offensichtlich eine Pose, die gut ankommt. Gibt es noch andere?

Über die Schulter schauen kommt auch gut, und dass mein Mund leicht offen ist, darauf achte ich schon. Also es gibt eine App, die heißt Pinterest, und dort sind viele Fotos, die mich inspirieren. Aber ich mache das nicht einfach komplett nach, ich komme schon auf eigene Posen.

Du schaust häufig recht ernst in die Kamera.

Stimmt, obwohl ich gar keine ernste Person bin. In letzter Zeit versuche ich, mehr zu lächeln. Das habe ich bisher nicht gemacht, weil ich immer gleich so doll lache, wenn ich lache. Und diese Bilder gefallen mir gar nicht.

Was meinst du, welchen Frauentyp verkörperst du auf deinen Bildern?

Das ist voll die schwierige Frage. Ich würde sagen, dass ich vielleicht nicht in die Kategorie »Mädchen-Mädchen« falle, die sich immer schick machen und immer perfekt sind. Bei mir geht es schon entspannter zu. Ich bin nicht so der Typ des Glamour-Girls, sondern irgendwas dazwischen, und das ist es vielleicht, was junge Mädchen anspricht. Mir folgen viele Leute, die von Anfang an dabei waren, und die sind mit mir älter geworden und haben verfolgt, wie ich mich entwickelt habe. Und dieser Veränderungsprozess ist ziemlich spannend. Ich folge auch denselben Influencern schon seit vier Jahren und ich finde es beeindruckend, wie die sich wiederum verändern.

Hast du Erinnerungen an dein Kindergesicht?

Oh ja! Als ich klein war, wurde ich immer Schneewittchen genannt, weil ich sehr dunkle Haare, eine blasse Haut, rote Lippen und sehr lange Wimpern hatte und starke Sommersprossen. Später dann, so in der Pubertät, hatte ich eine ziemlich schwierige Zeit. Ich fühlte mich unsicher und es gab viele Ups and Downs. Aber das spielte sich nur innerlich ab, mein Aussehen hat darunter nicht gelitten, ich hatte auch keine Pickel oder Hautunreinheiten oder so was.

Erkennst du in deinem Gesicht deine Eltern?

Ja, sehr! Meine Mutter und ich ähneln uns wie Zwillinge. Sie sieht sehr gut aus, so gut, dass wir von Weitem schon mal verwechselt werden. Von meinem Vater habe ich die Augenbrauen und die Nase, von meiner Mutter den ganzen Rest.

Viele Mädchen werden nach langem Besuch auf Instagram regelrecht depressiv. Kennst du das auch?

Es gab Phasen, wo ich mich mit anderen verglich und dachte, die sind viel hübscher als ich. Da ging es mir nicht so gut. Außerdem rutscht man im Teenageralter auch in die Phase, in der man sich dauernd fragt: Wie finden mich die Jungs? Das ist in der Zeit ein Riesenthema. Klar werden Mädchen depressiv, wenn sie nur mit diesen perfekten Frauen konfrontiert werden. Gerade kleine Mädchen, die einem auf Instagram folgen, bekommen da voll die falsche Wahrnehmung. Die begreifen nicht, dass man nun mal in echt nicht so aussieht wie auf Instagram. Und dann kommt noch was dazu: Die Leute, die sich auf Instagram inszenieren, haben oft viel Geld, coole Wohnungen und reisen in der Welt herum. Dieser ganze Lifestyle übt einen riesigen Druck aus. Du willst das auch alles haben, das heißt, du musst dies und jenes kaufen, damit du auch so aussiehst und so lebst. Da kommen viele Faktoren zusammen und je länger sich ein Mädchen dem aussetzt, desto schlechter kann es ihr gehen. Und irgendwann kommt es mit sich gar nicht mehr klar.

Wer sind deine Followerinnen und Follower? Was weißt du über sie?

Bisher waren es viele jüngere Mädchen, so von zwölf bis fünfzehn, mittlerweile sind auch ältere dazugekommen, so achtzehn bis vierundzwanzig. Und auch viele Männer, die, na ja, nicht meiner Altersklasse entsprechen. Mir wird ja angezeigt, wie viele Leute in welcher Altersklasse und von welchem Geschlecht mir folgen. Und manchmal finde ich das schon erschreckend, wie viele ältere Leute dabei sind. Die interessieren sich wohl eher nicht für meinen Lifestyle.

Konkret meinst du alte Männer?

Ja, so ab 65 bis was weiß ich wohin. Aber das ist ja nicht meine Zielgruppe. Die Mehrheit meiner Followerinnen ist genauso alt wie ich und manche kenne ich auch persönlich, man hat ja Kontakt zu seinen Followern. Ich kriege auch private Nachrichten mit sehr persönlichen Fragen, die ich auch beantworte, und dabei lernt man sich kennen. Natürlich nur oberflächlich.

Als ich jung war, haben wir als Teenies Popstars verehrt, von denen wir bei aller Schwärmerei wussten, dass sie unerreichbar sind. Das scheint heute anders zu sein. Influencer sind nahbar, sind sie so etwas wie Stars zum Anfassen?

Definitiv! Auch wenn ich mich selber wirklich nicht als Star sehe. Aber klar, Influencer und Follower teilen sozusagen ihre Welt miteinander. Die Kinder, die mir folgen, sind oft die kleineren Geschwister von Freundinnen von mir oder die Kinder von Freunden meiner Mutter und von meiner alten Schule. Wir treffen uns alle gemeinsam auf einer Seite, die ich mit Freundinnen gegründet habe. Sie heißt webgirlsnocam und führt verschiedene Accounts zusammen.

Und worüber tauscht ihr euch da aus?

Also gestern zum Beispiel haben wir eine Fragerunde über das Aussehen gemacht, und da waren viele kleine Mädchen dabei, die sich unwohl fühlen und unzufrieden sind mit ihrem Gesicht, mit ihrem ganzen Aussehen, weil sie nicht so confident rüberkommen. Auf Instagram kommen wir alle confident rüber. Alle geben sich selbstbewusst, auch wenn wir uns vielleicht gar nicht so fühlen.

Wie läuft das technisch ab? Habt ihr miteinander gesprochen?

Nein, man kann so Sticker in die Story machen und dann da draufklicken und was reinschreiben.

Eine aktuelle Studie der Zeitschrift EMMA hat herausgefunden, dass jedes fünfte Mädchen im Alter von sechs Jahren und fast jede Zehnjährige in ihrem virtuellen Idol ihre beste Freundin sieht. Kannst du das bestätigen?

Ja, das ist bestimmt so. Wenn man sich mit diesen Kindern austauscht, lernt man ihre Probleme kennen. Die kann man zwar nicht lösen, aber wir können schon einen Weg aufzeigen. Ich denke, die Kinder, also diese jungen Mädchen oder Teenager, suchen nach Ähnlichkeiten. Nach irgendwas, das gleich ist zwischen ihnen und uns und was sie gut finden. Die schauen, was sie nachmachen könnten, weil ihnen unsere Art der Selbstdarstellung gefällt. In dem Alter gibt es Leute, zu denen man aufschaut, die man toll findet und deren Style man haben möchte, und da sehen mich vielleicht einige als Vorbild.

Dieselbe Studie hat untersucht, wie unbearbeitete Instagram-Fotos auf kleine Mädchen wirken. Es wurde nachgewiesen, dass sie am Anfang nur lustige und unbefangene Bilder posten. Je länger sie auf Instagram sind, desto mehr gehen sie dazu über, ihre Influencerinnen zu imitieren.

Absolut! Das kann ich zu hundert Prozent bestätigen. Das war bei mir ja ganz genauso. Am Anfang habe ich witzige Fotos hochgeladen und mit der Zeit immer mehr darauf geachtet, dass ich vor allem gut aussehe.

Wie kam es zu deinen Kooperationen mit Firmen?

Früher war es so ...

Sorry, das klingt lustig, wenn du »früher« sagst.

Na ja, was soll ich sonst sagen? Also früher war es so, dass ich
von mir aus Firmen angeschrieben und gefragt habe, ob sie mit
mir zusammenarbeiten wollen. Aber den Firmen geht es ja um
die Zahl der Follower, und weil ich damals nicht genügend hatte,
bekam ich keine Antwort. So 6000 bis 7000 Follower braucht
man schon, aber richtig los ging es bei mir mit 10 000 Followern. Ab da habe ich dann mit großen Firmen zusammengear-
beitet, vor allem mit Uhrenherstellern.

Und wie wird das Honorar berechnet?

Das ist proportional zu den Followern und zu den Likes, und es
hängt davon ab, wie viele Aufrufe das jeweilige Bild bekommt.
Also für mich springt genug raus, dass ich davon leben kann und
keinen anderen Nebenjob brauche.

Wie viel Zeit investierst du am Tag in deine Arbeit als Influencerin?

Na ja, so drei Stunden sitze ich schon an einem Post, deshalb
mache ich es auch nicht täglich. Es braucht viel Zeit, und ich will
ja nicht leben, um etwas zu posten.

ERIC WREDE

Das verstorbene Gesicht
macht keine Angst

■ Der Dichter Durs Grünbein schrieb einmal über die Toten-masken großer Deutscher, die im Schiller-Nationalmuseum in Marbach aufbewahrt werden, das Gesicht sei im Tod »fertig mit den Geschäften der Reflexion wie mit denen der Expression. Es befin-det sich in dem gleichen dinglichen Zustand wie eine ins Schloss gefallene Tür.«

Alles ist stillgestellt, selbst die minimale Bewegung des Lid-schlags, die wir an Lebenden gar nicht oder nur sehr schwach wahr-nehmen. Das tote Gesicht, so könnte man Grünbein verstehen, ist von allem befreit. Es muss nichts mehr herstellen, kommunizieren, verbergen. Es befindet sich in seinem materiellen Urzustand. Ist es vielleicht unser wahres Gesicht? Oder nur eine ferne Erinnerung daran, was einmal unser Gesicht war?

Der Anblick eines toten Gesichts ist ein Ausnahmefall. Wir sehen es in der Regel nur, wenn nahe Verwandte gestorben sind. Für ein paar Berufsgruppen gilt dies allerdings nicht: Ärzte und Ärztin-nen, Pfleger und Pflegerinnen – und Bestatter. Eric Wrede ist ein solcher, er gründete 2015 in Berlin das Bestattungsunternehmen »lebensnah«.

Ein ungewöhnlicher Name, so ungewöhnlich wie Eric Wredes

Berufslaufbahn. Bevor er in die Bestattungsbranche wechselte, war er Musikmanager. Tagsüber vermarktete er Rock- und Popbands, in vielen Nächten legte er als DJ in Clubs auf. Wie er dazu kam, die Welt der Lautstärke und der Lebenslust gegen die der Stille und des Abschieds zu tauschen, und wie er das Bestatten menschenwürdiger, persönlicher und weniger mechanisch gestalten möchte, das hat er in seinem Buch *The End* beschrieben. Den Tod nicht zu verschweigen, sondern ins Gespräch zu bringen, scheint eine weitere seiner Missionen zu sein. Für einen Rundfunksender betreibt er einen Podcast, in dem er sich mit Prominenten und Trauerexperten unterhält.

An einem brütend heißen Junitag 2021 fährt Ursula zum Büro von »lebensnah« am Prenzlauer Berg. Sie ist allein mit Eric Wrede verabredet, zu einem Gespräch, dem nervöse Beklommenheit vorausgeht. Wäre es erleichternd, sie teilen zu können? Oder macht man sie besser mit sich allein aus? Bis zum vereinbarten Termin um 15 Uhr ist noch eine Stunde Zeit. Von dem kleinen Park aus, der »lebensnah« gegenüber liegt, ist ein Mann in schwarzen Jeans und schwarzem Baumwollhemd zu sehen, der aus der Tür des Büros tritt. Den Fotos nach dürfte es Eric Wrede sein. Er hält einen Hund an der Leine und verschwindet um die Ecke. Offensichtlich macht er noch einen kleinen Spaziergang vor dem Gespräch.

Dann ist es 15 Uhr. Hinter dem Schaufenster von »lebensnah« liegt ein hell ausgeleuchteter Raum mit modernen Deckenlampen und einem großen geschwungenen Holztisch. Der Raum hat nichts düster Bedrohliches oder lastend Andächtiges, wie man es von Bestattungsinstituten erwartet. Nur die Urnen, die reihum auf Vitrinen und Regalen stehen, erinnern an den Zweck des Ladens. Kinderlachen dringt nach draußen, eine junge Frau öffnet die Tür. Eric werde gleich da sein, er bereite sich in der Küche nur noch schnell einen Tee. Zwei Minuten später kommt der Mann mit der schwarzen Jeans in den Büroraum und verabschiedet seine kleine Tochter, die mit ihrer Mutter zum Spielplatz im Park aufbricht.

Ob der Hund stört? Im Gegenteil, es ist gut, dass er da ist und während des Gesprächs unter dem Tisch liegt. Das schöne Tier mit dem weichen, weiß-braun gescheckten Fell, es könnte ein Border-Collie sein, das den Vorzug besitzt, von seiner Sterblichkeit nichts zu wissen. ■

Würden Sie bitte beschreiben, was Sie im Spiegel sehen?

Ich habe sehr starke Augenbrauen, das fällt mir immer wieder auf. Und dann sehe ich meine blauen Augen und meine Nasenlöcher.

Ihre Nasenlöcher?

Ja, tatsächlich. Ich mache seit Jahren Witze darüber, dass ich irgendwann mal, wenn ich sehr reich bin, meine Nasenlöcher richten lasse. Die sind nämlich unterschiedlich groß. Das fällt Ihnen aus ein paar Metern Abstand nicht auf, aber ich sehe es. Ich hab vor Jahren mal schwer was auf die Nase bekommen, die war sogar gebrochen. Aber sonst weiß ich nicht, was ich beschreiben kann, ich bin nicht so der Spiegelgucker.

Wie oft am Tag schauen Sie in den Spiegel?

Eigentlich nur beim Zähneputzen.

Sind Sie zufrieden mit Ihrem Gesicht?

Total. Ich fühle mich wohl in meinem Körper und genauso mit meinem Gesicht. Ich habe keine Wünsche, irgendwas zu verändern.

Mit Ausnahme der Nasenlöcher ...

Na ja, das meinte ich eher ironisch.

Als Bestatter haben Sie mehr Erfahrung mit toten Gesichtern als die meisten Menschen. Haben Sie je überlegt, wie Ihr Gesicht tot aussähe?

Ja, das habe ich. Das Bild hab ich im Kopf. Aber leider sehe ich mich nicht wirklich tot, ich sehe mich schlafend.

Warum leider?

Da muss ich bisschen ausholen. Sie kennen bestimmt die Redewendung: Der Tod ist Schlafes Bruder. Aber genau das ist er nicht! Es gibt so einen allgemeinen Irrglauben, das Gesicht von Verstorbenen gliche dem von Schlafenden. Aber es sieht definitiv anders aus. Und ich persönlich finde den Vergleich auch gefährlich, weil er so eine Suggestion erzeugt: Vielleicht schlägt er gleich die Augen auf. Vielleicht ist er gar nicht wirklich tot. Ich weiß aber aus meiner beruflichen Praxis und aus vielen Schulungen zum Thema Trauer, wie wichtig es ist, zu begreifen, dass da eben KEIN Schlafender liegt. Der häufigste Satz, den ich gehört habe, wenn Angehörige noch mal bei dem Verstorbenen waren, lautet: Ich habe gesehen, dass er tot ist. Ich habe es sofort am Gesicht gesehen. Und das hat viel damit zu tun, dass wir Gesichter nur schlafend oder muskulär ange-spannt kennen. Wenn Menschen kommen, um ihre Mutter oder ihre Oma noch mal zu sehen, dann kommen sie ja nicht, um zu sehen, wie schön sie war. Das wissen sie. Sondern, wie tot sie ist. Um das wirklich zu begreifen.

Und das Gesicht hat dabei eine besondere Bedeutung?

Auf alle Fälle. Es ist der stärkste Indikator dafür, ob da Leben im Körper ist oder nicht. Und es ist interessant, wie stark es zum Verstehen des Todes beiträgt, das tote Gesicht gesehen zu haben. Und diese Klarheit zu schaffen, das ist die Basis meiner Profession. Klarzumachen: Der Mensch dort kommt nicht wie-der, das wird nicht passieren. Egal, ob ich eine religiöse oder eine weltliche Antwort finde, ich muss damit umgehen, dass er weg ist. Und jede Illusion steht der Trauer nur im Weg. Es geht nicht darum, gruselige Bilder zu implantieren, sondern darum, die Trauerarbeit zu unterstützen.

Dann muss es doch für die Angehörigen von Corona-Toten, die sich nicht verabschieden konnten, eine doppelte Tragödie gewesen sein?

Es war die Hölle. Es gab ja lange Zeit nicht mal Besuche in Kran-kenhäusern. Die ganzen Fragen: Wie ist jemand gestorben, wie stark hat er im Tod gelitten?, die lassen sich noch weniger beantworten, wenn ich ihn nicht mehr sehen kann. Und ich muss sagen, die religiös gebundenen Kliniken haben da huma-ner agiert als die weltlichen. Hier um die Ecke gibt es ein christ-liches Krankenhaus, und die sagten: Natürlich bahren wir auf, mit Vorsichtsmaßnahmen, aber wir bahren auf.

Was ist das Signifikante am Gesicht von Verstorbenen?

Na, zunächst der offen stehende Mund und die herunterhängende Kinnlade, das ist ja etwas sehr Unnatürliches beziehungsweise etwas, das es beim lebenden Gesicht niemals gibt. Und dann die Farbe, die sogenannte Leichenblässe.

Macht das tote Gesicht Angst?

Nein, das ist auch ein Irrtum, das verstorbene Gesicht ist nichts, was Angst macht. Es beruhigt.

Auch die Angehörigen?

Gerade die. Eine der Hauptfragen, die viele umtreibt, ist ja: Hat der Mensch gelitten im Sterbeprozess? Und fast alle Gesichter entspannen sich, da ist dann vor allem ein Ausdruck von Entspannung. Und der ist enorm wichtig für die Angehörigen. Wenn wir sie zum Verstorbenen begleiten, erleben wir oft, wie aufgeregt sie sind, bevor sie sein Gesicht sehen. Da ist die Luft zum Schneiden, und dann kommt ganz langsam eine Beruhigung, bei aller Trauer.

Aber geht vom toten Gesicht nicht doch etwas Unheimliches aus?

Könnte man annehmen. Damit habe ich auch gerechnet, als ich ganz am Anfang meiner Arbeit war. Heute würde ich mich gegen den Begriff »unheimlich« verwahren. Nein, Verstorbene sind nicht unheimlich. Sie sind was sehr Seltenes und in dem Seltenen hat man einfach so seine Projektionsmöglichkeiten. Unser Bild von Toten ist ja vor allem medial geprägt. Wann sehen wir mal einen Toten? Als Mordopfer im Krimi oder in der kurzen Filmszene, wo alle weinend am Bett stehen und einer hysterisch rausrennt. Das hat aber mit der Realität wenig oder nichts zu tun.

Kann das tote Gesicht noch einen Ausdruck haben? Oder ist das Projektion?

Ich glaube, Letzteres. Ganz selten habe ich mal etwas Schmerzhaftes oder Verkrampftes gesehen. Es gibt keinen universell gleichen Ausdruck, aber fast immer ist er entspannt. Übrigens auch nicht lächelnd, weil die Muskeln ja nicht mehr arbeiten. Was ich erkenne, das ist, wenn der Mensch viel gelacht hat, weil die Wangenmuskeln dann stark ausgeprägt sind. Aber ehrlich gesagt, eine medizinische Begründung ist das nicht, es kann auch eine Projektion sein.

Noch mal zum falschen Vergleich mit dem schlafenden Gesicht. Was ist am toten Gesicht, von der herunterhängenden Kinnlade abgesehen, sichtbar anders?

Der biologische Ablauf ist ja, dass zunächst sämtliche Muskeln erschlaffen, und dann setzt etwa dreißig Minuten nach dem Tod die Leichenstarre ein. Die beginnt bei den Augenlidern, breitet sich dann über das ganze Gesicht aus und geht von da über den Körper. Durch die Leichenstarre wird das Gesicht zunächst hart, und wenn sie sich wieder löst, hat es mit der Zersetzung des Körpers zu tun. Aber das tote Gesicht ist noch sehr lange erhalten. Das ist wichtig. Wenn ich die Kühlkette konsequent einhalte, kann ich Verstorbene zwei oder sogar drei Wochen aufbewahren. Und für Angehörige, die mehrmals kommen, um Abschied zu nehmen, ist es wichtig zu sehen, wie sich das tote Gesicht von Tag zu Tag verändert.

Wie verändert es sich?

Die Flüssigkeit setzt sich immer mehr zurück, es fällt mehr ein, die Augen fallen ein. Es sieht sozusagen jeden Tag ein bisschen toter aus.

Versteinerter?

Nee, das würde ich nicht so bezeichnen.

Entrückter?

Ja, entrückt und eingefallen. Je länger jemand verstorben ist, desto mehr kommt die Knochenstruktur zum Vorschein. Es wirkt skelettiert. Häufig bekomme ich Fotos vom lebenden Menschen und die Diskrepanz zwischen dem lebenden und dem toten Gesicht ist enorm. Ich habe es fast noch nie geschafft, mir allein aus dem toten Gesicht den lebenden Menschen vorzustellen. Es ist wirklich ein großer Schritt. Ich glaube, umgekehrt funktioniert es besser, also sich das lebende Gesicht tot vorzustellen.

Können Sie schätzen, wie viele tote Gesichter Sie schon gesehen haben?

Das ist vierstellig.

Also Tausende?

Ja, auf alle Fälle.

Und wann haben Sie das erste gesehen? Zu Beginn Ihres Praktikums
in einem Bestattungsinstitut?

Das war absurderweise lange vorher, das hatte ich aber komplett
ausgeblendet und musste mich mühsam wieder daran erinnern.
Mein erstes totes Gesicht habe ich durch meinen Großvater
gesehen. Der war Kfz-Sachverständiger, und als ich frisch meinen Führerschein hatte, also so mit siebzehn oder achtzehn, hat
er mich aus pädagogischen Gründen nachts mitgenommen auf
eine Landstraße in Mecklenburg zu einem Unfall. Er wollte mir
zeigen: Guck mal, das passiert, wenn du säufst und Auto fährst.

Puh, das ist aber die ganz harte Lektion.

Allerdings. Da habe ich einen Toten gesehen, aber das Bild total
weggeschoben. Und bewusst habe ich das erste tote Gesicht
dann tatsächlich beim Praktikum gesehen. Das war ein Inder,
der kurz vor der Überführung in sein Heimatland stand.

Und was ging da in Ihnen vor?

Ich hatte schon Ängste. Weniger vor dem Anblick, sondern
davor, wie ich reagiere. Was ist, wenn mir schlecht wird? Wenn
ich umfalle? Wenn ich den Beruf dann vielleicht gar nicht aus-
üben kann? Es war auch eine sehr geschäftsmäßige Situation,
die ich hier wirklich versuche zu verhindern. Klar, durch die
Jahre hat der Umgang mit Toten einen gewissen Alltagsfaktor
bekommen. Aber es ist nicht so, dass ich es normal finde, Verstorbene zu sehen.

Was erkannten Sie an dem verstorbenen Inder?

Es gibt ja verschiedene Techniken der Totenpflege. Es gibt die amerikanische Schule, so nenne ich sie mal, die großen Wert darauf legt, den Verstorbenen fast schöner aussehen zu lassen, als er zu Lebzeiten war. Sie glauben nicht, was da alles gemacht wird. Da wird Gewebe unterspritzt, da werden die Wangen mit Wattebäuschen aufgefüllt, da werden Kappen eingesetzt, damit die Augen nicht einfallen. Und das hat mich damals am meisten beeindruckt, wie wenig tot er aussah. Der sah nun wirklich schlafend aus.

Diese Künstlichkeit wollen Sie ja offenbar vermeiden. Was machen Sie ganz praktisch, wenn Sie einen Verstorbenen sozusagen in Empfang nehmen?

Was ich beim Lebenden auch machen würde, also die Frisur pflegen, wenn es ein Mensch war, der immer eine gepflegte Frisur hatte. Und ich fette die Lippen ein wenig ein, weil sie austrocknen und rissig werden. Ansonsten machen wir wenig und lassen das Gesicht so natürlich wie möglich.

Werden die Männer rasiert?

Auf Wunsch. Ich frage die Angehörigen, wie sie es möchten und wie der Verstorbene als Mensch war. Einen Mann, der Wert auf seine Rasur legte, den rasieren wir. Oder wenn da eine Dame ist, die immer Nagellack trug, dann bekommt sie Nagellack oder ein wenig Lippenstift, wenn er zu ihr gehörte. Das machen aber eher die weiblichen Mitarbeiterinnen, die sich damit am besten auskennen.

Machen Sie nichts auf die Haut?

Nein, nichts. Natürlich waschen wir das Gesicht wie den ganzen Körper. Und es gibt manchmal so einen Flüssigkeitsaustritt aus dem Mund, da sorgen wir dafür, zum Beispiel mit einem Wattebausch, dass nichts nach außen tritt. Aber sonst machen wir am Gesicht relativ wenig, vor allem machen wir es mit den Angehörigen. Und meist ist es so, dass sie gar keine Künstlichkeit wollen. Es gibt ganz wenige Ausnahmefälle, zum Beispiel bei Unfallopfern oder wenn sich jemand erhängt hat. Ich sehe das an den blauen Striemen am Hals, und die Frage ist: Ziehe ich dem einen Rollkragenpullover an, um es zu verstecken, oder nicht? Es gibt Momente, wo es richtig ist, wenn der innerste Kreis weiß, was passiert ist, aber es nicht für die gesamte Trauergemeinde kommunizieren will. Oder ein anderes Beispiel: Wir hatten vor mehreren Jahren jemand, der sich so auf die Zuggleise gelegt hatte, dass sein Kopf glatt abgetrennt war, absolut sauber abgetrennt. Und da haben wir hier lange darüber gesprochen, was wir machen. Am Ende haben wir dann den Kopf an seinen Platz und ein Tuch über die Stelle gelegt.

Das Gesicht dürfte doch sehr entstellt ausgesehen haben?

Nein, das sah perfekt aus. Wir haben von dem Fall im Polizeibericht gelesen und waren etwas alarmiert: Was kommt da jetzt? Und es war wirklich so: Das Gesicht war perfekt, das war eher irritierend, wie gut es aussah.

Und wenn ein Gesicht verletzt oder irgendwie entstellt wäre, kann man den Angehörigen einen solchen Anblick zumuten?

Nein, in solchen Fällen sorgen wir schon vor. Aber ich habe oft den Eindruck, dass Angehörige eine Art Hybrid sehen. Ein Beispiel: Wir haben vor Kurzem ein Baby bestattet, und da war am Mundwinkel ein wenig Schimmelbefall. Ob der von innen oder von außen kam, das weiß ich nicht. Aber ich habe mir total den Kopf gemacht: Oh mein Gott, jetzt kommen die Eltern und sehen das. Ich habe versucht, das ein wenig zu entfernen, aber das Interessante war, die haben das gar nicht wahrgenommen. Die sehen einen Hybrid aus dem Menschen, den sie geliebt haben, und dem, der jetzt verstorben ist. Da liegen viele Bilder und Erinnerungen übereinander. So beschreiben mir das Trauernde auch oft.

Stimmt es, dass bei Verstorbenen als Erstes das Kinn hochgebunden wird, damit sich der Mund schließt?

Nehmen wir mal ein Beispiel: Wenn Sie mich jetzt anrufen und sagen, meine Mutter ist gerade verstorben, ist aber noch zu Hause, dann würde ich so kleine Tipps geben: Decken Sie sie ab, vielleicht mit einem dünnen Laken, damit der Körper schneller kühl wird. Vielleicht legen Sie ein Handtuch unters Kinn, wenn der Mund einmal zu ist, bleibt er zu. Früher hat man Münzen auf die Augen gelegt. Die Legende lautete, das sei das Fährgeld für die Überfahrt. Aber es hatte den praktischen Grund, dass dadurch die Augen zublieben.

Und was machen Sie, um den Mund zu schließen?

Ich drücke leicht das Kinn nach oben. Es gibt eine Technik, ihn zuzunähen, aber wenn ich Ihnen beschreibe, was da rein technisch gemacht wird, dann sagen Sie: Nicht mit meiner Mutter.

Das gibt es auch heute?

Das ist sogar Standard. Soll ich es Ihnen erklären?

Vielleicht so ungefähr.

Da wird unten am Kinn eine lange Nadel nach oben ...

Lieber nicht weiter erklären.

Ich finde es scheußlich. Ich habe Phantomschmerzen, wenn ich nur zusehe. Ich mache es, aber wirklich nur auf äußerste Nachfrage, und wenn ich es erkläre, wollen es wirklich nur die wenigsten Angehörigen.

Sie haben folglich Gefühle gegenüber den Verstorbenen, auch wenn Sie schon Tausende gesehen haben. Ist es ein Unterschied, ob Sie in das Gesicht eines sehr jungen Toten gucken oder in das eines 87-Jährigen?

Ja, aber nicht so, wie man denken würde. Der mit 90 stirbt, ist für mich genauso schrecklich wie der, der mit drei stirbt. Ich werte da nicht.

Tatsächlich?

Ja, tatsächlich. Aber das, was emotional am meisten auslöst, ist das, was man persönlich spiegeln kann. Also jemand, der so alt ist wie meine Frau oder mein Kind, nimmt mich schon am meisten mit. Generell mache ich mir bei sehr alten Verstorbenen oft mehr Gedanken um die Angehörigen, was die Trauerprognose betrifft. Wenn eine junge Frau ihren Mann verliert, dann gibt es sehr viele Hilfsangebote, das soziale Umfeld reagiert sofort. Bei einer Achtzigjährigen, die ihren Mann verliert, bin ich besorgter. Wissen Sie, es gibt so unterschätzte Tode. Zum Beispiel wird der Verlust der Eltern oft unterschätzt, weil er irgendwie normal ist. Da ist nicht die halbe Welt alarmiert. Und das ist ein Problem für die Betroffenen, weil sie das Gefühl bekommen, okay, ich muss damit jetzt klarkommen. Ist ja keine Ausnahme, alle verlieren irgendwann ihre Eltern. In Wahrheit passiert da ganz, ganz viel.

Das kann ich gut nachvollziehen, meine Eltern sind schon vor Jahren gestorben, kurz nacheinander und es war auch zu erwarten. Sie waren sehr alt. Aber es veränderte dann doch alles.

Ja, das tut es. Es gibt diese letzte Rückversicherung, diese letzte Heimat nicht mehr, die die Eltern halt doch immer sind.

Und man weiß: Der Nächste in der Generationenfolge bist du. Jetzt hat sich der Friedhof für dich ein Stück weit geöffnet.

Ja, man rückt an, sozusagen an die Front vor.

Noch etwas anderes: Hat das Gesicht von Verstorbenen nicht auch etwas sehr Schutzloses? Es kann sich nicht mehr wehren. Wenn der Bestatter Wrede möchte, könnte er es drei Stunden lang aus allen Richtungen und größter Nähe betrachten.

Ich weiß, was Sie meinen. Aber es betrifft nicht nur das Gesicht, sondern den ganzen Körper. Wenn Sie beispielsweise mit Ihrer verstorbenen Mutter kämen, würde ich sie nicht einkleiden,

weil ich nicht weiß, ob Ihre Mutter gewollt hätte, dass der junge Herr Wrede sie nackt sieht. Vielleicht macht das eher eine Kollegin, wir arbeiten hier sehr geschlechtsspezifisch. Man muss da sehr sensibel hinschauen.

Gibt es noch den Wunsch nach Totenmasken?

Ja, öfter, als man denkt, ich würde sagen, in zwei oder drei Fällen von hundert möchten die Angehörigen eine Totenmaske. Oft auch eine abgegossene Skulptur der Hand, nach der sie greifen können. Bei vielen steht sie auf dem Schreibtisch oder im Regal, wo man sie immer sehen kann.

JÜRGEN
KLAUKE *Mein Gesicht ist mein Material*

■ Bei der New Yorker Met-Gala im September 2021 erschien Kim Kardashian in einem spektakulären Look. Das ist für sich genommen noch keine Überraschung. Der Star des amerikanischen Reality-TV ist bekannt für Looks, die auf spektakuläre Weise die Formen ihres Körpers betonen und von diesem einiges unbedeckt lassen.

Dieses Mal zeigte Kim Kardashian jedoch keinen Millimeter nackte Haut. Sie zeigte nicht einmal ihr Gesicht. Sie steckte in einer Art Ganzkörperpelle, einem schwarzen, vom Pariser Modehaus Balenciaga entworfenen Ensemble, das sich nach unten in einer langen Schleppe ergoss und nach oben den gesamten Kopf umhüllte, was die Frage aufwarf, ob es sich bei der Frau darunter überhaupt um Kim Kardashian handelte oder womöglich um ein Double.

Was aber sollte der Sinn der gespensterhaften Aufmachung sein? Eine Anspielung auf die Gesichtsmaskierung der Pandemie? Ein Zeichen des Protestes gegen die Diktate der Schönheitsindustrie und Schönheitschirurgie, die Kim Kardashian zu ihren Kundinnen zählen dürfen? Oder gar gegen die Verschleierung afghanischer Frauen, zu der sie durch die Herrschaft der Taliban gezwungen werden? Vermutlich nichts davon. Kim Kardashian folgte ganz einfach einem Trend, der sich in der Popkultur durchgesetzt hat. Der Rapper Cro tritt nur mit einer Panda-Maske auf, seinen Kollegen Sido kennt man mit einer Maske aus Metall, die schwedische Band Kate Boy steht mit Gesichtsmasken auf der Bühne. Und Kayne West, Ex-Ehemann von Kim Kardashian, verfügt über ein ganzes Sortiment an Masken. Die Reihe ließe sich fortführen, auch die Modewelt wurde von dem Trend erreicht. In den vergangenen Jahren stolzierten immer mal wieder Models mit verhüllten Gesichtern und Köpfen über den Laufsteg.

Das Verbergen des Gesichts geht aus den unterschiedlichsten kulturellen Traditionen und praktischen Funktionen hervor. Sie reichen von der muslimischen Burka bis zum sexuellen Fetisch. Von Kunstfiguren wie Fantomas bis zu Bankräubern. Von venezianischen Karnevalisten bis zu den Gefangenen des Lagers Guantanamo, die mit schwarzen Säcken über dem Kopf unter der karibischen Sonne kauern. Die Gesichtsverhüllung kann ein Symbol der Entwürdigung oder eine Strafmaßnahme sein. Sie kann dem persönlichen Schutz oder dem spielerischen Vergnügen dienen. Ihre Geschichte ist so alt wie vieldeutig.

Der Gesichtsschleier, mit dem Bräute vor den Traualtar treten, hat kontextuell nichts mit den grinsenden Masken des Hackerkollektivs »Anonymous« zu tun, zu dessen subversiven Aktionen ein Cyberangriff auf russische Medien in den ersten Tagen des Überfalls russischer Truppen auf die Ukraine im Februar 2022 zählt. Aber der Effekt ist in jedem Fall der gleiche: die Unkenntlichkeit des Individuums.

In seiner Schrift »Zur Physiognomik« von 1851 bezeichnete Arthur Schopenhauer das Gesicht als »eine Hieroglyphe, die sich allerdings entziffern lässt, ja, deren Alphabet wir fertig in uns tragen«. Ohne Gesicht, hieße das, gleicht der Mensch einem leeren Blatt. Pflegerinnen und Pfleger, die während der schlimmsten Zeit der Coronapandemie auf den Intensivstationen amerikanischer Krankenhäuser arbeiteten, hefteten sich Fotos von ihren Gesichtern auf die medizinische Schutzkleidung. Sie wollten den Patienten damit signalisieren, dass sie nicht von Maschinen behandelt, sondern von menschlichen Wesen betreut wurden.

Der Trend der Maskierung, dem sich Kim Kardashian instinktsicher anschloss, ließe sich durchaus als Symptom einer Krise des Gesichts verstehen. Vielleicht sogar als Hinweis darauf, dass sich die Geschichte des ausdrucksfähigen und unverwechselbaren Gesichts ihrem Ende nähert. Aber der Trend lässt sich auch umdeuten: Wie unverzichtbar die Nichtanonymität des Gesichts für das Menschsein ist, das macht erst seine Anonymisierung vollständig begreifbar. Ein paar maskierte Rapper sind spaßig. Eine für immer und komplett maskierte Gesellschaft wäre nahezu apokalyptisch, sie gliche einer sozialen Sonnenfinsternis.

Abbildungen des Gesichts gibt es aus allen Epochen der Kunst. Ob sie dem realen Vorbild schmeicheln, es parodieren oder kubistisch dekonstruieren, sichtbar sind sie in jedem Fall. Bei dem Werk *Antlitze* des 79-jährigen Künstlers Jürgen Klauke ist das anders. Es zeigt 96 unsichtbare, vermummte Gesichter. Es sind Medienbilder, die Klauke von 1972 bis 2000 gesammelt und zu einer Serie montiert hat. Ein tiefes Unbehagen geht von ihr aus, etwas Beklemmendes, ja beinahe Bedrohliches. Das unwillkürliche Bemühen, die Personen hinter den Wollmützen, Tüchern und Schleiern zu identifizieren, sie moralisch, psychologisch oder kulturell einzuordnen, prallt an der Vermummung ab.

Jürgen Klauke gehört zu den Pionieren der Performancekunst und der fotografischen Selbstinszenierung. Wer, wie Ursula, in den 1970er-Jahren in Köln lebte, kann sich gut an die Bürgerschreckaura erinnern, die den dünnen Mann mit der David-Bowie-Statur umgab.

Bilder mit grell geschminktem Gesicht, Bilder mit penisähnlichen Attrappen auf der Brust – das war, vorsichtig gesagt, schon ungewöhnlich im damaligen Kunstbetrieb. Aber um die Provokation der Provokation willen ging es Jürgen Klauke nie. Von Beginn seiner Arbeit an stellte er infrage, was für das konventionelle Porträt keine ist: Gibt es verlässliche Identität? Oder nur ihre Zuschreibung, je nachdem, welches geschlechtliche, gesellschaftliche oder ethnische Alphabet der Betrachter anwendet, um Gesichter und Körper zu entziffern?

Gerne wären wir nach Köln gefahren, wo Jürgen Klauke seit Jahrzehnten lebt und arbeitet, um persönlich mit ihm zu sprechen. Das ging nicht, weil er sich für längere Zeit im Ausland aufhält. Ein Zoom-Gespräch ging auch nicht, so haben wir uns mit ihm darauf geeinigt, Fragen und Antworten per Mail hin- und herzuschicken. Dass wir hier nicht sein Gesicht zeigen, sondern sein Werk mit den 96 Vermummten, erscheint uns folgerichtig für einen Künstler, der im Gegensatz zu Arthur Schopenhauer der Lesbarkeit des Gesichts misstraut. ■

Normalerweise stellen wir zu Beginn unserer Gespräche einen kleinen Handspiegel auf und bitten unser Gegenüber zu beschreiben, was er oder sie sieht. Das geht bei Ihnen ja nun nicht, würden Sie die Frage trotzdem beantworten?

Nun ja, ich sehe mein Gesicht, allerdings spiegelverkehrt.

Sie können uns auch nicht sehen. Ist es nicht paradox, über das Gesicht zu sprechen, ohne das des anderen zu sehen?

Wenn ich es richtig verstanden habe, wollen wir kein Gespräch über die Beschaffenheit unserer eigenen Gesichter führen, sondern über das Gesicht an sich. Da scheint es mir keine zwingende Notwendigkeit, sich in die Augen zu schauen.

Fehlen uns ohne das Schauspiel des Gesichts nicht fundamentale Informationen über den anderen Menschen?

Die fehlen natürlich, sowohl negative als auch positive. Ohne diese normalen oder auch künstlichen Signale stürzen wir in eine Art Kommunikationsdefizit. Genau diese Erfahrung machen wir ja gerade Tag für Tag durch das Maskentragen. Wir merken, wie der spontane Dialog im Alltag ohne das sprechende Gesicht auf ein Minimum reduziert wird. Ich erlebe das durchaus als einen gravierenden und schmerzhaften Verlust.

Inzwischen sind es schon zwei Jahre, in denen wir in der Öffentlichkeit eine Maske tragen. Hat das unseren sozialen Umgang verändert?

Zumindest hat es die Phänomenologie der Maske verändert. Bis zur Coronapandemie lag ihr Sinn darin, unerkannt Grenzen zu überschreiten, ob im Karneval oder beim Bankraub. Der Maskierte ragte aus der Masse heraus. Durch die derzeitige Weltmaskierung, die gezwungenermaßen unserem Schutz dient, erleben wir das Gegenteil, eine Gleichschaltung oder Gesichtsuniformierung. Wir sind gesichtslos und nehmen uns gegenseitig als gesichtslos wahr. Das heißt letzten Endes, wir gehen in der Anonymität auf.

*Könnte man überspitzt sagen, wir sind auf dem Weg zu einer buch-
stäblich gesichtslosen Gesellschaft?*

Das ist schwer zu beurteilen, da wir uns noch mitten in der Pandemie befinden und ein Ende nicht absehbar scheint. Was ich
sagen kann, ist, dass dieser anhaltende Ausnahmezustand an
den Außenbezirken unseres Nervensystems nagt. Uns fehlen
Abwechslung, Erlebnisse und Freiräume jeglicher Art, also der
ganz natürliche Kontakt mit Menschen. Ich befürchte, dass wir
in dieser unterschwelligen Daueranspannung mittlerweile die
Normalität des Unnormalen erleben, und wenn wir das weiter-
denken, könnte einiges außer Kontrolle geraten.

*In vielen westlichen Ländern gibt es das sogenannte Vermummungs-
verbot. Gleichzeitig gilt jetzt das Gebot, die untere Hälfte des Gesichts
zu vermummen. Ist das in Ihren Augen ein Widerspruch?*

Ich sehe da keinen Widerspruch, da das eine mit dem anderen
ursächlich nichts zu tun hat.

*In Ihren frühen Fotoserien haben Sie auf verschiedenste Weise mit
Ihrem Gesicht gearbeitet, welche Funktion hatte es dabei?*

Es diente als Projektionsfläche, schlichtweg als Material. Nicht
nur damals, auch heute betrachte ich es als Stellvertreter des
Menschenbildes, das sich durch mein gesamtes Werk zieht. In
den Arbeiten der Siebzigerjahre, auf die Sie anspielen, ging es
in erster Linie darum, die soziale Codierung der Geschlechter
aufzuheben und zu erweitern bis hin zum Utopischen. Das blei-
che, stark geschminkte Gesicht oszilliert zwischen maskulin
und feminin. Es hat den Charakter eines, so könnte man sagen,
Mestizen.

Mit diesem Ansatz waren Sie Ihrer Zeit ziemlich weit voraus. Fluide Geschlechterrollen sind ein Kernmotiv der Gegenwartskultur.

Solche Einordnungen überlasse ich dem Betrachter, aber vermutlich haben Sie recht. In meinem Künstlerbuch *Ich&Ich* von 1970 gibt es ein neunteiliges Foto-Tableau mit diesem Titel. Es lässt erahnen, worum es mir damals vorrangig ging, um multiple Identitäten. Es lag nahe, das Spiel des Identitätstausches mit dem Material des Gesichts zu inszenieren. Seine äußeren anatomischen Merkmale sagen erst mal wenig aus. Erst durch die Richtung meiner Inszenierungen manifestierte es sich als das angedachte Bild. In dieser Zeit, ich rede noch immer von den Siebzigern, haben nicht nur mein Gesicht, sondern der ganze Körper meine künstlerische Bildwelt dominiert. In den späteren großen Werkgruppen wie »Formalisierung der Langeweile«, »Sonntagsneurosen« oder »Ästhetische Paranoia« sind mein Körper und mein Gesicht das, was ich vorhin als Stellvertreter bezeichnet habe. Ich trete sozusagen als neutrale Figur, als Jedermann in Erscheinung. Ich bin also nach wie vor eine handelnde Person im Bild, aber ich verschwinde zeitweilig oder verschmelze mit anderen agierenden Körpern und Gegenständen.

Hat sich Ihr Verhältnis zu Ihrem Gesicht im Lauf Ihrer Biografie verändert?

Da geht es mir wie jedem anderen Menschen, ich werde älter und mein Gesicht ebenso. Was es aussagt, überlasse ich dem jeweiligen Gegenüber. Bisher bin ich mit den Verschleißerscheinungen, die sich im Lauf der Zeit einstellen, ganz gut klargekommen. Das einstmals jugendliche Gesicht hat sich zu einem gelebten entwickelt.

Eine Ihrer bekanntesten Arbeiten ist auch für unser Thema wichtig, die Fotoserie Antlitze. *Sie besteht aus 96 Fotos, die ausschließlich verhüllte Gesichter zeigen. Es sind Medienbilder, die Sie zwischen 1972 und 2000 gesammelt haben. Was gab den Ausschlag für dieses Projekt?*

Die Olympiade München 1972, das Attentat der palästinensischen Terrororganisation Schwarzer September auf die israelische Mannschaft, bei dem elf Sportler und ein deutscher Polizist getötet wurden. Ich weiß nicht, ob Sie alt genug sind, um sich an die Bilder zu erinnern, die damals in den Medien endlos zu sehen waren.

Das sind wir.

Dann haben Sie sicherlich auch das Bild des vermummten Terroristen vor Augen, der auf dem Gebäude steht, in dem die israelische Mannschaft untergebracht war. Dieses Bild ist durch seine mediale Verbreitung fast zu einer Ikone geworden, und es hat mich in seinen Bann gezogen.

Was genau hat Sie daran gebannt?

Die Verhüllung an sich beziehungsweise der Doppelsinn jener Masken, die einerseits Anonymität herstellen sollen, andererseits mediale Präsenz benötigen, um Aufmerksamkeit für die Mission des Maskenträgers zu erreichen.

Warum nannten Sie die 96 verhüllten Gesichter ausgerechnet »Antlitze«?

Sie können den Begriff als künstlerische Überhöhung des Gesichtslosen betrachten. Die Antlitze, wie ich sie nenne, repräsentieren einen ganz bestimmten Effekt der Medienwelt. Die Medien bringen zahllose anonyme Ikonen hervor, die auf eine immer anonymer werdende Welt verweisen. Die Vermummungen der Gesichter löschen Identitäten, sie schaffen aber gleichzeitig neue. Durch die mediale Dauerpräsenz werden die gesichtslosen Antlitze durch uns, durch die Betrachter wiederum zu neuen Gesichtern, da wir gelernt haben, diese neuen anonymen Weltgesichter zu lesen. Und wir machen die Erfahrung, dass wir dabei ins Straucheln geraten. Seitdem Militär und Polizei, vor allem aber Sonderkommandos ebenfalls die Anonymität vorziehen, ist die Zugehörigkeit von Gut und Böse verwischt. Man kann sich nicht sicher sein, in wessen Antlitz man schaut und wen man vor sich hat, einen Terroristen oder einen Terrorismusbekämpfer.

Ein verhülltes Gesicht hat keine Individualität. Ist es dann überhaupt noch das, was wir unter einem Gesicht verstehen? Ort der Kommunikation, Emotion und Selbstauskunft?

Wenn Sie mit der Frage auf meine Fotoserie, die 96 Vermummten zielen, dann habe ich das Wesentliche dazu gerade beschrieben.

Wir wollen nicht insistieren, wir wollen Sie nur richtig verstehen. Könnte man sagen, durch die mediale Gewöhnung an verhüllte Gesichter wie die des Terroristen zum Beispiel legen wir eine Aussage in sie hinein, der sie sich eigentlich entziehen wollen?

Ungefähr so könnte man es sagen.

Die Porträtmalerei hat eine lange Tradition. Sehen Sie Ihre Arbeit in Opposition zum traditionellen Porträt?

Die meisten Porträts haben ja den Zweck, den Auftraggebern der Maler zu gefallen. Und sie sollen den Porträtierten über den Tod hinaus repräsentieren, weshalb sie von kritischen Wissenschaften auch als Ruinen oder Mumien bezeichnet werden. Was man sieht, sind meistens Gesichter, die über ihre äußeren anatomischen Merkmale nicht hinausreichen. Sie sagen nichts über den Kern der Person, nichts über die Vielschichtigkeit ihrer Eigenschaften. Bei einer etwas intensiveren und tieferen Begegnung mit uns selbst, stellen wir schnell fest, dass wir es mit mehreren Ichs und Selbsts zu tun haben. Damit kommen wir zum Anfang unseres Gesprächs zurück, zu meinem Frühwerk *Ich&Ich*. Mein Interesse gilt dem Gesicht hinter der Maske und dem Gesicht hinter dem Gesicht. Nur so kommt man dem Kern unserer labilen Existenz näher, was logischerweise bedeutet, dass ich zur Geschichte der Porträtmalerei keine besondere Beziehung hege. In eine kurze Bemerkung gefasst: Nichts ist, wie es scheint, und wo es scheint, da ist nichts.

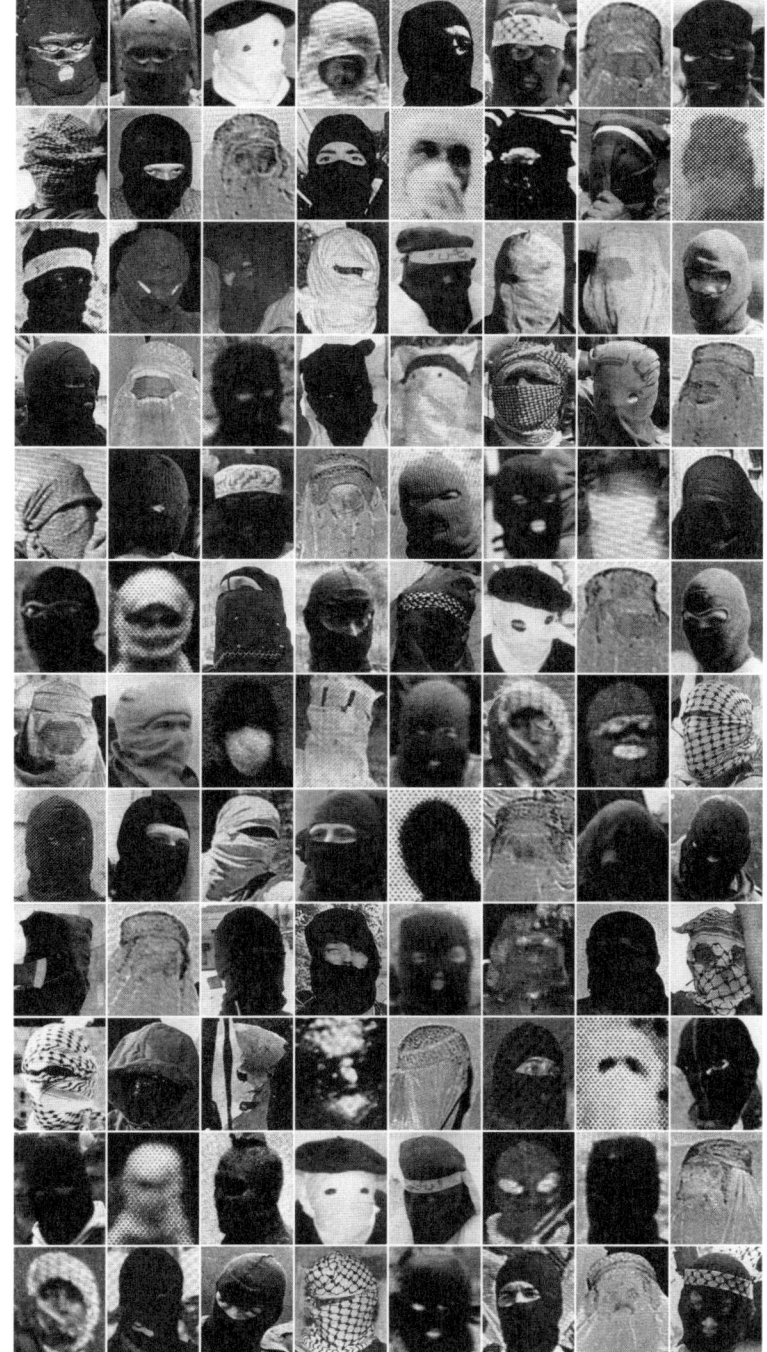

NACHWORT

■ Zwei Jahre und neunzehn Gespräche später saßen wir wieder an einem Restauranttisch, dieses Mal nicht zum Mittagessen, sondern zum Abendessen. Es gab etwas zu feiern, unser fertiges Buchmanuskript.

In diesen zwei Jahren hatten wir uns daran gewöhnt, Restaurants mit einem Mundschutz zu betreten und ihn erst am Tisch abzunehmen. Wir hatten Friseurtermine hinter uns, die etwas seltsam Konspiratives besaßen, auch wenn sie nach den Lockdowns wieder erlaubt waren. Und wir waren erstaunt, wie sich die Porträts von Fabian Schellhorn, der alle Personen dieses Buches fotografiert hatte, von unserer Wahrnehmung der sprechenden Gesichter unterschieden.

Wir schlugen die Speisekarte zu und begannen zu überlegen, in welchem der neunzehn Gespräche wir uns selbst am stärksten wiederfanden – beziehungsweise, in welchem ein Thema berührt wurde, das uns betraf, wenn auch mit anderen Erfahrungen. Es sind, vielleicht nicht überraschend, zwei Frauen, deren Geschichten in uns besonders nachhallen: Adriana Altaras und Zoamee Knoche. Dabei geht es nicht um äußere Ähnlichkeit. Aber Adriana Altaras machte eine Bemerkung, die bei Ursula sofort einhakte. Sie könne, sagte sie, ihr Gesicht nicht kontrollieren. Sie habe es nicht in der Hand, welche Person, welche Version ihres Ichs sich darin ausdrücke. An ein und demselben Tag begegne sie im Spiegel einer strengen Lehrmeisterin, einem fidelen Mädchen, einer abgekämpften oder einer erotisch beschwingten Frau.

Sie hat es nicht in genau diesem Wortlaut gesagt, aber was sie meinte, kam Ursula bekannt vor. Es war das Gefühl, ein Gesicht zu haben, das ein Eigenleben führt und macht, was es will. Das traurig aussieht, obwohl die Seele eigentlich guter Stimmung ist, das enorm intellektuell wirkt, obwohl sich im Hirn nicht der kleinste Gedanke regt. Es mag verstiegen klingen, vom eigenen Gesicht wie von einem schwer erziehbaren Kind zu sprechen. Aber die Bemerkung von Adriana Altaras traf den Nagel auf den, nun ja, Kopf.

Das Gespräch mit Zoamee Knoche wiederum, die mit fünfzehn begann, ihr Gesicht vor die Kamera eines Smartphones zu halten und Bilder in die Welt zu schicken, weckte bei Luzia Erinnerungen an ihre eigene, so ganz andere Geschichte mit und vor der Kamera. Was für die Influencerin nie ein Problem gewesen zu sein schien, das war es für die fast zwei Generationen ältere Fernsehmoderatorin sehr wohl: mit ihrer medialen Doppelgängerin im Reinen zu sein. Bei ihrer ersten Aspekte-Sendung war sie 39 Jahre alt und hatte keinerlei Kameraerfahrung. Sie lag eines Abends in einem Hotelbett, machte den Fernseher an und verstand die Welt nicht mehr. Sie sah eine Frau, die den gleichen Namen hatte wie sie, Luzia Braun, das war aber auch alles an Gemeinsamkeit. Die Frau sprach anders, bewegte sich anders und sah ganz anders aus.

So krass war das Entfremdungsgefühl in den 18 Moderationsjahren nicht immer. Es gab Zeiten, in denen die private und die Bildschirmperson durchaus Spaß miteinander hatten. Aber die große Liebe wurde es nie. Dazu waren sie zu verschieden. Eine Irritation blieb, und ein paar Fragen blieben auch. Ist es möglich, dass das fernsehkompatible Ich auf eine Weise agiert, die das reale Ich von sich nicht kennt? Nehmen andere die Diskrepanz genauso wahr? Gibt es auch männliche Moderatoren, die mit ihrem TV-Double hadern? Oder handelt es sich um einen Fall von speziell weiblicher Eitelkeit?

Ja und nein. Ja, weil es immer noch so ist, dass sich Frauen mehr den Kopf über die Wirkung ihres Aussehens zerbrechen als Männer. Nein, weil der Wunsch, von anderen so gesehen zu werden, wie man sich selber sieht, über Geschlechterfragen hinausgeht. »Wir halten uns alle an die schöne Vorstellung, die wir von uns haben«, sagt Pirandellos verrückter oder scheinverrückter Held in *Enrico IV.*

Das Gefühl, mit dem eigenen Gesicht und seinem Bild sei etwas nicht richtig, ist geradezu epidemisch verbreitet. Nicht richtig, weil es schneller altert als die seelische und geistige Spannkraft. Nicht richtig, weil es so gar nicht zum Charakter zu passen scheint. Nicht richtig, weil die Natur von vorneherein ein Mängelexemplar herstellte. Nicht richtig, weil Fotos oder Fernsehbildschirme nicht wiedergeben, was das Selbstbild sieht – oder sehen möchte. Wir sind keineswegs frei davon. Wir möchten auf Fotos auch jung und frisch aussehen – und zugleich echt.

Genau hier aber, in diesem Zwiespalt, dürfte der eigentliche Grund des Unbehagens liegen. Denn an das Gesicht der Gegenwart richten sich zwei konträre Ansprüche. Es soll makellos und doch authentisch sein. Man könnte auch sagen: Am Gesicht drückt sich der Konflikt von Künstlichkeit und Natürlichkeit aus, in dem sich die menschliche Spezies im frühen 21. Jahrhundert befindet: auf der Schwelle zwischen einer Vergangenheit, in der die Sphären des Biologischen und des Technischen streng getrennt waren, und einer Zukunft, in der sie sich zunehmend vermischen werden. Wenn Roboter zunehmend menschliche Züge annehmen und menschliche Gesichter Robotern ähnlicher werden, lässt sich das Humane immer schwerer definieren. In der Angst vor dieser Zukunft könnte das Gefühl begründet sein, mit dem Gesicht sei etwas insgesamt nicht richtig. Vom Schock, seines eigenen Gesichts beraubt worden zu sein, erzählt Wolfgang Joop an einer Stelle unseres Gesprächs. Zufällig begegnete er einem Fan, der sein Gesicht so operieren ließ, dass es dem seines Idols, nämlich Wolfgang Joop, so stark wie möglich ähnelt. Er begegnete seinem Klon.

Die Redewendung »Der Mensch habe viele Gesichter« klingt reichlich verbraucht. Falsch ist sie nicht. Zumindest hat jeder so viele Gesichter, wie andere es betrachten, in sich aufnehmen und mit ihm kommunizieren. Aus dieser Kommunikation aber entsteht jenes soziale Gebilde, das sich Gesellschaft nennt. Deshalb berührt die Kultur des Gesichts den Kern unseres sozialen und unseres gesellschaftlichen Seins. Mit geklonten, sich puppenhaft gleichenden Gesichtern lässt sich nur schwer kommunizieren.

Wir bestellten die Restaurantrechnung und teilten uns die Kosten, wie wir uns die Arbeit an diesem Buch geteilt haben. Die eine mit einem Gesicht, das nach wie vor macht, was es will. Die andere, die sehr zufrieden damit ist, dass sie und ihr Gesicht eines Tages vom Fernsehbildschirm verschwanden. Nachdem wir gezahlt hatten, blieben wir noch einen Moment sitzen. Wir dachten über das Wagnis nach, das alle neunzehn unserer Gesprächspartner und Gesprächspartnerinnen eingegangen waren. Denn leicht ist es nicht, über das eigene Gesicht zu sprechen. Wir sind ihnen zu größtem Dank verpflichtet. ■

Über den Fotografen

Fabian Schellhorn wurde 1982 in Berlin geboren und
blieb der Stadt treu. Seine ersten beruflichen Erfah-
rungen erwarb er mit der Filmkamera, konzentrierte
sich dann auf die Theaterfotografie. Er war fünf Jahre
Assistent des international renommierten Fotografen
Oliver Mark. Sein Schwerpunkt ist heute die Porträt-
fotografie (Ulrich Matthes, Peter Kurth, Edgar Selge,
Fritzi Haberlandt, Inge Keller, Dagmar Menzel …).
Er arbeitete u. a. für das Maxim Gorki Theater, die
Schaubühne Berlin, das Schauspiel Stuttgart und die
Berliner Festspiele.

1. Auflage 2022

Verlag Galiani Berlin
© 2022, Verlag Kiepenheuer & Witsch, Köln
Alle Rechte vorbehalten
Umschlaggestaltung Lisa Neuhalfen, Berlin
Porträts Fabian Schellhorn
Lektorat Esther Kormann
Gesetzt aus der Filosofia
Satz Wilhelm Vornehm, München
Druck und Bindung CPI books GmbH, Leck
ISBN 978-3-86971-248-2

Weitere Informationen zu unserem Programm
finden Sie unter *www.galiani.de*